东南土木·青年教师·科研论丛

大跨径预应力混凝土箱梁桥的时效变形

潘钻峰 著

项目基金资助：
江苏省交通科学研究计划项目(05Y02)

东南大学出版社
·南京·

内 容 提 要

本书主要结合江苏省交通科学研究计划项目(05Y02)"苏通大桥辅桥连续刚构收缩徐变及其影响研究"的研究工作，针对大跨径预应力混凝土箱梁桥普遍存在的跨中下挠病害，从混凝土结构的时效变形和剪切变形两方面着手研究。

本书共分8章，内容包括：大跨径预应力混凝土箱梁桥的典型病害及研究现状，高强高性能混凝土收缩徐变三层次试验方法，收缩徐变三层次试验分析及实桥应用，基于试验数据库的收缩徐变模型研究，大跨径预应力混凝土箱梁桥时变效应的不确定性和敏感性分析，钢筋混凝土梁的剪切变形影响研究，大跨径预应力混凝土箱梁桥设计关键问题探讨，研究总结及展望。

本书可供混凝土及预应力混凝土结构领域的科学研究人员、工程师、高等院校教师、研究生与本科生阅读。

图书在版编目(CIP)数据

大跨径预应力混凝土箱梁桥的时效变形/潘钻峰著.
—南京：东南大学出版社，2013.12
(东南土木青年教师科研论丛)
ISBN 978-7-5641-4657-3

Ⅰ. ①大… Ⅱ. ①潘… Ⅲ. ①长跨桥—预应力混凝土桥—箱梁桥—变形—研究 Ⅳ. ①U448.21

中国版本图书馆CIP数据核字(2013)第278826号

大跨径预应力混凝土箱梁桥的时效变形

著　　者　潘钻峰
责任编辑　丁　丁
编辑邮箱　d.d.00@163.com

出版发行　东南大学出版社
出 版 人　江建中
社　　址　南京市四牌楼2号(邮编：210096)
网　　址　http://www.seupress.com
经　　销　全国各地新华书店
发行热线　025—83790519　83791830
印　　刷　兴化印刷有限责任公司
开　　本　787 mm×1 092 mm　1/16
印　　张　12.25
字　　数　305千
版　　次　2013年12月第1版　2013年12月第1次印刷
书　　号　ISBN 978-7-5641-4657-3
定　　价　48.00元

序

作为社会经济发展的支柱性产业，土木工程是我国提升人居环境、改善交通条件、发展公共事业、扩大生产规模、促进商业发展、提升城市竞争力、开发和改造自然的基础性行业。随着社会的发展和科技的进步，基础设施的规模、功能、造型和相应的建筑技术越来越大型化、复杂化和多样化，对土木工程结构设计理论与建造技术提出了新的挑战。尤其经过三十多年的改革开放和创新发展，在土木工程基础理论、设计方法、建造技术及工程应用方面，均取得了卓越成就，特别是进入21世纪以来，在高层、大跨、超长、重载等建筑结构方面成绩尤其惊人，国家体育场馆、人民日报社新楼以及京沪高铁、东海大桥、珠港澳桥隧工程等高难度项目的建设更把技术革新推到了科研工作的前沿。未来，土木工程领域中仍将有许多课题和难题出现，需要我们探讨和攻克。

另一方面，环境问题特别是气候变异的影响将越来越受到重视，全球性的人口增长以及城镇化建设要求广泛采用可持续发展理念来实现节能减排。在可持续发展的国际大背景下，"高能耗"、"短寿命"的行业性弊病成为国内土木界面临的最严峻的问题，土木工程行业的技术进步已成为建设资源节约型、环境友好型社会的迫切需求。以利用预应力技术来实现节能减排为例，预应力的实现是以使用高强高性能材料为基础的，其中，高强预应力钢筋的强度是建筑用普通钢筋的3～4倍以上，而单位能耗只是略有增加；高性能混凝土比普通混凝土的强度高1倍以上甚至更多，而单位能耗相差不大；使用预应力技术，则可以节省混凝土和钢材20%～30%，随着高强钢筋、高强等级混凝土使用比例的增加，碳排放量将相应减少。

东南大学土木工程学科于1923年由时任国立东南大学首任工科主任的茅以升先生等人首倡成立。在茅以升、金宝桢、徐百川、梁治明、刘树勋、方福森、胡乾善、唐念慈、鲍恩湛、丁大钧、蒋永生等著名专家学者为代表的历代东大土木人的不懈努力下，土木工程系迅速壮大。如今，东南大学的土木工程学科以土木工程学院为主，交通学院、材料科学与工程学院以及能源与环境学院参与共同建设，目前拥有4位院士、6位国家千人计划特聘专家和4位国家青年千人计划入选者、7位长江学者和国家杰出青年基金获得者、2位国家级教学名师；科研成果获国家技术发明奖4项，国家科技进步奖20余项，在教育部学位与研究生教育发展中心主持的2012年全国学科评估排名中，土木工程位列全国第三。

近年来，东南大学土木工程学院特别注重青年教师的培养和发展，吸引了一批海外知名大学博士毕业青年才俊的加入，8人入选教育部新世纪优秀人才，8人在35岁前晋升教授或博导，有12位40岁以下年轻教师在近5年内留学海外1年以上。不远的将来，这些青年学者们将会成为我国土木工程行业的中坚力量。

时逢东南大学土木工程学科创建暨土木工程系（学院）成立90周年，东南大学土木工程学院组织出版《东南土木青年教师科研论丛》，将本学院青年教师在工程结构基本理论、新材料、新型结构体系、结构防灾减灾性能、工程管理等方面的最新研究成果及时整理出版。本丛书的出版，得益于东南大学出版社的大力支持，尤其是丁丁编辑的帮助，我们很感谢他们对出版年轻学者学术著作的热心扶持。最后，我们希望本丛书的出版对我国土木工程行业的发展与技术进步起到一定的推动作用，同时，希望丛书的编写者们继续努力，并挑起东大土木未来发展的重担。

东南大学土木工程学院领导让我为本丛书作序，我在《东南土木青年教师科研论丛》中写了上面这些话，算作序。

中国工程院院士：吕志涛

2013.12.23.

前　言

预应力混凝土箱梁桥(连续梁和连续刚构)具有结构刚度大、变形小、伸缩缝少、行车平顺舒适、抗风、抗震能力强以及后期养护方便等优点,且其合理跨度范围为 30～350 m,因此,在公路桥梁和轨道交通中,均是首选的方案之一。但是近 20 年来,不少大跨径预应力混凝土箱梁桥在运营一段时间后,出现以跨中下挠过大及箱梁开裂为主要特征的病害。据交通部不完全统计,跨径在 100～160 m的预应力混凝土梁桥,跨中年平均下挠 0.5～1 cm;跨径在 160～220 m 范围,跨中年平均下挠 1～2 cm;跨径在 220～270 m 的,跨中年平均下挠 2～3 cm,而且长时间难以稳定。大跨径箱梁桥的下挠过大和箱梁开裂常常是"并发症",而且下挠和裂缝均随时间延续而不断发展,直接影响着结构的正常使用性能与耐久性,这些问题一直困扰着桥梁设计工程师和工程管理人员。甚至有人提出预应力混凝土箱梁对于大跨径桥梁的适用性问题。诚然,预应力混凝土箱梁桥在跨径 300 m 之内的桥型方案选择上,均具有很强的竞争力,且国内外有许多大跨径混凝土梁桥设计的成功实例。国内缺乏对这些病害的系统调查,在材料的时变特性、箱梁抗裂设计和变形计算理论等方面的研究还不够完善,这些都给大跨径预应力混凝土梁桥的设计、施工和运营带来了技术困难。为此,交通部西部课题及许多省市都曾立项资助了相关研究,凸显了解决该类问题对大跨径桥梁建设的重要性。本书主要结合江苏省交通科学研究计划项目(05Y02)"苏通大桥辅桥连续刚构收缩徐变及其影响研究"的研究工作,针对大跨径预应力混凝土箱梁桥普遍存在的跨中下挠病害,从混凝土结构的时效变形和剪切变形两方面着手研究。

鉴于目前常用的收缩徐变模型大都基于以往的普通混凝土试验统计回归得到,它们对高强高性能混凝土的适用性值得研究。本书提出两种确定收缩徐变模型的方法:① 针对特定的混凝土,开展混凝土收缩徐变三层次试验,得到并验证提出的修正模型;② 对于没有开展短期试验的混凝土结构,建立合理强度范围的收缩徐变试验数据库,对常用模型进行评估修正,可以提高计算结构时变效应的精度。基于数据库对模型评估结果,考虑收缩徐变模型的不确定性系数、预应力损失等因素的随机性，对大跨径预应力混凝土箱梁桥的时变效应的不确定性和敏感性展开了分析，得到了桥梁跨中具有95%置信率的长期变形区间。

鉴于目前大跨径箱梁桥的跨中下挠和腹板斜裂缝病害常常是“并发症”，本书研究认为，薄腹箱梁斜向开裂后的剪切变形是跨中下挠过大的主要原因之一。开展了钢筋混凝土梁斜向开裂后的剪切变形影响试验，发现薄腹T梁在出现斜裂缝之后的剪切变形不容忽视。提出基于B区和D区划分的受剪性能分析方法，推导了斜裂缝出现之后梁的剪切刚度计算公式，瞬时与长期剪切变形的计算结果与试验结果吻合较好。按混凝土结构设计规范及桥规计算的变形存在低估斜向开裂梁变形的危险。最后根据参数分析结果，给出了需要考虑剪切变形影响的梁跨高比和剪跨比范围。

在上述研究工作的基础上，对已出现病害的大跨径箱梁桥结构特性进行调研分析，从高跨比、腹板及配筋设计、纵向预应力束设计、下挠原因推演等方面对箱梁桥进行了研究分析。针对上述质量通病，可通过设置后期备用束得以改善，本书提出预应力备用束的量化设计方法，可根据长期变形置信区间下限值与确定性计算值的差异来确定。

最后，本书对进一步研究的方向进行了简要的讨论。本书研究涉及的关键词有：大跨径箱梁桥；高强高性能混凝土；收缩徐变；剪切变形；三层次试验；修正模型；收缩徐变数据库；不确定性；敏感性；备用束。

限于作者水平，书中错误与疏漏之处难免，敬请专家、学者不吝批评指正。

潘钻峰

2013年10月

目　录

第一章　绪　论

1.1　引言

钢筋混凝土结构从19世纪中叶开始应用，至今已有160多年的历史。混凝土结构的应用范围十分广泛，无论从地上到地下，乃至海洋的工程构筑物，很多均采用混凝土建造。近年来国家大力发展基础设施建设，2009年我国水泥产量16.5亿吨，2010年我国水泥产量或达18亿吨[1-1]。采用预应力混凝土结构，能避免钢筋混凝土结构过早开裂，并能有效地利用高强材料，在我国经历了三个阶段[1-2]的发展之后，目前其应用越来越广泛。钢筋混凝土及预应力混凝土结构应用最广泛的领域之一就是桥梁结构，在现代社会中，桥梁作为社会的固定资产是一笔巨大的财富，其中混凝土桥梁又占据了绝大多数，欧洲占70%，美国占62%，而我国占90%以上[1-3]。

近三十年来，我国预应力混凝土桥梁的建设取得了重要成就，主要表现在材料（高强、早强混凝土，高性能混凝土，商品混凝土，泵送混凝土；高强钢绞线，大吨位群锚技术，预应力管道材料及成孔技术；大吨位的新型支座，大位移量的伸缩缝等）、结构设计（温度、收缩徐变、剪力滞、抗震、抗风、非线性等结构计算理论，计算机仿真技术等）及施工技术（悬臂浇筑、悬臂拼装及顶推施工，现代化的施工机具及高水平的施工管理等）等方面[1-4][1-5]。其中，预应力混凝土箱梁桥（连续梁和连续刚构）具有结构刚度大，变形小，伸缩缝少，行车平顺舒适，抗风、抗震能力强及后期养护简单等优点，在跨度30～300 m均具有较强的竞争力。特别是在大跨径预应力混凝土箱梁桥的建设上，我国取得的成就举足轻重。据不完全统计，目前世界范围内跨径超过240 m的大跨径预应力混凝土连续刚构桥有22座[1-6][1-7][1-8]，其中16座在中国，占73%，而且这个比例还会增大。世界上跨度最大的预应力混凝土连续刚构，是我国2006年建成的重庆石板坡长江大桥，主跨330 m，采用钢-混凝土组合连续刚构方案，其主跨构成为111 m混凝土梁＋108 m钢箱梁＋111 m混凝土梁[1-9]。目前世界上跨径最大的预应力混凝土连续梁桥，为挪威1994年建成的瓦罗德2号桥（Varodd－2）连续梁桥，主跨达260 m。我国跨径最大的预应力混凝土连续梁桥主跨跨度达到165 m，分别是南京长江二桥北汊大桥（跨径布置90 m＋3×165 m＋90 m）[1-10]和江苏宿淮高速京杭运河大桥（跨径布置93 m＋165 m＋93 m）[1-11]。

但是近二十年来，不少大跨径预应力混凝土箱梁桥在运营一段时间后，出现以跨中下挠过大及箱梁开裂为主要特征的病害[1-8][1-12]～[1-14]。据交通部不完全统计，跨径在100～160 m的预应力混凝土梁桥，跨中年平均下挠0.5～1 cm；跨径在160～220 m范围，跨中年平均下挠1～2 cm；跨径在220～270 m的，跨中年平均下挠2～3 cm，而且长时间难以稳定。

大跨径箱梁桥的下挠过大和箱梁开裂常常是“并发症”，而且下挠和裂缝均随时间延续而不断发展，直接影响着结构的正常使用性能与耐久性，这些问题一直困扰着桥梁设计工程师和工程管理人员，甚至有人提出预应力混凝土箱梁对于大跨径桥梁的适用性问题。诚然，预应力混凝土箱梁桥在跨径 300 m 之内的桥型方案选择上，均具有很强的竞争力，且国内外有许多大跨径混凝土梁桥设计的成功实例。箱梁斜向开裂及跨中下挠过大问题在大跨径预应力混凝土箱梁桥中具有相当的普遍性，成为制约该类桥梁应用于发展的主要障碍，是工程界和学术界亟待解决的问题之一。

1.2　大跨径预应力混凝土箱梁桥的典型病害及研究现状

1.2.1　典型病害

大跨径预应力混凝土箱梁桥主梁长期下挠问题是一个世界性的难题，近年来得到了广泛关注。主梁下挠的特点表现为[1-12]：① 挠度长期增长，增长率随时间可能呈加速、降低或保持匀速变化的趋势；② 结构的长期挠度远大于设计计算的预计值。CEB 调查[1-15]了 27 座混凝土悬臂桥（大约半数是连续跨，其他跨中带铰）的变形资料，跨度从 53～195 m，有些桥梁在建造完成 8～10 年后挠度仍有明显增长趋势，甚至有两座桥的挠度从建成起到最后报告测量时间（分别是建成后的 16 年和 20 年）一直在以相同的变形速度增加。如果轻视这类病害，或者对病害的评估和处理不当，不仅影响结构的正常使用性能，甚至会危害桥梁的安全。1977 年建成的帕劳共和国 Koror-Babeldaob 桥，主跨 241 m，保持着建桥时同类桥梁的跨径世界纪录，但在建成后挠度不断加大，18 年后，主跨跨中下挠达到 1.39 m[1-16]，1996 年加固修补 3 个月后桥梁倒塌[1-17]。

预应力混凝土箱梁桥另一个典型的病害就是箱梁开裂，文献[1－13]调查发现，在预应力混凝土箱梁桥中主要存在 7 类箱梁裂缝：① 腹板斜向、竖向、水平向裂缝；② 顶板纵向、斜向和横向裂缝；③ 底板纵向、斜向和横向裂缝；④ 横隔板竖向、横向、斜向和过人孔周围辐射状裂缝；⑤ 锚下劈裂裂缝；⑥ 沿纵向预应力束孔道的裂缝及层间裂缝；⑦ 齿板局部区域裂缝。而在大跨径预应力混凝土箱梁桥中，腹板斜裂缝病害最为典型。表 1.1 列出了出现典型病害的预应力混凝土箱梁桥[1-18]～[1-46]。

1.2.2　病害的研究现状

如前所述，大跨径预应力混凝土箱梁桥的箱梁开裂和跨中下挠过大质量通病引起了工程界和学术界的广泛关注，国内外许多专家学者从桥梁的设计、施工和管理等多种角度，对此开展了大量、广泛的研究，并且在这些方面取得了较大的进展，但从根本上解决大跨径桥梁开裂和下挠问题，仍任重道远。本书也针对腹板斜向开裂和跨中下挠病害，从箱梁纵向预应力设计、竖向预应力设计、腹板斜裂缝对下挠的影响、结构构造设计、箍筋配置、混凝土材料选择等方面对箱梁桥进行了研究分析[1-47]。目前对桥梁病害的研究主要集中以下几个方面：设计方法及箱梁构造、收缩徐变效应、预应力损失、箱梁的空间效应、温度效应、计算模型考虑不周全、施工质量及控制等。

表 1.1 国内外部分桥梁出现典型病害的调查情况

跨径组合(m) 名称	国家和地区	桥型	悬臂束	高跨比		腹板斜裂缝	下挠(cm)	测量时成桥年数(年)
				根部	跨中			
140+240+140 江津长江大桥	中国	连续刚构	直线束	1/17.8	1/60	有	31.7	10
162+3×245+162 黄石大桥	中国	连续刚构	直线束	1/18.9	1/59.8	有	30.5	7
150+270+150 虎门大桥	中国	连续刚构	直线束	1/18.2	1/54	有	26	7
65+125+180+110 洛溪大桥	中国	连续刚构	直线束	1/18	1/60	有	6.4	3
105+4×160+105 三门峡大桥	中国	连续刚构	直线束	1/20	1/53.3	有	22	10
99+195+99 (Parrotts Ferry)	美国	连续刚构 (轻骨料混凝土)	—	1/20	1/80	有	63.5	12
主跨 150 Yuan-Shan	中国台北	跨中带铰连续刚构					60	16
39.6+181.4+39.6 Grand-mere	加拿大	连续梁	直线束	1/18.6	1/62	有	30	9
100+150+100 大河铺大桥	中国	连续刚构	—	1/25	1/62.5	有	27	5
66+120+66 广东南海金沙大桥	中国	连续刚构	—	1/20	1/48	有	22	6
86+160+86 广东丫髻沙大桥辅桥	中国	连续刚构	—	1/17.8	1/64	—	23	—
85+140+85+42 沅陵沅水大桥	中国	连续刚构	—	1/17.5	1/50	有	12.5	—
75+7×120+75 东明黄河大桥	中国	连续刚构	直线束	1/18.5	1/46.2	有	9	6
62.5+143.3+62.5 Kingston	英国	跨中带铰连续刚构	—	—	—	—	30	28
72+241+72 Koror-Babeldaob	帕劳	跨中带铰连续刚构	直线束	1/17	1/65.8	有	139	18
100+220+100 (Stovset)	挪威	连续刚构(中跨部分轻质混凝土)	—	1/18.3	1/73.3	—	20	8
94+301+72 (Stolma)	挪威	连续刚构(中跨部分轻质混凝土)	—	1/20.1	1/86	—	9.2	3
主跨 260 (Getway)	澳大利亚	连续刚构	—	1/16.6	1/50.0	—	—	—

注:1. "—"表示调查文献未提及。

2. 表中悬臂束指悬臂施工阶段的纵向预应力束的类型,悬臂施工阶段的悬臂束一般有顶板直线束和腹板下弯束,表中直线束表示该桥悬臂束主要以顶板直线束为主,本书第八章对该因素影响进行了讨论。

3. 本章也考察了出现病害桥梁主梁根部截面及跨中截面的高跨比,本书第八章对该参数进行了讨论。

1）理论设计方法

在刘效尧、赵立成主编的公路桥涵设计手册《梁桥》（下册）中[1-48]，指出预应力配索的体系选择依据：预应力束应根据最不利荷载组合下的弯矩、轴力、剪力包络图（不含预应力及相关内力）进行预应力筋的合理配束。传统预应力混凝土箱梁桥的设计参数的确定，经验所占比重较大，设计过程通常是不断试算、不断调整，以使桥梁应力和变形达到规范要求的过程。近年来，很多学者根据林同炎教授的荷载平衡理念提出了"恒载零弯矩"的设计思想，即在成桥的时候，桥梁的弯矩接近零，在混凝土收缩徐变效应下，只有轴向变形，弯曲变形很小，从而限制主梁下挠。上官兴、郭圣栋[1-49]等剖析了箱梁桥两大病害的成因，提出按施工步骤进行分阶段预应力设计，以恒载"零挠度"为目标的理念来消除两大病害。同济大学、华东交通大学、江西省交通设计院等单位合作，对此立项开展了以大跨径 PC 梁桥防止跨中持续下挠课题研究[1-50]~[1-54]。

同济大学的王法武和石雪飞[1-50][1-51]研究了影响大跨径预应力混凝土梁桥跨中挠度的主要因素，基于恒载零弯矩的思想，研究通过增加顶板束、增加底板束和临时斜拉索辅助合龙三种方法控制跨中长期下挠。研究结果表明，根据最大悬臂状态预应力弯矩与自重弯矩大致相等配置顶板束及临时斜拉索辅助合龙方案控制跨中长期下挠效率较高，可以做到跨中不下挠，而增加底板束及采用底板后期束控制跨中长期下挠效率相对较低，只能作为控制长期下挠的辅助措施以及后备措施。

鄢玉胜[1-55]讨论了预应力、混凝土徐变、箱梁抗弯刚度等对桥梁结构下挠的影响。比较了目前通用的设计理论与"零弯矩"设计理论两者的不同，通过实例阐述了"零弯矩"设计理论的特点。

刘亚军[1-56]比较介绍了解决跨中下挠的两种方法：预拱度法和零弯矩法，建立了模型以验证零弯矩法较为合理的观点，并分析了竖向接缝和预应力有效预应力不足对预应力混凝土箱梁桥跨中下挠的影响。

姚强[1-57]通过对跨中下挠主要影响因素分析，将荷载平衡法应用于挠度控制，研究了桥梁内力状态与长期变形之间的关系。

近年来也有学者提出采用最小弯曲能量来对桥梁进行设计，对悬臂和合龙阶段的纵向预应力进行优化设计，使主梁受弯和变形均较小。方志、何建梅等[1-58][1-59]基于最小弯曲能量法提出了悬臂施工连续钢构预应力优化设计方法，通过选择施工控制截面并以离散截面的弯曲能量之和最小为目标函数，以各截面在各施工阶段的应力为约束条件，优化得到各阶段张拉的预应力筋数量。

东南大学刘钊[1-60][1-61]基于效应平衡的合理成桥状态概念，提出相应的预应力配筋设计方法。通过合理的纵向预应力配置去适度平衡多种作用效应，使桥梁处于合理的成桥状态，以便控制下挠病害。杨俊[1-62]、吕忠达、周绪红等[1-63]，于昆、郝宪武[1-64]等也对桥梁合理成桥状态开展了研究。

同济大学徐栋、柳磊[1-65]采用空间网格法，对大跨径预应力混凝土箱梁桥进行空间分析，得到了箱梁在各种复杂空间效应下的受力状态，并模拟了箱梁开裂后的性能。

同济大学李建中、张文学[1-66]针对箱梁腹板及锚固区的裂缝，采用实体单元剪力箱梁空间模型，对箱梁的应力分布规律进行了分析，并与梁单元计算结果进行对比，进而将预应力混凝土箱梁分为应力规则区(B区)和应力非规则区(D区),提出采用拉压杆模型法对预应力混凝土箱梁应力非规则区域进行设计。

朱汉华、陈孟冲等[1-67]在大量对箱梁病害调研的基础上,详细阐述了各类裂缝的成因,特别是对纵、竖向预应力的设计问题的讨论,指出平面杆系模型不适用于宽跨比较大的箱梁计算,只适用于其初步设计。并从构造、非预应力筋的配置、施工质量管理等多方面,提出了裂缝控制措施。

湖南大学的邵旭东、王华[1-68]结合空间有限元分析,对腹板斜裂缝成因进行了研究,指出常规设计计算汇总没有完全把握箱梁应力分布特征,主拉应力安全储备不足,是腹板斜向开裂的可能原因之一。而竖向预应力各项损失估计不足是腹板开裂的另一主要原因。

2) 时效变形

箱梁桥裂缝和挠度均随时间延续而不断发展,加剧桥梁工作状况的劣化,显然,时变效应是产生这类病害的主要原因之一。时变效应包括材料、结构和荷载的时变性。目前时变效应对桥梁影响的研究主要集中在混凝土收缩徐变、预应力长期损失等方面。收缩徐变预测模型及时效计算方法的研究现状将在1.3章节中详细阐述,这里主要介绍了部分专家学者研究收缩徐变及预应力长期损失对桥梁结构影响的研究现状。

Bazant、Vrablik等[1-16][1-69]对帕劳共和国Koror-Babeldaob桥病害的研究指出,混凝土收缩徐变模式的选择不当、预应力损失估计不足、模型计算考虑不周全是造成大跨径预应力混凝土箱梁桥病害的主要原因。

同济大学薛伟辰[1-70][1-71]以具有高精度变形要求的准高速客运专线、城市轻轨和磁悬浮轨道交通梁长期变形控制为研究背景,对预应力混凝土梁的长期性能开展了较为系统的试验和理论研究。指出混凝土材料的选择、保证有效预应力、减小截面上下缘的应力差等是控制长期变形的有效措施。

陈政清、胡狄[1-72]以高速铁路轨道预应力混凝土桥梁徐变变形控制为研究背景,制作了低徐变普通混凝土和低徐变高性能混凝土预应力混凝土梁,系统分析了混凝土徐变对梁变形的影响,给出了具有较高精度的计算公式。

湖南大学方志、汪剑[1-73]依托湖南省交通厅项目"混凝土薄壁箱梁桥的非荷载效应研究",对大跨径预应力混凝土箱梁桥进行了一系列的现场测试与分析,包括混凝土收缩徐变效应、预应力损失及温度效应等。对两座大跨预应力混凝土箱梁桥进行了5年的跟踪观测,取得了大量翔实可靠的实测数据,其结果能够反映混凝土收缩徐变在自然环境下的一些特性。采用MIDAS及他们的收缩应变和徐变系数计算方法,对箱梁桥进行了收缩徐变效应分析,推荐采用GL2000模型进行收缩徐变效应计算。

罗志佳[1-74]以葫芦鼎大桥为工程背景,运用MIDAS软件,对该桥施工和运营阶段的收缩徐变影响进行了详细分析,并与施工现场采集的数据进行了对比分析。此外,建立了空间有限元模型,结果表明当纵、竖向预应力损失达20%左右时,加上收缩徐变效应、温度效应等因素,腹板就会出现斜裂缝,并就此提出了一些防治建议。

孙海林、叶列平等[1-75]对某城市轨道交通中一段三跨预应力混凝土连续梁桥(3×25m)的收缩和徐变变形进行了为期120天左右的现场实测,并基于ANSYS程序采用三维有限元方法进行分析,得到变形值和应变值与实测值基本吻合。

Bazant[1-16]、Kristek[1-76]、黄海东、向中富[1-77]、黄海等[1-78]，许航、谭景文等[1-79]研究了截面不均匀收缩对结构长期变形的影响。

影响混凝土收缩徐变的因素纵多，变化规律复杂，具有时变性，收缩和徐变是混凝土的最不确定的特性之一。以往研究通过输入这些影响因素的确定性参数来获得输出响应，Madsen 和 Bazant[1-80]指出在混凝土结构收缩徐变效应分析时，要考虑不确定性，近年来，混凝土收缩徐变的不确定性分析受到了关注。作者在 2006 年[1-81][1-82]介绍了结构收缩徐变效应的不确定性分析方法，在数值模拟中采用了拉丁超立方抽样方法，减少了抽样次数。基于修正的收缩徐变模型，对苏通大桥连续刚构收缩徐变效应进行了不确定性分析，应用于苏通大桥连续刚构的施工阶段计算，并预测了苏通大桥连续刚构带有一定置信水平的长期变形区间。张建仁、汪维安[1-83]分析了高墩大跨连续刚构在变形预测方面的不确定性，以 B3 收缩徐变模式为基础，对广西龙滩布柳河大桥进行了不确定性分析。此外，In Hwan Yang[1-84][1-85]对预应力混凝土桥梁也进行了收缩徐变效应的不确定性分析。

国外有很多学者基于对实桥的变形观测，对跨中下挠进行了预测。Peter F. Takacs[1-40]对挪威的三座大跨径预应力混凝土梁桥：Norddalsfjord 桥、Stovset 桥和 Stolma 桥分别进行了长达 14 年、8 年和 3 年的观测，基于 CEB-FIP90、NS 3473 和 B3 收缩徐变预测模型对三座桥进行了收缩徐变效应分析，并对影响桥梁长期变形的主要因素进行了敏感性分析。Li Xianping 等[1-86]对夏威夷 North Halawa 山谷中的预应力混凝土高架桥(多跨预应力混凝土曲线箱梁桥，最大跨 109.7m)进行了长达 8 年的观测，并将实测值与 SFRAME 计算出的理论值进行了比较，其结果显示采用 CEB－FIP90 收缩徐变模型计算出的变形理论值偏小。此外文中还提出，对于桥梁的长期变形，由于混凝土收缩徐变模型中某些关键参数的影响，设计者应该给出变形值的一个范围，而不仅仅是一个值。

3) 温度效应

桥梁是暴露在大气环境中的结构，直接受季节性温差和局部温差影响，根据温度对桥梁结构的作用及其效应，可将温度变化划分为体系温差和日照温差两方面进行分析。混凝土箱梁温度场的分布、温度效应下的结构性能和计算方法等已成为目前箱梁结构中重要的研究方向之一。

Fritz Leonhardt[1-87]对德国几座预应力箱梁桥发生严重裂缝的情况进行了分析，提出了横向温差应力估计值，定量地讨论了厚壁箱梁的温差应力问题，认为温差是预应力箱梁发生裂缝的主要原因。

德国的 Jagst 箱梁桥通车第五年就发生严重裂缝，经估算温度拉应力高达 2.6MPa；美国 Champigny 箱梁桥的日照温差拉应力达到 3.92MPa；新西兰 Auckland 一座预应力混凝土箱梁高架桥因环境温度和日照作用产生严重开裂现象，不得不耗资 30 万美元进行修复[1-88]。

国内对混凝土结构温度分布与温度应力的试验研究起步于 20 世纪 50 年代末期，在 80 年代，刘兴法[1-88]~[1-90]等从箱形梁的已知温度分布条件出发，根据伯努利的平截面假定，运用静力学的基本平衡方程，求解箱形梁的日照温度应力和位移，对红水河铁路斜拉桥和九江长江大桥引桥进行了温度场的现场实测，基于试验和实测及理论分析，建立了预应力混凝土箱梁的控制温度作用与相应的温度应力的计算方法。

彭卫等[1-91]结合两座实桥的两座裂缝观测，运用有限元方法，对引起开裂的主要因素如纵向预应力束布置方式、竖向预应力大小、温度梯度模式等进行了敏感性分析，在此基础上提出了相应的改进建议，并建议在腹板中加强斜筋和箍筋的配置。

叶见曙、谢发祥[1-92]通过现场观测及有限元计算，发现温度效应对箱梁抗裂影响很大，实测的箱梁温度超过规范的3倍左右，并且在某些截面上超过了活载所引起的应力。叶见曙、王毅[1-93]通过对一三跨变高度预应力混凝土连续箱梁的温度效应分析，结果表明，公路桥规的温度应力和变形的计算结果偏于不安全，公路桥规正温度梯度计算得到的主跨跨中底板下缘的拉应力和跨中的挠度均较小。

东南大学惠卓、黄勤[1-94]根据箱梁桥现场实测数据，并结合理论分析与数值仿真技术，研究箱梁桥日照温度场的分布规律，提出符合实桥的温度场模式。在温度变形方面，分析了日照温度作用对悬臂施工阶段箱梁标高的影响规律，并研究了周期性温度作用下桥梁性能指标的长期变化规律。

康为江等[1-95]实测了两跨钢筋混凝土连续箱梁和简支梁在日照作用下的温度效应，利用有限元方法分析了箱梁日照温度梯度规律。并和《铁路桥涵设计规范》(TBJ 2—1985)、《公路钢筋混凝土及预应力混凝土桥涵设计规范》(JTJ 023—1985)进行了比较，分析了各参数对竖向温度梯度的影响，在此基础上提出了钢筋混凝土日照温度裂缝控制的建议。

邵旭东等[1-96]参照4个国家5种规范中关于温度梯度的不同规定，对3种不同桥型的温度横向应力作了计算和比较，并对温度敏感性作了分析，即考证了温度梯度模式及温度设计值大小对箱梁温度应力计算的影响程度。

综上所述，国内对桥梁结构温度场和温度效应的研究涉及了很多方面，采用有限差分和有限元方法，基于热传导理论，计算了结构的温度场。在温度效应计算方法上，根据已经计算出的温度场，用弹性梁平面弯曲理论或有限元方法求解，也可以根据现有规范规定的温度梯度模式直接进行截面积分求解。对日照温度作用的研究，国内大多学者分析箱梁在竖向温度梯度模式下的结构反应，而对横向温度梯度作用的研究较少，在横向温度梯度作用下，由于横向框架效应，也会产生腹板竖向正应力。

此外，还有很多专家学者从预应力损失、车辆超载[1-97]、疲劳损伤、混凝土材料、箱梁结构构造[1-98]、施工工艺[1-99]及质量控制[1-100]等方面对箱梁的裂缝与下挠病害开展了研究。

综上所述，大跨径预应力混凝土箱梁桥病害原因错综复杂，是一个世界性难题，解决这一难题，需要各个领域的专家学者群策群力，结合具体桥梁所处的环境、规模及使用条件，从设计、施工、管养等方面加以综合考虑。

1.3 混凝土结构收缩徐变效应的研究现状

根据对国内外大跨径预应力混凝土箱梁桥腹板开裂和下挠情况的调研，可以发现其原因是多方面的。但不可否认的是，混凝土收缩徐变是上述问题的重要原因之一。收缩和徐变是混凝土的固有特性，收缩主要指由于混凝土的干燥而导致的体积缩小的现象，而徐变是指混凝土中应力保持不变的情况下混凝土的应变随时间增长的现象。混凝土的收缩徐变及其影响，在大跨度预应力混凝土桥梁的设计施工中，是十分棘手而又不容回避的问题。

早在20世纪初期,人们就发现了混凝土的徐变现象,但是对徐变的系统研究直到20世纪30年代才开始,在实际工程设计中对其加以定量考虑则更晚。经过几十年来的试验研究资料与实践经验的积累,人们对混凝土收缩、徐变的认识以及它们对结构影响的分析、计算理论和方法也得到了很大的发展。人们对混凝土收缩徐变效应的研究主要从两个方面入手,一方面从材料层次探求能够正确描述混凝土收缩徐变发展规律的数学表达式,另一方面则是研究能够确切反映混凝土收缩徐变对结构性能影响的实用分析方法。随着混凝土材料技术的发展以及人们对混凝土收缩徐变认识的不断加深,预测混凝土收缩徐变发展规律的数学模式以及分析收缩徐变对结构性能影响的方法均在不断地更新和完善之中。目前,国内外的学者和学术团体都在进行着上述两方面的研究改进工作,例如根据统计学的原理对混凝土结构的收缩徐变问题进行"不定性"分析的研究,对于卸载时徐变恢复的非线性问题的研究以及对高强高性能混凝土收缩徐变性能的分析等。

1.3.1 混凝土收缩徐变特性描述

收缩和徐变作为混凝土材料的基本特性,其机理及影响因素十分复杂,各有特点,又相互关联,具有时变性和不确定性。目前还没有一种收缩徐变机理被广泛接受,但普遍认为,混凝土的收缩[1-101]包括自生收缩(在没有水分转移下,水泥水化物的体积小于参与水化的水泥和水的体积)、塑性收缩(混凝土浇筑后4～15 h,出现泌水和水分急剧蒸发现象,骨料与胶合料之间产生不均匀沉缩变形)、干燥收缩(混凝土内部水分的散失)和碳化收缩(水泥水化物与空气中的CO_2发生化学反应);徐变机理更为复杂,美国混凝土学会209委员会1972年的报告将徐变的主要机理[1-101]分为应力作用下水泥石的黏稠变形及吸附水的渗流或层间水的转移,水泥凝胶对骨架弹性变形的约束作用引起的滞后弹性变形,局部破裂以及重新结晶与新的联结而产生的永久变形。对混凝土收缩徐变性能的现有研究成果表明,几乎所有的材料性质及组成、浇筑养护条件、构件几何尺寸、环境条件、加载历史、荷载性质等影响因素都影响混凝土的收缩徐变及其变化规律。

混凝土收缩与应力作用无直接相关,收缩变形大约集中在0.5～1年内完成,根据各国试验研究结果[1-101][1-102][1-103],标准条件下的混凝土收缩速率大致为:2周内完成极限收缩量的25%左右;3个月左右时间约为60%;一年内可达75%左右。

混凝土的徐变一般用徐变系数$\phi(t, \tau)$、徐变度$C(t, \tau)$(又称比徐变、单位徐变,指在单位应力下混凝土的徐变)或徐变函数$J(t, \tau)$(又称徐变柔量,指在单位应力作用下,混凝土的瞬时弹性应变与徐变应变之和)来描述。国内外常用的徐变计算公式基本上都是建立在试验数据基础上的经验公式,由于试验条件的局限或研究者侧重点的不同,不同的研究者提出的计算模型所考虑的影响因素也不尽相同。目前的徐变预测模式大致有三类:

(1) 描述整体发展规律的徐变模式,如CEB-FIP90[1-104]、ACI209R-82[1-105]、ACI 209(92)[1-106]、AASHTO(2004)[1-107]、GZ[1-108]、GL2000模型[1-109]及基于黏弹理论的流变模式[1-103][1-110]等。

(2) 根据徐变在与环境相对湿度有无交换条件下呈现的不同性质,将徐变拆分为基本徐变和干燥徐变叠加的徐变模式,如BP模式、B3模式等[1-111]～[1-116]。

(3) 根据徐变在加载和卸载时的行为特征,将徐变拆分为可恢复和不可恢复徐变叠加的徐变模式，如 CEB-FIP78 徐变模式[1-117]等。

我国关于混凝土收缩徐变的试验研究起步较晚，20 世纪 60 年代开始，国内各科研单位对混凝土的徐变特性进行了系统的试验研究，提出了各种数学计算模式，如 1962 年赵祖武[1-118]、1965 年林南熏等[1-119]提出的混合理论的徐变计算表达式，中国水科院朱伯芳等[1-120]于 1985 年提出的计算徐变度的幂指函数式，以及中国建科院于 1986 年推出的徐变系数的多系数方程式[1-121]等。卫军、赵红京[1-122]等在 CEB-FIP90 模型框架基础上建立了干燥地区混凝土徐变估算体系，经与试验结果比较，两者符合较好。吴胜兴[1-123]根据国内 17 组水工大坝混凝土的徐变试验数据进行统计分析，提出了估算水工大体积混凝土徐变度的数学模型。桥梁规范中收缩徐变的预测模式主要借鉴了欧美国家的标准，我国 85 桥规[1-124]采用了 CEB-FIP78 模式，04 桥规[1-125]中混凝土徐变系数的计算公式采用了 CEB-FIP90 模式。

Lam Jian-Ping 和 Al-Manasser[1-126][1-127]通过收缩徐变实验数据库对 CEB-FIP90、ACI 209R(92)、B3 和 GL2000 四个收缩徐变模型进行了详细的评估检验，评估方法采用了残差法、平均残差法、残差标准法、B3 变异系数、CEB 变异系数、CEB 平均平方差法及 CEB 平均方差法。评估结果表明，B3 和 GL2000 预测收缩应变的精度最好，B3 总体低估了收缩应变，而 GL2000 模型高估了收缩应变。CEB-FIP90、B3 和 GL2000 被认为能较好地预测徐变变形。此外，他们指出用于评估的数据筛选对模型的预测精度评估影响也较大。

Fanourak 等[1-128]采用 B3 变异系数法，通过收缩徐变试验数据库对 SABS 0100(1992)、BS 8110、ACI 209R(92)、AS 3600、CEB-FIP70、CEB-FIP78、CEB-FIP90 和 B3 等 8 种收缩徐变预测模型进行了评估，发现对徐变预测最为准确的是 B3 模型，预测最差的是 CEB-FIP78 模型。

1.3.2　混凝土收缩徐变效应的分析方法

选择好合适的收缩徐变预测模型后，需要对结构合理地进行收缩徐变效应的分析，从而才能正确考虑混凝土收缩徐变的影响[1-129]。大量混凝土徐变试验表明，当施加的应力 $\sigma_c < 0.4f_c \sim 0.5f_c$ 时(高强混凝土上限值可能会略有所提高)，徐变行为基本呈线性。线性徐变的计算遵循 Boltzman 叠加原理[1-101][1-103][1-130]，当应力连续变化时，总的应变可表示为：

$$\varepsilon_c(t) = \sigma_c(\tau_0)J(t,\tau_0) + \int_{\tau_0}^{t} J(t,\tau)\frac{d\sigma_c(\tau)}{d\tau}d\tau + \varepsilon^0(t) \tag{1.1}$$

式中：$J(t,\tau)$为徐变函数又称徐变柔量；$\varepsilon_c(t)$为 τ_0 时刻加载至 t 时刻混凝土的总应变；$\varepsilon^0(t)$为 t 时刻的非应力应变(包括收缩应变和温度应变等)。叠加原理有一定的条件，当满足下列四个条件时，试验结果与计算值有一定的符合程度。四个条件分别为：① 应力大小满足 $\sigma_c < 0.4f_c \sim 0.5f_c$；② 应变值在过程中没有减小；③ 试件在徐变过程中没有经历显著的干燥；④ 在初始加载以后，应力值没有大幅度的增加。Boltzman 叠加原理应用于混凝土徐变理论，奠定了徐变效应计算的基础，在其基础上发展起来的混凝土结构徐变效应分析方法可以划分为三大类：微分方程解法、代数方程解法以及在代数方程解法上发展出来的有限元法。

1）微分方程解法

包括 Dishinger 法（RCM，又称徐变率法或老化理论）、扩展 Dishinger 法（IDM）及有效模量法（EMM）。

Dishinger 法由 Glanville 建立，其表达式由 Whitney 提出，1937 年，Dishinger 修改后用于复杂结构的计算[1-103][1-131]，其适用于早龄期混凝土，对于晚龄期混凝土，Dishinger 法将低估徐变值。

有效模量法[1-131][1-132]由 Mcmill 提出，Faber 建立，其基本原理是将混凝土的徐变归入弹性应变，即将徐变问题化为相当的弹性力学问题来解决。引入有效模量之后，可以采用弹性状态分析方法，逐步推算各时刻的变形和应力。该方法在应力无明显变化、混凝土的龄期可以忽略不计的情况下与试验结果符合较好。但该方法在应力递增时高估了变形，在应力递减时则低估了变形，还低估了常应变下的松弛，也就是计算应力高于实际应力[1-133]。在卸载情况下，变形将完全恢复，这也不符合事实。

由于有效模量法误差较大，Bazant 等[1-132]建议将 Dishinger 法和有效模量法结合起来，提出了改进 Dishinger 法。与 Dishinger 法和有效模量法相比，改进 Dishinger 法可以提高结构徐变分析的精度，但与试验获得的不同加载龄期的长期徐变时程曲线吻合效果不好，尤其对基本徐变预测误差相对较大[1-134]。

微分方程解法的缺点主要在于，为了便于求解计算所作的一些假定与实际情况有较大偏差，不能适用于任意的徐变表达式，而且对于超静定结构，微分方程求解较为复杂。

2）代数方程解法

主要包括按龄期调整的有效模量法（AEEM）和中值系数法。

1967 年，Tröst 在他的论文中引入了当时被称为松弛系数的概念（1972 年 Bazant 改为老化系数），提出了徐变应力-应变关系的代数方程式；1972 年 Bazant[1-135]对 Tröst 的公式进行了严密的证明，并将它推广应用到变化的弹性模量和无限界的徐变系数。混凝土由于徐变引起的变形增加通过模量的折减来实现，将随时间变化的应力看作一步施加于混凝土上，同时通过老化系数来考虑混凝土的老化对徐变的降低作用，从而克服了有效模量法忽略材料老化导致的毛病——高估第一次加载后的应力增量所引起的徐变。按龄期调整有效模量法的实质就是用积分中值定理将积分方程式转变为代数方程式，从而在保证精度的同时，大大简化了计算。按龄期调整有效模量法的关键就是如何准确得到 $\chi(t,\tau)$（老化系数）或 $R(t,\tau)$（松弛系数），国内外许多专家学者对此开展了大量研究。Tröst 利用松弛条件近似确定 χ 值[1-135]，取 $\chi=0.5\sim1$，建议取为 0.8。Bazant 等[1-136]、Laeidogna 等[1-137]给出了老化系数表达式。我国学者金成棣[1-138]根据老化理论的 Dischinger 公式推导出老化系数的表达式。东南大学孙宝俊[1-139]根据继效流动理论，推导出老化系数的计算式。王勋文和潘家英[1-140]运用考虑龄期影响的徐变本构理论与继效流动理论相结合的方法，推导了老化系数与徐变系数之间的非线性关系，通过对原有试验数据的重新拟合，得到了计算老化系数的实用公式。目前，按龄期调整的有效模量法是徐变效应分析的主流方法，适用于节段施工的大跨径预应力混凝土梁桥，很多基于按龄期调整的有效模量法编制的有限元程序用于混凝土结构收缩徐变效应的分析[1-141]~[1-144]。

中值系数法是利用积分中值定理，将混凝土应力-应变关系转化为代数方程进行求解。中值系数法有两种形式：全量形式和增量形式。全量形式由陈永春等[1-145]提出和完善，他们将混凝土应力应变积分方程关系式用积分中值定理转化为代数方程，提出了中值系数法[1-145]，1987年又作了改进[1-146]，1991年，又通过数值方法直接解积分方程，求得中值系数值，可适用于满足积分中值定理条件的各种混凝土徐变问题[1-147]。增量形式由同济大学范立础、杜国华等[1-148]提出。

3）有限元法

有限元是在代数方程解法的基础上发展起来的，该方法主要包括两种形式：分时步徐变叠加法和增量形式递推法。我国学者朱伯芳[1-149]将徐变变形当做初应变，提出了用于混凝土结构徐变计算的初应变法，将代数方程解法和有限元法很好地结合起来，形成了徐变效应分析的有限元法。

分时步徐变叠加法以线性徐变理论和叠加理论为基础，在实际应用中较为广泛。在应力递增的徐变分析中，预测精度较高。由于徐变有滞后变形的性质，因此在应力递减的徐变分析中，叠加法将高估徐变恢复的影响[1-133]。

增量形式递推法必须是基于指数函数或 Dirichlet 级数形式[1-150]的徐变度，由于指数函数经过微分或积分后仍然为指数函数，因此用指数函数表示徐变特性时，能给徐变计算的求解带来很大方便。此外，把混凝土应力-应变关系写成增量形式时，由于指数函数可提供公因子，使得增量形式方程中只包含当前状态的变量，不必储存应力历史，压缩计算机的存储空间。Zienkiewicz 和 Waston[1-151]以及 Taylor[1-152]提出了等步长的显式解法，我国学者朱伯芳[1-153]改进了此算法，给出了隐式解法，使之能适用于变步长的情形。

王书庆[1-154]从增量平衡方程出发，提出了适用于现代计算机技术实现的时间自动增量收缩徐变效应分析方法，开发了桥梁集成 CAD 系统，并通过一算例验证了分析方法的正确性。高政国、黄达海等[1-155]以应力冲量的形式推导了混凝土徐变应变增量的递推公式，并且以此公式构造了混凝土徐变应力分析的初应变全量有限元格式。颜东煌、田仲初等[1-156]将旧桥规中给出的混凝土徐变系数表达式用指数函数进行拟合，得到了徐变计算的递推公式，利用混凝土收缩应变规律推导出由收缩应变增量产生的单元等效结点力增量，并以此为基础，绘出了用初应变法进行节段施工混凝土桥梁的收缩徐变计算的有限元列式，编制了有限元程序。胡狄[1-72]提出了徐变效应分析的全量形式自动递进法，并基于建立的全量形式表达式，可求解任意时刻混凝土、钢筋的应力和应变及跨中梁体的竖向变形。余报楚、张哲等[1-157]以力的增量形式推导出计算各施工阶段的徐变次内力、徐变变形的递推公式，同时编制了相应的计算程序。

1.3.3 高强高性能混凝土收缩徐变特性

几十年来，国内外学者们开展了大量的混凝土收缩徐变试验，提出了数十种计算模型。但是，近年来随着高强高性能混凝土在大跨度桥梁中的推广应用，使得混凝土材料的性质有较大的变化。高性能混凝土一般采用常规的水泥、砂石做原料，也采用常规的施工工艺，主要依靠掺入一定量的矿物掺合料和外加剂，使拌合物具有良好的工作性能，并在硬化后具有高性能特性。目前常用收缩徐变模型大都基于普通混凝土的试验数据统计回归得到，这些不同强度等级的混凝土收缩徐变试验数据在总的数据所占的比重影响了该模型对某一强度等级混凝土收缩徐变预测的精度，所以它们对高强高性能混凝土的适用性值得进一步的研究。

Huo[1-158][1-159]将掺有粉煤灰、硅粉，以及超级塑化剂的高强高性能混凝土的收缩徐变实测数据与 ACI 209(92)模式的计算值相比较，发现所有的对比曲线均具有相同的规律，即 ACI 209(92)模式高估了徐变与收缩，对于某种特定配合比的混凝土而言，极限徐变系数高估量达到 40.9%，相应的极限收缩应变高估量达到 34.1%。他根据已有的试验数据，应用线性最小二乘方法，通过对 ACI 209(92)模式中各参数的回归分析，引入强度修正因子，得出了能较好地描述高强高性能混凝土收缩徐变发展规律的预测模式。

Persson[1-160]总结了 1991—1999 年间，大约 400 个收缩徐变试件(分成密封和不密封两种情况的现场和室内试验)，结果表明，高性能混凝土的徐变比普通混凝土小，而收缩在某种程度上比普通混凝土要大。

Ghosh 等[1-161]、Lohtia 等[1-162]试验研究结果表明，粉煤灰等质量或等体积取代水泥配制的粉煤灰混凝土，其徐变变形总体上是降低的，但降低程度取决于粉煤灰的品种、品质和掺量；同时，优质粉煤灰能大幅度降低混凝土的徐变变形。

Hindy 和 Miao 等[1-163]试验研究了预拌高性能混凝土的干燥收缩效应，重点研究湿养护时间、养护条件、硅粉掺量和水胶比等参数对高性能混凝土干燥收缩的影响，ACI 209(82)收缩模型预测结果和试验结果进行比较，发现调整 ACI 209(82)收缩模型中的参数后，可用于高性能混凝土收缩应变的预测。

Barr 和 Hoseinian 等[1-164]对自然环境下 30～70 MPa 强度的混凝土的收缩开展了试验研究，量测了掺钢纤维和不掺钢纤维两类混凝土的收缩应变发展，并与 ACI 209(82)收缩模型预测结果进行了比较。发现 ACI 209(82)收缩模型对 45 MPa 等级以下混凝土的收缩应变预测较好，不适用于高强度混凝土的收缩应变预测。

东南大学的秦鸿根、孙伟、潘钢华等[1-165]结合南京长江第二大桥的工程建设，对掺粉煤灰高性能混凝土变形性能开展了试验研究。试验结果表明，掺Ⅰ级粉煤灰和高效减水剂的 C50 高性能混凝土不但具有良好的工作性能和力学性能，还可提高混凝土抵抗弹性变形、收缩变形和徐变变形的能力。与同强度等级未掺粉煤灰的混凝土相比较，掺入质量分数为 12%～24%的Ⅰ级粉煤灰，取代 10%～20%的硅酸盐水泥，其后期强度和抗压弹性模量增大，干燥收缩和徐变降低。通过分析研究，还得出不同粉煤灰掺量及配比的 C50 高性能混凝土徐变计算回归公式，可为实际工程中分析掺粉煤灰混凝土徐变性能提供帮助。

邹建喜、李显金等[1-166]按照与基准混凝土 28 d 强度相等的条件配制粉煤灰混凝土，不论粉煤灰掺量高低，也不论混凝土强度高低，粉煤灰混凝土的干缩性和徐变值均较基准混凝土为低，这对减小预应力混凝土的预应力损失是可贵的。

仲新华和雷俊卿[1-167]结合铁路预应力混凝土预制箱梁的质量要求和生产工艺特点，配制五种在浆体组成上具有明显差异的泵送混凝土，通过对试件收缩徐变特性的测试，结果表明，铁路箱梁低收缩徐变高性能混凝土的主要配制原则是采用较低用水量和适量矿物掺和料。

罗许国、钟新谷等[1-168][1-169]以 8 根不同掺量的高性能粉煤灰混凝土梁的收缩、徐变试验为基础，研究了不同掺量高性能粉煤灰混凝土在荷载长期作用下的收缩、徐变性能及其上拱随时间的变化规律，探讨了温度、湿度等环境因素对不同掺量高性能粉煤灰混凝土收缩、徐变的影响。实验观测结果表明：高性能粉煤灰掺量20%～40%混凝土梁具有良好的工作性能和力学性能；与同强度的未掺粉煤灰的梁相比，其后期强度和抗压弹性模量增大，收缩徐变减小，具有良好的社会和经济效益。

欧阳华林和白山云[1-170]试验研究了水泥用量、矿物掺合料、龄期对高性能混凝土收缩徐变的影响规律，结果表明：在胶凝材料用量一定时、水胶比相近的情况下，水泥用量越低，矿物掺量越大，混凝土的收缩徐变值越小；在高性能混凝土中宜选用比表面积低于444 m^2/kg的矿渣，且矿渣和粉煤灰总掺量宜大于40%；混凝土的收缩和徐变在加载后90 d内增大较大，在120 d后趋于稳定。

叶列平和孙海林等[1-171]对5根高强轻骨料混凝土梁、1根低强轻骨料混凝土梁和1根普通混凝土梁进行了为期一年的预应力损失试验，并进行了与普通混凝土对比的收缩和徐变材性试验。结果表明，相同强度的轻骨料混凝土的早期收缩小于普通混凝土，后期收缩大于普通混凝土；相同强度的轻骨料混凝土徐变系数小于普通混凝土；轻骨料混凝土梁的预应力损失比普通混凝土梁的预应力损失大。

赵庆新和孙伟等[1-172]为研究磨细矿渣和粉煤灰对高性能混凝土徐变性能的影响，在(20±1)℃、相对湿度为(60±5)%和33%的载荷水平下，测试了不掺磨细矿渣和粉煤灰的基准混凝土及磨细矿渣等量取代水泥量为30%、50%和80%，粉煤灰等量取代水泥量为12%，30%和50%，磨细矿渣和粉煤灰双掺等量取代水泥50%时高性能混凝土的徐变度。试验结果表明：磨细矿渣掺量为30%和50%时，磨细矿渣对混凝土徐变性能的影响不明显，当磨细矿渣掺量为80%时，混凝土抵抗徐变的能力大大下降，其1年的徐变度为基准混凝土的1.74倍；粉煤灰掺量为12%和30%时，混凝土抵抗徐变的能力随其掺量提高而增强，其1年的徐变度分别为基准混凝土的76%和46.5%；粉煤灰掺量为50%时，混凝土抵抗徐变的能力没有得到改善，其1年的徐变度为基准混凝土的102%；磨细矿渣和粉煤灰总取代率为50%时，双掺的徐变度明显低于单掺磨细矿渣或粉煤灰的情况。

文献[1-101]表明：当骨料所占混凝土体积从60%增加到75%，徐变可以降低50%左右。普通混凝土的骨料含量约为50%～80%。因此从减小混凝土的收缩、徐变目的出发，施工中的配合比设计时考虑增加混凝土的骨料含量是一种可行的方法。此外，骨料的弹性模量是骨料的物理性质中影响混凝土徐变的最重要因素[1-173]。骨料的弹性模量越高，对水泥石的约束作用越强，混凝土徐变则越低。轻骨料混凝土的徐变大，最主要原因就是其弹性模量较低。

从上述研究可以看出，高性能混凝土收缩和徐变的发展规律同普通混凝土类似，徐变一般较普通混凝土小，而收缩应变与普通混凝土相比大小不能确定。高性能混凝土收缩徐变特性与其掺合料的用量、水胶比等有密切关系。

1.4 钢筋混凝土结构剪切变形研究现状

由前述的大跨径预应力混凝土箱梁桥的病害调查可知，腹板斜裂缝是最常见的病害之一。腹板斜裂缝多为结构性裂缝，究其原因，是由于抗剪机理的复杂性。相对混凝土结构的受弯和受压性能计算而言，受剪机理人们并未完全认知。腹板斜裂缝产生的原因很多，可能是由于材料、设计、施工工艺与质量以及各种不确定环境因素的影响，如此多的桥梁出现腹板斜裂缝的"通病"，不能简单归咎于工程设计者或施工人员，我们还应从混凝土结构抗剪的基本理论加以研究和完善。

1.4.1　腹板斜裂缝和跨中下挠——"并发症"

由表 1.1 对大跨径预应力箱梁桥的病害调研可知，腹板斜向开裂和跨中下挠过大常常是"并发症"。以五跨连续刚构桥（162 m＋3×245 m＋162 m）为例[1-29]，该桥经过 7 年的运营后，出现了较为严重的病害，通过对箱梁的详细检查，共发现裂缝 6 638 条，其中 5 328 条分布在箱梁腹板内表面，1 073 条分布在箱梁腹板的外表面上，237 条分布在箱梁底板上。与成桥时相比，各跨观测的跨中下挠为，大桥北岸次边跨 2＃～3＃墩之间主梁跨中下挠累计已达 30.5 cm，中跨 3＃～4＃墩之间主梁跨中下挠已达 21.2 cm，南岸次边跨 4＃～5＃墩之间主梁跨中下挠已达 22.6 cm。

同济大学的石雪飞等[1-175]以某一高速公路上的预应力混凝土连续箱梁桥（75 m＋125 m＋75 m）为研究背景，对其成桥后的挠度发展进行了观测，同时对箱梁的开裂情况也进行了实测，并对二者的相关性进行了分析，如图 1.1 所示。图 1.1 也表明，裂缝病害和跨中下挠的相关性较大。

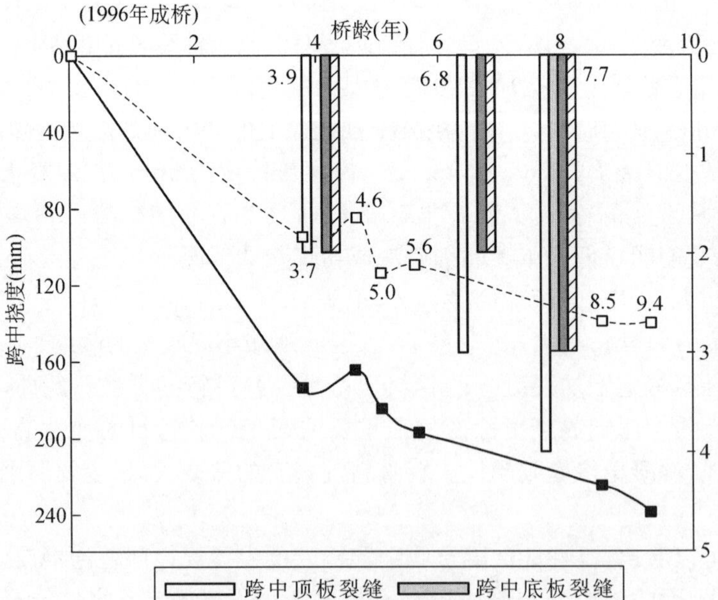

图 1.1　主跨箱梁桥的跨中挠度与裂缝的相关曲线[1-175]

注：图中右侧竖向坐标表示裂缝分级，将裂缝按照裂缝数量和开裂程度进行分级，取值为 0～5："1"表示发现第一条裂缝或开裂轻微；"2"表示裂缝数量较少；"3"表示裂缝数量较多或开裂较严重；"4"表示裂缝密集或裂缝较宽；"5"表示裂缝病害极其严重。

混凝土结构的受剪性能包括抗剪强度和剪切变形两个方面，目前很多专家学者对抗剪强度研究较多，而对剪切变形的关注很少。

1.4.2　剪切变形

影响大跨径混凝土桥梁开裂和长期变形的因素比较复杂，变形与开裂常常是“并发症”。我们感到，不能老用“综合”因素来分析跨中挠度过大的问题，同时，对待此类质量通病，仅从反复计算箱梁空间作用、混凝土收缩徐变、预应力损失、日照与温差作用等以及施工工艺方面去分析是远远不够的，还应从结构设计方面去分析。

主梁刚度由弯曲刚度和剪切刚度组成，通常，梁的挠度主要由弯曲刚度（弯矩）控制，但对于薄腹箱梁，剪切变形及其引起的下挠是不可忽略的，特别是在斜裂缝出现及发展之后，剪切变形对薄腹箱梁的挠度影响会更大。混凝土开裂前，梁的工作处于弹性阶段，其剪切刚度可以根据弹性力学的方法计算。然而，当混凝土出现斜裂缝后，用弹性力学方法计算剪切变形的方法不再适用，因为开裂后的混凝土泊松比对第二应力方向已失去作用，横向作用到剪切裂缝上的力由抗剪钢筋来承担。

Timoshenko[1-176]认为，对于 $l/h \geqslant 10$ 的梁，在弹性阶段可以忽略剪切变形对挠度的影响，但出现斜裂缝后，剪切刚度对总挠度的影响不可忽略，且随时间推移，影响将不断增加。作者导师在 20 世纪 60 年代中期一批混凝土梁抗剪性能试验研究[1-177]中，就有过这种定性的认识。德国著名学者 Leonhardt[1-178]也曾指出，当梁的跨高比 $l/h \leqslant 12$ 时，混凝土开裂后，在跨高比不同、截面及配筋不同的梁中，由剪切变形引起的挠度可为弯曲变形的 0.2～3.0 倍。

Park 和 Paulay[1-179]编写的经典混凝土结构教材中曾指出，可以根据桁架模型理论，来考虑钢筋混凝土梁斜向开裂后，计算瞬时剪切变形的方法。Paulay[1-180]和 Kim[1-181][1-182]采用变角桁架模型分析了剪力墙连梁和混凝土柱开裂后的剪切刚度。Nie[1-183]开展了钢筋混凝土梁的长期变形试验，并采用桁架模型计算了长期剪切变形，Nie 在桁架模型理论中对箍筋承受的剪力乘以折减系数 0.5 后，计算结果与其试验较为吻合。

Li[1-184]建议了一种超静定的桁架模型结构，分析了混凝土梁的抗剪性能，他假定将剪跨区四等分，建立变角度的桁架模型，由于该桁架为超静定结构，在剪力作用下，需要借助于简单的力学程序，计算各腹杆所承担的剪力大小，从而确定整个桁架模型的受剪行为。

当然通过修正斜压场理论（MCFT）[1-185]，也能计算混凝土构件的荷载—位移曲线，但计算过程复杂，需假定一个变量的初始值，经反复迭代计算，才能得到结果，基于 MCFT 的计算程序可参见 Toronto 大学开发的 VecTor2[1-186]及 Response 2000[1-187]。重庆大学的张川、黄建锋[1-188]也基于 MCFT，采用 Fortran 语言编制了钢筋混凝土梁截面的非线性分析程序，分析了混凝土梁的受剪性能。王栋[1-189]通过 ANSYS 建立有限元模型的方法，分析了箱梁开裂对承载力与刚度变化的影响。

南昌大学的熊进刚、习建红等[1-190]研究了剪切刚度和剪切变形对钢筋混凝土短梁挠度的影响，剪切斜裂缝的出现会引起梁的荷载—挠度曲线的出现明显转折，剪切刚度和剪切变形对挠度均有较大影响，只考虑弯曲变形（按现行规范计算得到的挠度）与试验实测挠度误差显著，但他们没有给出计算混凝土梁的剪切刚度或剪切变形的计算方法。

1.5 需要进一步研究完善的问题

收缩徐变效应及抗剪性能都属于混凝土结构的基本理论范畴，对它们的研究均有百年的历史，在收缩徐变和抗剪的机理、影响因素、计算理论及设计等方面均取得了显著的成果，但仍然存在一些问题需要我们共同努力，特别是箱梁桥出现的质量通病，对混凝土结构开展基本理论的研究也显得越发重要和迫在眉睫，需要我们共同努力，进一步去研究改善。

1.5.1 时效变形

近年来随着高强和高性能混凝土在大跨度桥梁中的推广应用，使得混凝土材料的性质有较大的变化，而目前常用收缩徐变模型大都基于以往的普通混凝土试验数据统计回归得到，它们对高强和高性能混凝土的适用性值得进一步的研究。此外，采用了高强混凝土，和普通混凝土相比，截面尺寸可以设计得更小，构件变得细长，变形成为一个突出的问题，收缩徐变模型的选择显得尤为重要。

影响混凝土收缩徐变的因素纵多，变化规律复杂，具有时变性，收缩和徐变是混凝土的最不确定的特性之一。以往研究很多是通过输入这些影响因素的确定性参数来获得输出响应，我们知道，设计的混凝土强度和弹模都已经考虑了随机性，而它们的随机性没有收缩徐变的随机性大。混凝土组成材料的变异性、收缩预测模式的不完善以及结构工作的环境条件等，都是结构收缩徐变效应不确定性的原因。此外，预应力混凝土结构的工作状况在很大程度上取决于结构的有效预应力值，在分析大跨径预应力混凝土箱梁桥的时变效应时，有效预应力的变异也应考虑，并且预应力大小与混凝土收缩徐变效应相耦合。预应力各种损失的变异可以从室内和实际桥梁所处环境的预应力测试中去获取。正是由于大跨径预应力混凝土箱梁桥的结构行为对混凝土收缩徐变、有效预应力值等因素较为敏感，所以计算其时变效应时，应考虑这些因素的随机性。

1.5.2 剪切变形

由前述的大跨径预应力混凝土箱梁桥的病害调查可知，腹板斜裂缝和跨中下挠相关性很大，常常是“并发症”，这种现象需要我们从混凝土结构的受剪基本理论研究开始，重点研究混凝土结构斜向开裂后对跨中挠度的影响，然后逐步过渡到预应力混凝土变截面箱梁结构开裂后的力学行为上。而目前对混凝土结构抗剪性能的研究，往往偏重于受剪承载力的研究，而对剪切变形的影响关注太少。

基于截面设计方法的 MCFT，理论性较强，但需反复迭代计算或者查表来确定参数，没有给出剪切变形的显式计算公式，不便于应用。因此，基于理论推导，与试验结果吻合较好，且能够用显式表达的剪切变形计算公式需要进行研究。

1.6 研究背景、技术路线及主要研究内容

1.6.1 研究背景

本书主要结合江苏省交通科学研究计划项目(05Y02)“苏通大桥辅桥连续刚构收缩徐变及其影响研究”,作为主要研究人员,开展了混凝土收缩徐变三层次试验、苏通大桥连续刚构的时效分析及相关专题的理论研究。希望开展的收缩徐变三层次试验、混凝土结构剪切变形影响研究的试验及相关理论成果能为混凝土结构设计与科研人员提供参考,为使混凝土结构相关的规范条文向更科学、协调、完善和经济的方向发展贡献自己的一份微薄之力。

苏通大桥辅桥为三跨(140 m+268 m+140 m)预应力混凝土连续刚构箱梁桥,跨度位居世界同类桥梁的前列。该桥主梁为变截面箱梁,采用三向预应力体系。刚构分上下行两幅桥布置,两幅桥仅在0#节段位置用横隔板相连,其余均未有连接,桥面设置1.5%的单一纵坡,长期变形控制较为重要。该连续刚构共有31个悬臂浇筑节段,悬臂施工历时一年多。为提高结构的受力性能和耐久性,设计中采用了C60高强高性能的混凝土材料。

苏通大桥连续刚构跨度大、施工阶段悬臂节段多、持续时间长、影响因素复杂。此外,采用的C60高强高性能混凝土,掺入了粉煤灰及外加剂,其主要特点是水灰比低、强度高、密实度好,和普通混凝土的收缩徐变特性有所不同。鉴于近年来国内外一些大跨度混凝土梁桥普遍出现的腹板斜裂缝和跨中下挠过大问题,针对苏通大桥辅桥连续刚构进行时变效应的专题研究,并对其长期性能进行预测,对于大桥的建设及保障其良好的长期使用性能具有十分重要的意义。

1.6.2 技术路线及主要研究内容

1) 技术路线

鉴于腹板斜裂缝和跨中下挠过大在大跨径预应力混凝土箱梁桥中屡次发生,高强高性能混凝土在箱梁桥中应用越来越广泛等因素,开展关于混凝土结构的时效变形及受剪性能的基本理论研究显得十分必要。本书研究的技术路线如图1.2所示。

2) 主要研究内容

第一章根据对已出现腹板斜裂缝和跨中下挠过大病害的大跨径箱梁桥进行调查和分析,发现腹板斜裂缝和跨中下挠的相关性很大,常常是“并发症”。对于桥梁病害的原因,归结起来,主要包括如下因素:配束设计方法、混凝土收缩徐变效应、温度效应、预应力损失估计不足或损失过大、桥梁超载、疲劳损伤、箱梁的空间效应、施工不当等。对混凝土结构时效变形和剪切变形基本理论的研究现状进行了介绍。

第二章针对苏通大桥连续刚构所用高强高性能混凝土,开展了收缩徐变三层次(材料层次、构件层次及结构层次)试验。材料层次的试验,主要为室内标准环境下的素混凝土收缩徐变试验,研究高强高性能混凝土的自收缩大小及湿养护时间、环境相对湿度、构件理论厚度、加载龄期等因素对收缩徐变的影响,并据此提出修正的收缩徐变模式。构件层次试验,

是开展“串联”配筋混凝土构件的收缩徐变试验及预应力混凝土简支梁的预应力损失试验，研究配筋率、加载龄期及应力水平等因素对收缩徐变的影响。结构层次试验是开展尺度较大的悬臂浇筑的 T 构（总长 12.8 m）试验，模拟实桥节段施工过程，能够反映节段间存在的龄期差，验证所提出的修正收缩徐变模型。这种基于三个层次的收缩徐变试验方法，既能为苏通辅桥连续刚构的施工和长期行为预测提供较为科学的计算参数，也能为高强高性能混凝土收缩徐变研究提供更为全面的研究思路。

第三章对第二章开展的三层次试验进行理论分析，首先简单介绍目前常用的收缩徐变模型，并基于材料层次的试验结果，比较了目前常用收缩徐变模型对高强高性能混凝土收缩徐变的适用性，在现桥规采用的 CEB-FIP90 模型的基础上，提出修正的收缩徐变模型。理论研究截面配筋率对混凝土收缩徐变的约束影响，并和构件层次的配筋混凝土试件实测数据进行对比，进一步验证材料层次提出的修正收缩徐变模型。考虑混凝土收缩、徐变和预应力筋松弛三者共同影响，研究预应力的长期损失。采用修正模型对结构层次的 T 构模型进行分析，并和试验结果进行了比较。最后将修正的收缩徐变模型应用到苏通大桥连续刚构的施工监控及长期结构行为预测中。

第四章广泛收集了国内外试验数据，建立了混凝土收缩徐变实验数据库，采用残差法、B3 变异系数法、CEB 变异系数法，对现行桥规采用的 CEB-FIP90 模型进行评估，并提出了修正收缩徐变模型，给出了两种模型的变异系数，可为收缩徐变效应的不确定性分析提供参数。该方法可用于没有开展短期收缩徐变试验的重要混凝土结构的时效分析。

第五章在第四章研究的基础上，考虑收缩徐变预测模型的不确定性和影响收缩徐变因素的随机性，并考虑预应力张拉值和摩阻损失的变异，预测了苏通大桥连续刚构带有一定置信水平的长期变形和长期内力发展区间。在不确定性分析的基础上，对影响大跨径预应力混凝土箱梁桥长期变形的影响因素，进行了敏感性分析。

第六章开展了 5 根混凝土梁（3 根薄腹 T 梁和 2 根矩形梁）的受剪性能试验，比较了试验梁的挠度与计算弯曲变形（不考虑剪切变形影响）之间的差异。根据斜裂缝的分布形态，提出基于 B 区和 D 区划分的受剪性能分析，B 区采用定角桁架模型分析梁的受剪行为，而 D 区采用变角桁架模型。根据梁的基本信息（剪跨比、纵筋配筋率、配箍率等），基于最小能量原理，建立了辨别采用何种桁架对该梁进行分析的方法，并推导了斜裂缝出现之后梁的剪切刚度计算公式，以考虑斜向开裂后，剪切变形对总变形的影响，并与本书试验及收集的他人试验结果进行了比较；在得到上述剪切刚度公式基础上，考虑混凝土收缩徐变，建立了长期剪切变形的计算公式。

第七章根据对已出现病害的大跨径箱梁桥的结构特性的调查和分析，从高跨比、腹板及配筋设计、纵向预应力束设计、下挠原因推演等方面对箱梁桥进行了研究分析。针对上述质量通病，可通过设置后期备用束（体内束或体外束，或者两者并用）得以改善，通过运营期内定期检测，在必要时张拉备用钢束，改善桥梁内力及变形状态。本书比较备用束的布置方案，提出了设计备用束的量化方法，其量的设计可根据长期变形置信界限值与确定性计算值的差异来确定。

第八章对全书工作的研究进行了总结，并简要讨论了需要进一步开展的研究工作。

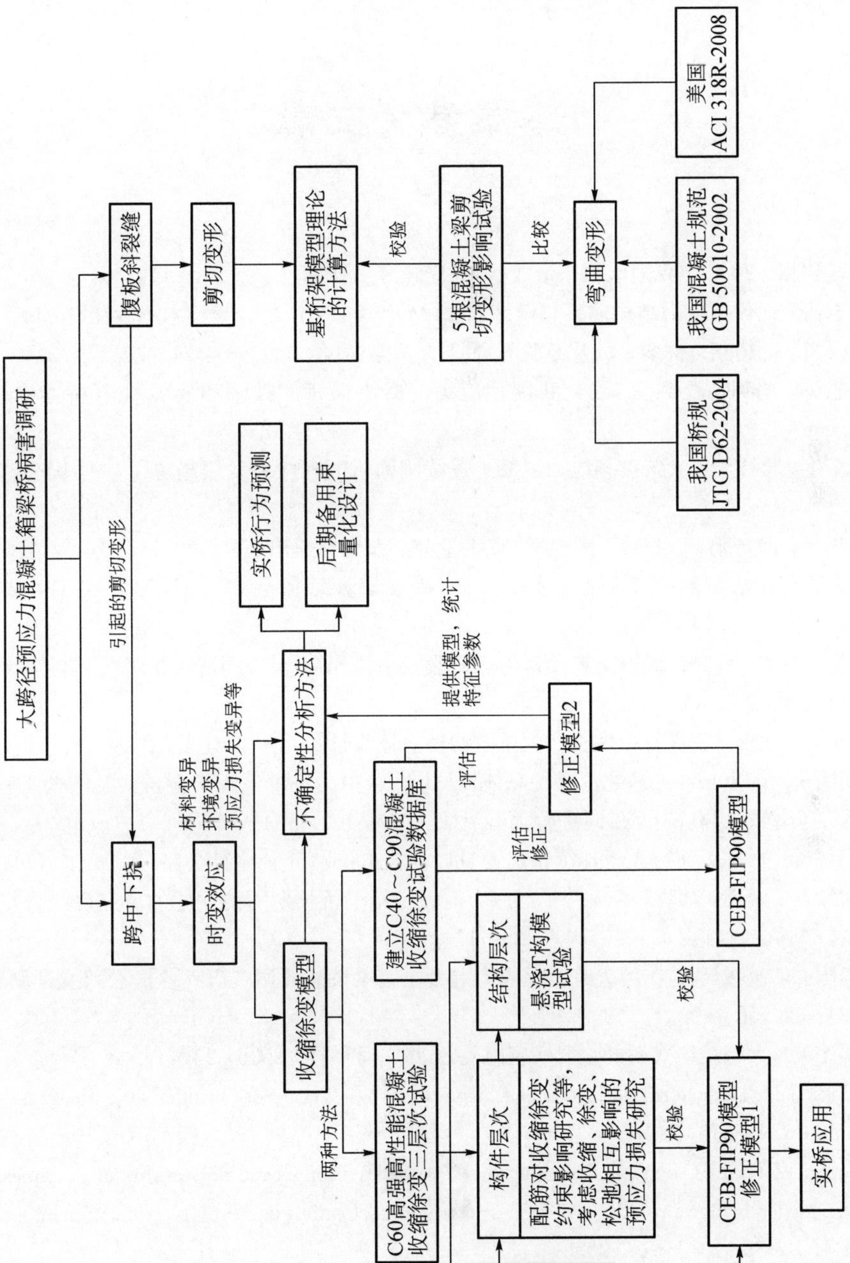

大跨径预应力混凝土箱梁桥病害调研
腹板斜裂缝
剪切变形
基桁架模型理论的计算方法
校验
5根混凝土梁剪切变形影响试验
比较
弯曲变形
美国 ACI 318R-2008
我国混凝土规范 GB 50010-2002
我国桥规 JTG D62-2004
引起的剪切变形
跨中下挠
时变效应
材料变异
环境变异
预应力损失变异等
不确定性分析方法
实桥行为预测
后期备用束量化设计
统计
提供模型，特征参数
收缩徐变模型
两种方法
建立C40～C90混凝土收缩徐变试验数据库
评估
修正模型2
评估
修正
CEB-FIP90模型
C60高强高性能混凝土收缩徐变三层次试验
结构层次
悬浇T构模型试验
构件层次
配筋对收缩徐变约束影响研究等，考虑收缩、徐变、松弛相互影响的预应力损失研究
材料层次
室内标准环境下收缩徐变影响参数研究
校验
校验
比较
修正
CEB-FIP90模型修正模型1
实桥应用

图 1.2　研究技术路线

本章参考文献

[1-1] 行业快讯. 2010年我国水泥产量或达18亿吨[J]. 混凝土，2010，(11)：48
[1-2] 吕志涛. 现代预应力结构体系与设计方法[M]. 南京：江苏科学技术出版社，2010
[1-3] 胡汉舟，叶梅新. 桥梁事故及经验教训[J]. 桥梁建设，2002(3)：71-75
[1-4] 吕志涛，刘钊，孟少平. 浅论我国预应力混凝土梁桥的技术和发展[J]. 桥梁建设，2001(1)：52-56
[1-5] 周军生，楼庄鸿. 大跨度预应力混凝土连续刚构桥的现状和发展趋势[J]. 中国公路学报，2000，13(1)：31-37
[1-6] 邬晓光，邵新鹏，万振江. 刚架桥[M]. 北京：人民交通出版社，2001
[1-7] 《桥梁设计常用数据手册》编著委员会. 桥梁设计常用数据手册[M]. 北京：人民交通出版社，2005
[1-8] 刘超，徐栋. 大跨径混凝土箱梁桥剪切开裂及下挠原因[J]. 同济大学学报(自然科学版)，2009，37(1)：1-5
[1-9] 邓文忠，代彤. 重庆石板坡长江大桥复线桥总体设计[J]. 桥梁建设，2006(6)：28-32
[1-10] 胡明义. 南京长江二桥北汊大桥总体设计[A]//中国土木工程学会桥梁及结构工程学会第十四届年会论文集[C]. 上海：同济大学出版社，2000：100-104
[1-11] 丁如珍. 京杭运河特大桥连续箱梁的设计与施工技术[J]. 中外公路，2004，24(1)：23-25
[1-12] 谢峻，王国亮，郑晓华. 大跨径预应力混凝土箱梁桥长期下挠问题的研究现状[J]. 公路交通科技，2007，24(1)：47-50
[1-13] 王国亮，谢峻，等. 在用大跨度预应力混凝土箱梁桥裂缝调查研究[J]. 公路交通科技，2008，25(8)：52-56
[1-14] 楼庄鸿. 大跨径梁式桥的主要病害[J]. 公路交通科技，2006，23(4)：84-87
[1-15] Vitek J L. Long-term deflections of large prestressed concrete bridges[R]. Progress Report, CEB Bulletin No. 235, 1997
[1-16] Bazant Z P, Li G, et al. Explanation of excessive long-time deflections of collapsed record-span box girder bridge in Palau[A]//8th International Conference on Creep and Shrinkage of Concrete[C], Ise-Shima, Japan, 2008
[1-17] 陈开利. 帕劳共和国的桥梁倒塌事故[J]. 国外公路，1998，18(3)：31-33
[1-18] 向中富，黄海东，许宏元. 大跨径连续刚构桥加固技术研究与实践[A]//第十八届全国桥梁学术会议论文集[C]. 北京：人民交通出版社，2008：1512-1517
[1-19] 冯瑞胜. 影响PC刚构桥下挠的因素及对策研究[D]. 重庆：重庆交通大学，2010
[1-20] 黎增丰，石国彬，袁海金. 洛溪大桥挠度长期观测结果[J]. 中南公路工程，1993(1)：46-49
[1-21] 蔡慧悦，蔡镜清. 洛溪大桥梁体裂缝的成因分析和探讨[J]. 科技咨询，2006(8)：71-72
[1-22] 李辉. 丫髻沙大桥辅桥施工控制[J]. 铁道标准设计，2001，21(6)：38-40
[1-23] 李海军，李军. 连续梁桥预应力箱梁腹板裂缝成因浅析[J]. 华东公路，2000(3)：26-29
[1-24] 刘建民，牛进民，崔健. 东明黄河大桥主桥箱梁开裂成因分析与对策[J]. 山东交通科技，

2005(1)：46 - 48
[1 - 25] 牟兵，张京街. 预应力混凝土连续刚构桥的加固设计[J]. 重庆建筑，2003(5)：45 - 46
[1 - 26] Hedjazi S，Rahai A，Sennah K. Evaluation of creep effects on the time-dependent deflections and stresses in prestressed concrete bridges [J]. Bridge Structures：Assessment，Design and Construction，2007，3(2)：19 - 132
[1 - 27] 楼庄鸿. 现有大跨度预应力混凝土梁式桥的缺陷[A]//全国桥梁学术会议论文集[C]. 北京：人民交通出版社，2003，189 - 193
[1 - 28] 楼庄鸿，王国亮. 大跨度梁式桥的主要病害及其预防[A]//全国桥梁学术会议论文集[C]. 北京：人民交通出版社，2007，326 - 330
[1 - 29] 詹建辉，陈卉. 特大跨度连续刚构主梁下挠及箱梁裂缝成因分析[J]. 中外公路，2005，25(1)：56 - 58
[1 - 30] 魏平. 大跨度连续刚构桥裂缝成因分析[J]. 交通标准化，2006(4)：132 - 134
[1 - 31] 马健. 三门峡黄河公路大桥的主桥加固[J]. 公路，2004(6)：62 - 64
[1 - 32] 陆中元，李建华，朱念清. 广东南海金沙大桥的维修加固[J]. 铁道建筑，2004(10)：29 - 31
[1 - 33] 杨志平，朱桂新，李卫. 预应力混凝土连续刚构桥挠度长期观测[J]. 公路，2004(8)：285 - 289
[1 - 34] 刘建民，牛进民，崔健. 东明黄河大桥主桥箱梁开裂成因分析与对策[J]. 山东交通科技，2005(1)：45 - 48
[1 - 35] 李海军，李军. 连续梁桥预应力箱梁腹板裂缝成因浅析[J]. 华东公路，2000(3)：26 - 29
[1 - 36] 王法武，石雪飞. 大跨径预应力混凝土梁桥长期挠度控制研究[J]. 公路，2006，8：72 - 76
[1 - 37] 王春龙. 大跨 PC 连续刚构桥新型腹板构造研究[D]. 重庆：重庆交通大学，2008
[1 - 38] 杨春林. 一座主跨 140 m 连续刚构桥的加固[J]. 中南公路工程，2003，28(4)：73 - 74
[1 - 39] 康震学. 沅陵沅水大桥设计简介[J]. 中南公路工程，1991，16(3)：46 - 49
[1 - 40] Takacs P F. Deflections in concrete cantilever bridges：observations and theoretical modeling[D]. Norway：The Norwegian University of Science and Technology，2002
[1 - 41] Quebec's Grand-Mere Bridge—935ft long post-tensioned segmental structure [J]. PCI Journal，1979，1：94 - 99
[1 - 42] Massicotte B，Picard A，Gaumond Y，et al. Strengthening of a long span prestressed segmental box girder bridge [J]. PCI Journal，1979，3：52 - 58
[1 - 43] 王勇，蒋劲松. 连续刚构设计构思的探讨[J]. 西南公路，2003(1)：25 - 27
[1 - 44] 罗春林. 大跨度连续刚构桥跨中下挠问题原因及对策研究[D]. 成都：西南交通大学，2008
[1 - 45] 李兴林，廖成强. 160m 跨预应力混凝土连续刚构箱梁加固设计[J]. 铁道工程学报，2008，115(4)：42 - 46
[1 - 46] 王敏. 从预应力损失角度对混凝土桥梁病害成因的研究[D]. 武汉：武汉理工大学，2005
[1 - 47] 吕志涛，潘钻峰. 大跨径预应力混凝土箱梁桥设计中的几个问题[J]. 土木工程学报，2010，43(1)：70 - 76
[1 - 48] 刘效尧，赵立成. 公路桥涵设计手册(下册梁桥)[M]. 北京：人民交通出版社，2000
[1 - 49] 上官兴，郭圣栋，等. 预应力混凝土连续梁桥的“恒载零挠度设计”新理念[A]//全国既有桥梁加固、改造与评价学术会议论文集[C]. 北京：人民交通出版社，2008，65 - 72
[1 - 50] 王法武. 大跨连续梁桥长期下挠的控制研究[D]. 上海：同济大学，2006
[1 - 51] 王法武，石雪飞. 大跨径预应力混凝土梁桥长期挠度控制研究[J]. 公路，2006(8)：72 - 76
[1 - 52] 张璟. 连续梁桥恒载零弯矩设计[D]. 南昌：华东交通大学，2007
[1 - 53] 戴玉明. 大跨梁桥跨中挠度控制措施[D]. 南昌：华东交通大学，2007

[1-54] 上官兴，侯爵. 临时斜拉索控制桥梁下挠的新构思[A]//中国公路学会桥梁和结构工程分会 2006 年全国桥梁学术会议论文集[C]. 北京：人民交通出版社，2006：669-674

[1-55] 鄢玉胜. 预应力混凝土梁桥的徐变下挠研究[D]. 成都：西南交通大学，2008

[1-56] 刘亚军. 预应力混凝土连续刚构桥跨中下挠问题的研究[D]. 武汉：武汉理工大学，2010

[1-57] 姚强. 基于荷载平衡法的大跨径 PC 连续刚构桥长期挠度控制方法研究[D]. 西安：长安大学，2009

[1-58] 方志，何建梅，曹传林. 基于最小弯曲能量法的连续刚构桥预应力优化[J]. 中外公路，2007(4)：60-65

[1-59] 何建梅. 大跨径预应力混凝土连续刚构桥的预应力优化设计[D]. 长沙：湖南大学，2007

[1-60] 刘钊，戴玮，等. 大跨度预应力混凝土梁桥的合理成桥状态设计方法[J]. 桥梁建设，2010，1：40-44

[1-61] 李淮华. 控制大跨度预应力混凝土梁桥时效变形合理成桥状态设计方法[D]. 南京：东南大学，2008

[1-62] 杨俊. 影响矩阵法在桥梁合理成桥状态确定中的应用[J]. 公路与汽运，2008(6)：113-115

[1-63] 吕忠达，周绪红，等. 大跨径连续梁桥的合理成桥状态研究[A]//中国公路学会桥梁和结构工程分会 2005 年全国桥梁学术会议论文集[C]. 北京：人民交通出版社，2005

[1-64] 于昆. 大跨径预应力混凝土连续梁桥合理成桥状态研究[D]. 西安：长安大学，2007

[1-65] 柳磊. 大跨径预应力混凝土箱梁桥开裂与下挠成因分析[D]. 上海：同济大学，2009

[1-66] 张文学. 预应力混凝土连续箱梁局部应力分析及拉压杆设计[D]. 上海：同济大学，2007

[1-67] 朱汉华，陈孟冲，等. 预应力混凝土连续箱梁桥裂缝分析与防治[M]. 北京：人民交通出版社，2006

[1-68] 王华. 预应力混凝土薄壁箱梁桥空间分析及开裂成因研究[D]. 长沙：湖南大学，2005

[1-69] Vrablik L, Kristek V. Bazant's collapse analysis of bridge in Palau[J]. Beton, 2009, 8(1)

[1-70] 王巍. 轨道交通预应力混凝土梁长期性能试验与理论研究[D]. 上海：同济大学，2006

[1-71] 薛伟辰，胡于明，王巍. 预应力混凝土梁徐变性能试验[J]. 中国公路学报，2008，21(4)：61-66

[1-72] 胡狄. 预应力混凝土桥梁徐变效应分析[D]. 长沙：中南大学，2003

[1-73] 汪剑. 大跨预应力混凝土箱梁桥非荷载效应及预应力损失研究[D]. 长沙：湖南大学，2006

[1-74] 罗志佳. 收缩徐变对连续刚构桥挠度的影响及腹板斜裂缝成因分析[D]. 南宁：广西大学，2007

[1-75] 孙海林，叶列平，等. 城市轨道交通预应力混凝土连续梁桥的收缩和徐变分析[J]. 公路交通科技，2005，22(1)：89-92

[1-76] Kristek V R, Bazant Z P, et al.. Box girder bridge deflections[J]. ACI Concrete International, 2006, 28(1): 55-63

[1-77] 黄海东，向中富，郑皆连. 混凝土结构早期非均匀收缩试验[J]. 中国公路学报，2010，23(3)：64-69

[1-78] 黄海，向中富，郑皆连. PC 箱梁桥非均匀收缩变形分析[J]. 土木建筑与环境工程，2009，31(4)：61-65

[1-79] 许航，谭景文，李隆. 截面非均匀收缩对大跨径混凝土箱形梁桥长期变形的影响[J]. 公路，2010(4)：99-102

[1-80] Madsen H O, Bazant Z P. Uncertainty analysis of creep and shrinkage effects in concrete structures[J]. ACI Journal, 1983, 82(2): 116-127

[1-81] 江苏省苏通大桥建设指挥部，东南大学，中铁大桥局股份有限公司. 苏通大桥辅桥连续刚构收缩徐变及影响研究技术报告[R]. 南京，2007

[1-82]　潘钻峰，吕志涛，刘钊，等. 苏通大桥连续刚构收缩徐变效应的不确定分析[J]. 工程力学，2009，26(9)：67-73

[1-83]　张建仁，汪维安，余钱华. 高墩大跨连续刚构桥收缩徐变效应的概率分析[J]. 长沙交通学院学报，2006(2)：1-7

[1-84]　In Hwan Yanga. Uncertainty and sensitivity analysis of time-dependent effects in concrete structures[J]. Engineering Structures，2007，29(7)：1366-1374

[1-85]　In Hwan Yanga. Uncertainty and updating of long-term prediction of prestress forces in PSC box girder bridges[J]. Computers and Structures，2005，83(25-26)：2137-2149

[1-86]　Li Xianping，Robertson I N. Long-term performance predictions of the North Halawa Valley Viaduct. Research Report UHM/CEE/03-04，University of Hawaii，2003

[1-87]　Leonhardt F，Kolbe G，Peter J. Tempreture underschiede gefahrden spanbetembrucke[J]，Beton-and Stahlbe Tonbau，1965，H. 7

[1-88]　刘兴法. 混凝土结构的温度应力分析[M]. 北京：人民交通出版社，1991

[1-89]　刘兴法. 预应力混凝土箱形梁的日照温度应力及位移计算[J]. 桥梁建设，1980(1)

[1-90]　刘兴法. 预应力混凝土箱梁温度应力计算方法[J]. 土木工程学报，1986，19(1)：44-54

[1-91]　彭卫，邢鸿燕，柯善刚. PC连续箱梁桥裂缝控制研究[J]. 浙江工业大学学报，2003，31(1)：22-27

[1-92]　谢发祥. 预应力混凝土连续箱梁的监测和腹板斜裂缝成因分析[D]. 南京：东南大学，2003

[1-93]　王毅. 预应力混凝土连续箱梁温度作用的观测与分析研究[D]. 南京：东南大学，2006

[1-94]　黄勤. PC箱型截面刚构桥温度效应研究[D]. 南京：东南大学，2009

[1-95]　康为江. 钢筋混凝土日照温度效应研究[D]. 长沙：湖南大学，2000

[1-96]　邵旭东. 砼箱形梁横向温度应力计算分析[J]. 重庆交通学院学报，2000，19(4)：5-10

[1-97]　康炫武，袁铜森. 大跨径预应力混凝土连续箱梁桥腹板斜裂缝的成因分析与防治[J]. 湖南交通科技，2007，33(4)：68-72

[1-98]　杨永. 大跨连续刚构桥腹板构造与受力分析[D]. 西安：长安大学，2010

[1-99]　上官兴，侯爵，等. 临时斜拉索控制桥梁下挠的新构思[A]//中国公路学会桥梁和结构工程分会2006年全国桥梁学术会议论文集[C]. 北京：人民交通出版社，2006

[1-100]　颜昌清. 某预应力混凝土箱梁桥的病害原因分析[D]. 武汉：华中科技大学，2005

[1-101]　周履，陈永春. 收缩徐变[M]. 北京：中国铁道出版社，1994

[1-102]　Bazant Z P，Wittman F H. Creep and shrinkage of concrete structures[M]. John Wiley，1982

[1-103]　Neville A M，Dilger W H，Brooks J J. Creep of plain and structural concrete [M]. London&New York，1983

[1-104]　CEB-FIP. CEB-FIP model code for concrete structures[S]. Lausanne，Switzerland，1990

[1-105]　ACI Committee 209. 209-82 Prediction of creep，shrinkage and temperature effect in concrete structure[S]. American Concrete Institute，Detroit，MI，1982

[1-106]　American Concrete Institute. Prediction of creep，shrinkage and temperature effects in concrete structures[S]. ACI 209R-92. Detroit：American Concrete Institute，1992

[1-107]　AASHTO. AASHTO LRFD Bridge specifications SI Units Third Edition [S]. USA：American Association of State Highway and Transportation Officials，2004

[1-108]　Gardner N J，Zhao J W. Creep and shrinkage revisited[J]. ACI Materials Journal，1993，90(3)：236-246

[1-109]　Gardner N J，Lockman M J. Design provisions for drying shrinkage and creep of normal-

strength concrete[J]. ACI Materials Journal, 2001, 98(2): 159 - 167

[1 - 110] Bazant Z P, Wu S T. Rate - type creep law of aging concrete based on Maxwell Chain[J]. Mater. Constr. Mater. Struct, 1974, 7(37): 45 - 60

[1 - 111] Bazant Z P, Panula L. Practical prediction of time - dependent deformations of concrete, materials and structures. Research and Testing. (RILEM, Paris), 1978, 11(65): 307 - 328; 11(66): 415 - 424; 1979, 12(69): 169 - 183

[1 - 112] Bazant Z P, Prasannan S. Solidification theory for concrete creep. Ⅱ. Verification and application[J]. ASCE, Journal of Engineering Mechanics, 1989(115): 1691 - 1725

[1 - 113] Bazant Z P, Kim J K. Consequences of diffusion theory for shrinkage of concrete[J]. Materials and structures, 1991(24): 323 - 326

[1 - 114] Bazant Z P, Baweja S. Creep and shrinkage prediction model for analysis and design of concrete structures - model B3[J]. Materials and Structures, 1995, 28(180): 357 - 365

[1 - 115] Bazant Z P, Baweja S. Justification and refinements of model B3 for concrete creep and shrinkage. 1. statistics and sensitivity[J]. Materials and Structures, 1995, 28(181): 415 - 430

[1 - 116] Bazant Z P, Baweja S. Justification and refinements of model B3 for concrete creep and shrinkage. 2. updating and theoretical basis[J]. Materials and Structures, 1995, 28(182): 488 - 495

[1 - 117] Comité Euro International Du Béton. CEB-FIP model code for concrete structures [S]. Comité Euro-International Du Béton/Fédération International de la Précontrainte, Paris, 1978

[1 - 118] 赵祖武. 混凝土的徐变、松弛与弹性后效[J]. 力学学报, 1962, 5(3): 143 - 152

[1 - 119] 林南熏, 曾成滋, 朱锦年. 混凝土徐变的试验研究[J]. 华南工学院学报, 1965, 3(4): 73 - 86

[1 - 120] 朱伯芳. 混凝土的弹性模量、徐变度与应力松弛系数[J]. 水力学报, 1985(9): 55 - 61

[1 - 121] 龚洛书, 惠满印, 杨蓓. 砼收缩与徐变的实用数学表达式[J]. 建筑结构学报, 1988(5): 37 - 42

[1 - 122] 卫军, 赵红京. 干燥地区混凝土徐变、收缩估算体系及验证[J]. 华中科技大学学报, 2001, 29(7): 109 - 110

[1 - 123] 吴胜兴. 混凝土结构的温度应力与温度裂缝控制研究[D]. 南京: 河海大学, 1994

[1 - 124] 中华人民共和国交通部. 公路钢筋混凝土及预应力混凝土桥涵设计规范(JTJ 023—1985)[S]. 北京: 人民交通出版社, 1985

[1 - 125] 中华人民共和国交通部. 公路钢筋混凝土及预应力混凝土桥涵设计规范(JTG D62—2004)[S]. 北京: 人民交通出版社, 2004

[1 - 126] Lam J P. Evaluation of concrete shrinkage and creep prediction models[D]. San Jose State University, USA, 2002

[1 - 127] Al-Manaseer A, Lam J P. Statistical evaluation of shrinkage and creep models[J]. ACI Materials Journal, 2005, 102(3): 170 - 176

[1 - 128] Fanourak G C, Ballim Y. Predicting creep deformation of concrete: a comparison of results from different investigations[A]//Proceedings, 11th FIG Symposium on Deformation Measurements [C], Santorini, Greece, 2003

[1 - 129] 李传习, 夏桂云. 大跨度桥梁结构计算理论[M]. 北京: 人民交通出版社, 2002

[1 - 130] Ghali A, Renaud F. Concrete stress and deformation (2nd Edition) [M]. E&FN Spon, Chapman and Don, 1994

[1 - 131] Brason D E. Deformation of concrete structures[M]. McGraw Hill Book Company, New York, 1977

[1-132] Bazant Z P, Najja J. Comparison of approximate linear methods for concrete creep[A]//ASCE Proceedings[C], 1973, 99(ST): 1851-1874
[1-133] 孙海林，叶列平，丁建彤. 混凝土徐变计算分析方法[A]//中国公路学会桥梁和结构工程学会2002年全国桥梁学术会议论文集[C]. 北京：人民交通出版社，2002
[1-134] Bazant Z P, Osman E. On the choice of creep function for standard recommendations on practical analysis of structures[J]. Cement and Concrete Research, 1975(5): 631-644; (6): 149-157
[1-135] Bazant Z P. Prediction of concrete creep effects using age-adjusted effective modulus method [J]. ACI Journal, 1972, 69(4): 212-217
[1-136] Bazant Z P, Kim S S. Approximate relaxation function for concrete [J]. ASCE, Journal Structural Division, 1979(ST12): 695-705
[1-137] Laeidogna G, Tarantino M. Approximate expressions for the aging coefficient and the relaxation function in the viscoelastic analysis f concrete structures[J]. Material and Structures, 1996, 29: 131-140
[1-138] 金成棣. 混凝土徐变对超静定结构变形及内力的影响[J]. 土木工程学报，1981，14(8)：19-33
[1-139] 孙宝俊. 现代预应力混凝土结构的预应力长期损失计算和时效分析研究[D]. 南京：东南大学，1992
[1-140] 王勋文，潘家英. 按龄期调整有效模量法中老化系数 χ 的取值问题[J]. 中国铁道科学，1996，17(3)：12-23
[1-141] 彭卫，杜时贵. 混凝土徐变效应的计算机分析[J]. 西安公路交通大学学报，1999，16(3)：138-142
[1-142] 刘忠. 混凝土徐变收缩的递推 AEMM 法[J]. 重庆交通学院学报，1994，13(5)：31-34
[1-143] 段明德. 预应力混凝土桥施工仿真分析徐变计算[J]. 铁道学报，1998，20(5)：91-97
[1-144] 凌知民. 轨道交通预应力混凝土连续梁桥的徐变控制[J]. 桥梁建设，2002(3)：25-28
[1-145] 陈永春，马国强. 考虑混凝土收缩徐变和钢筋松弛相互影响的预应力损失计算[J]. 建筑结构学报，1981(6)：31-46
[1-146] 陈永春，徐金声，高红旗. 预应力构件的钢筋松弛和混凝土收缩徐变应力损失的计算[J]. 建筑科学，1987(3)：3-13
[1-147] 陈永春. 混凝土徐变问题的中值系数法[J]. 建筑科学，1991(2)：3-8
[1-148] 范立础，杜国华，鲍卫刚. 桥梁结构徐变次内力分析[J]. 同济大学学报，1991，19(1)：23-31
[1-149] 朱伯芳. 有限单元法原理及应用[M]. 北京：水利电力出版社，1979
[1-150] Bazant Z P, Wu S T. Dirichlet series creep function for aging concrete[J]. ASCE, J. Eng. Meeh. Div. 1973, 99(EM2): 367-387
[1-151] Zienkiewicz O C, Waston M. Some creep effects in stress analysis with particular reference to concrete at pressure vessels[J]. Nuclear Engineering and Design, 1966(4): 406
[1-152] Taylor R L, Pister K S, Goudreau G L. Thermomechanical analysis of viscoelastic solids[J]. International Journal for Numerical Methods in Engineering, 1970(2): 45-60
[1-153] 朱伯芳. 混凝土结构徐变应力分析的隐式解法[J]. 水力学报，1983(5)：40-46
[1-154] 王书庆. 徐变自动增量分析方法及其实现[J]. 同济大学学报，2000，28(2)：138-142
[1-155] 高政国，黄达海，赵国藩. 混凝土结构徐变应力分析的全量方法[J]. 土木工程学报，2001，34(4)：10-14
[1-156] 颜东煌，田仲初，等. 混凝土桥梁收缩徐变计算的有限元方法与应用[J]. 中国公路学报，2004，17(2)：55-58

[1-157] 余报楚，张哲，等. 一种混凝土桥梁徐变的有效计算方法[J]. 哈尔滨工业大学学报，2006，38(6)：994-996

[1-158] Huo X. Time-dependent analysis and application of high performance concrete in bridges[D]. University of Nebraska，USA，August 1997

[1-159] Huo X，Al-Omaishi N，Tadros M K. Creep，shrinkage and modulus of elasticity of high-performance concrete[J]. ACI Material Journal，2001，98(6)：440-449

[1-160] Persson B. Correlating laboratory and field tests of creep in high-performance concrete[J]. Cement and Concrete Research，2001(31)：389-395

[1-161] Ghosh R S，Timusk J. Creep of fly ash concrete[J]. Journal of the American Concrete Institute，1981，78(5)：351-357

[1-162] Lohtia R P，Nacctiyal B D，Jain O P. Creep of fly ash concrete[J]. Journal of the American Concrete Institute，1976，73(8)：469-472

[1-163] Hindy E EI，Miao B，et al. Drying shrinkage of ready-mixed high-performance concrete[J]. ACI Material Journal，1994，91(3)：300-305

[1-164] Barr B，Hoseinian S B，Beygi M A. Shrinkage of concrete stored in natural environments[J]. Cement&Composites，2003，25：19-29

[1-165] 秦鸿根，孙伟，潘钢华，等. 桥用高性能粉煤灰混凝土性能研究[J]. 粉煤灰综合利用，2002(5)：23-25

[1-166] 邹建喜，李显金，迟培云. 粉煤灰混凝土的变形性能研究[J]. 混凝土，2003(6)：38-39

[1-167] 仲新华，雷俊卿. 铁路箱梁低收缩徐变高性能混凝土的研究[J]. 铁道建筑，2008(10)：28-30

[1-168] 罗许国，钟新谷，戴公连. 高性能混凝土梁长期变形性能试验研究[J]. 铁道科学与工程学报，2005，2(4)：46-49

[1-169] 罗许国. 高性能粉煤灰混凝土铁路桥梁受力性能试验和理论研究[D]. 长沙：中南大学，2008

[1-170] 欧阳华林，白山云. 高性能混凝土收缩徐变性能的试验研究[J]. 桥梁建设，2006(2)：4-6

[1-171] 叶列平，孙海林，丁建彤. HSLWAC 梁收缩和徐变预应力损失试验[J]. 东南大学学报，2007，37(1)：94-99

[1-172] 赵庆新，孙伟，缪昌文，等. 磨细矿渣和粉煤灰对高性能砼徐变性能的影响[J]. 武汉理工大学学报，2005，27(11)：35-38

[1-173] Evans R H，Kong F K，著；戴振藩，译. 预应力混凝土的徐变[J]. 国外桥梁，1980，2：15-29

[1-174] 朱伯芳. 大体积混凝土温度应力与温度控制[M]. 北京：中国电力出版社，1998

[1-175] 牛艳伟，石雪飞，阮欣. 大跨径预应力混凝土梁桥的长期挠度实测分析[A]//第十六届全国结构工程学术会议论文集[C]. 北京：《工程力学》杂志社，2007：Ⅱ449-Ⅱ452

[1-176] Timoshenko S. 材料力学[M]. 天津：天津科学技术出版社，1989

[1-177] 吕志涛. 短期荷载作用下钢筋混凝土梁的斜裂缝实验研究[D]. 南京：南京工学院，1964

[1-178] Leonhardt F. 钢筋混凝土结构裂缝与变形的验算[M]. 北京：水利电力出版社，1983

[1-179] Park R，Pauley T. Reinforced concrete structures[M]. John Wiley and Sons，Inc.，New York，1975

[1-180] Pauley T. Coupling beams of reinforced concrete shear walls[J]. ASCE Journal of the Structure Division，1971，97(ST3)：843-862

[1-181] Kim J H，Mander J B. Influence of transverse reinforcement on elastic shear stiffness of cracked concrete elements[J]. Engineer Structures，2007，29(8)：1798-1807

[1-182] Kim J H. Seismic evaluation of shear-critical reinforced concrete columns and their connections [D].

State University of New York at Buffalo，2004

[1-183] 聂建国，沈聚敏. 钢筋砼梁在长期荷载作用下的变形[J]. 建筑结构学报，1994，15(5)：24-32

[1-184] Li B，Tran C T N. Reinforced concrete beam analysis supplementing concrete contribution in truss model[J]. Engineering Structures，2008，30(11)：3285-3294

[1-185] Vecchio F J，Collins M P. The modified compression field theory for reinforced concrete elements subjected to shear [J]. ACI Journal Proceedings，1986,83(2)：219-231

[1-186] Won P S，Vecchio F J. VecTor2 & Form Works User's Manual [EB/OL]. http://www.civ.utoronto.ca/vector/ ,2002

[1-187] Bentz E C. Sectional analysis of RC members [D]. University of Toronto，2000

[1-188] 黄建锋. 考虑剪力作用的钢筋混凝土梁非线性截面分析[D]. 重庆：重庆大学，2004

[1-189] 王栋. 斜裂缝对预应力混凝土箱梁承载力与刚度的影响研究[D]. 西安：长安大学，2005

[1-190] 熊进刚，刁建红,等. 钢筋混凝土短梁挠度的研究[J]. 南昌大学学报(工科版)，2005，27(4)：54-58

第二章 高强高性能混凝土收缩徐变三层次试验

2.1 引言

收缩和徐变是混凝土材料的固有特性，受材料自身组成、外载及环境的影响最大。因此，试验研究是揭示混凝土收缩徐变规律的一项基础性工作。

在进行考虑收缩、徐变效应的混凝土结构设计和分析时，至关重要的是选择合适的收缩、徐变预测模型。几十年来，国内外学者们开展了大量的混凝土收缩徐变试验，提出了数十种计算模型[2-1]~[2-7]。但是，近年来随着高强混凝土在大跨度桥梁中的推广应用，使得混凝土材料的性质有较大的变化，而目前常用收缩徐变模型大都基于普通混凝土的试验数据统计回归得到，这些不同强度等级的混凝土收缩徐变试验数据在总的数据所占的比重影响了该模型对某一强度等级混凝土收缩徐变预测的精度，所以它们对高强混凝土的适用性值得进一步的研究。

Bazant 等[2-8]~[2-9]指出，在结构长期性能分析中，混凝土徐变与收缩计算模型选取错误产生的误差甚至大于结构模型简化产生的误差；采用实际结构所用的混凝土进行材料参数试验，通过短期试验获得该材料的收缩徐变规律，以修改现有模型中的参数，从而提高该结构收缩徐变效应的预测精度。ACI 和 RILEM 也把这种方法作为提高收缩徐变效应预测精度较为可靠的措施，进行推荐。

此外，采用了高强混凝土，和普通混凝土相比，截面尺寸可以设计得更小，构件变得细长，变形成为一个突出的问题，长期的收缩徐变变形计算显得尤为重要。高强高性能混凝土相比于普通混凝土，掺入了外加剂及优质粉煤灰等，其主要特点是水灰比低、强度高、密实度高。第一章通过对高性能混凝土收缩徐变特性的调研可知，高强高性能混凝土的徐变一般低于普通混凝土，并且，高强混凝土加载初期徐变发展速度较快（特别对早龄期加载而言），而收缩应变和普通混凝土相比难以确定他们的大小。文献[2－10]试验的高性能混凝土的收缩、徐变在 90 d 内增长较大，在 120 d 之后增长速率明显减慢；文献[2－11]测得的 C60 高强混凝土徐变在加载 150 d 之后增长速率开始缓慢。

近年来，国内外虽然也针对高强混凝土进行了一些试验，但大多是在室内标准环境下进行的素混凝土试验，即基于材料层次的试验，其主要研究矿物掺合料、水泥用量、外加剂等材料参数变化对收缩徐变的影响。应该讲，根据试验结果来揭示材料本身的收缩徐变规律，提出收缩徐变计算模式，据此进行收缩徐变效应分析，在对收缩徐变较为敏感的混凝土结构分析中，采用这种方法是很重要的。但是考虑实际结构的环境与室内存在差异，构件的尺寸也大不一样，浇筑的混凝土质量也有略有差异，因此通过构件层次和结构层次的试验，来验证基于材料层次得到的收缩徐变模式，就显得非常必要。

鉴于国内外大跨度混凝土梁桥普遍存在长期下挠问题，考虑到苏通大桥辅桥大跨度预应力混凝土连续刚构箱梁桥的重要性，因此，有必要通过试验进行收缩徐变规律及预测模型的研究。

2.2　高强高性能混凝土三层次试验概述

2.2.1　试验内容概述

目前的收缩徐变试验，大多数为实验室条件下的素混凝土试件的试验，即材料层次的试验。这种试验一般依据统一的试验标准在室内进行，并根据试验结果和理论分析，来揭示混凝土材料本身的收缩徐变规律，提出收缩徐变发展的预测模式，据此才能够进行桥梁结构的收缩徐变效应分析，这种时效分析对于大跨度预应力混凝土结构的设计和施工都十分重要。考虑到结构实际所处环境与室内环境存在差异，构件的尺度也大不一样，因而，本书提出在材料层次的试验基础上，开展构件层次和结构层次的试验，可对材料层次试验所得到的修正收缩徐变模型进行校验。

为了合理地描述苏通大桥连续刚构所用高强高性能混凝土的收缩徐变规律，以及使研究成果能够更好地指导施工，并预测桥梁后期运营阶段的变形规律，本书提出了基于材料层次、构件层次和结构层次三层次的试验方法，如图 2.1 所示，拟对现行规范[2-12]中的收缩徐变模型(采用 CEB - FIP90 模型[2-3])进行修正，得到适用于苏通大桥连续刚构所用高强混凝土的收缩徐变预测模型。这里基于 CEB - FIP90 收缩徐变模型进行修正有两点原因：一是我国现行桥规中的收缩徐变基于 CEB - FIP90 模型，在桥梁设计中应用较为广泛，在一些有限元程序中均有该收缩徐变模型，修正后的模型易于应用到实际桥梁分析中；二是 CEB - FIP90 模型计算公式的形式相对简单，由名义系数(徐变系数终值或收缩应变终值)与发展曲线的乘积组成，易于被设计人员掌握，考虑了影响收缩徐变的主要因素，如强度、环境的相对湿度、加载龄期、构件尺寸等，而且时间发展函数中考虑了构件尺寸或环境湿度的影响(与试验现象较相符[2-13])。材料层次试验是在东南大学实验室室内标准环境下进行，而构件层次及结构层次的试验是在江苏仪征中核华兴特殊建筑公司工地开展。三层次收缩徐变试验的基本内容如下：

(1) 材料层次试验：主要为室内标准环境下的素混凝土收缩徐变试验，研究高强高性能混凝土的自收缩大小及湿养护时间、环境相对湿度、构件理论厚度、加载龄期等因素对收缩徐变的影响，并据此提出修正的收缩徐变模式。

(2) 构件层次试验：开展“串联”配筋混凝土构件的收缩徐变试验及预应力混凝土简支梁的预应力损失试验，研究配筋率、加载龄期、应力历史及应力水平等因素对收缩徐变的影响。

(3) 结构层次试验：开展尺度较大的悬臂浇筑的 T 构(总长 12.8 m)试验，模拟实桥节段施工过程，能够反映节段间存在的龄期差，验证所提出的修正收缩徐变模型。

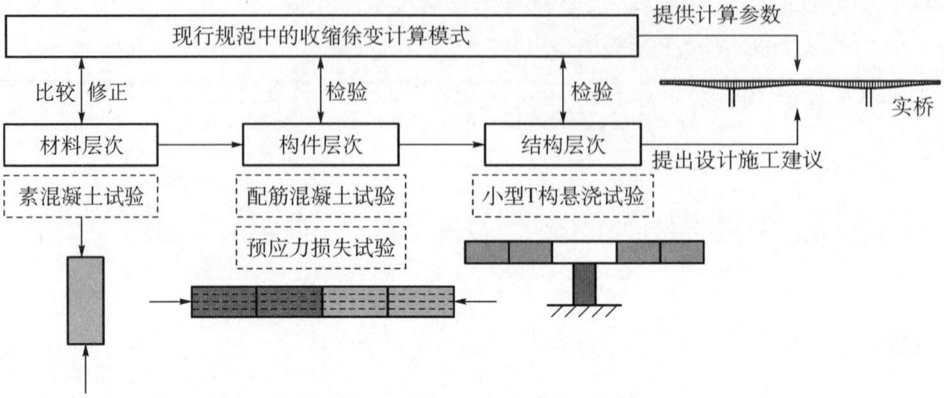

图 2.1　收缩徐变三层次试验方法

2.2.2　混凝土材料及配合比

由于是针对苏通大桥辅桥连续刚构所用的混凝土，混凝土在满足结构设计要求的前提下，要满足施工要求。

① 工作性：要求工作性良好，坍落度为 180～200 mm，保水性好，不离析。

② 强度：设计强度等级为 C60；根据桥用预应力混凝土的要求，7 d 抗压强度要达到设计强度的 90%以上，即 54 MPa 以上。

③ 弹性模量：在预应力结构中，混凝土的弹性模量为非常重要的参数，决定了施工过程中混凝土的瞬时变形情况，为了降低施工中瞬时弹性变形，要求混凝土在早期具有较高的弹性模量，7 d 的静弹性模量要高于 35 GPa。

④ 外加剂：由于是配置高强混凝土，减水剂的减水率要高，不低于 20%，同时为了满足一定的抗冻要求，外加剂必须具有一定的引气功能，为了满足施工要求以及保证后期强度的发展不得使用早强剂。

⑤ 矿物掺合料：根据《苏通大桥大宗建筑材料的调查与研究报告》，混凝土中所使用的矿物掺合料为 I 级粉煤灰，不再使用其他掺合料。由于选用硅酸盐水泥，粉煤灰的掺量可适当提高，占胶凝材料总量的 15%～25%之间。

本书针对苏通大桥辅桥连续刚构的收缩徐变，所用的配合比与苏通大桥连续刚构相同，混凝土的配合比见表 2.1，水泥采用华新水泥厂 P. II. 52.5 硅酸盐水泥；粉煤灰为镇江谏壁电厂 I 级粉煤灰；石子为石灰岩，粒径级配为 5～10 mm 和 10～20 mm，两种级配的比例为 4∶6；外加剂采用江苏省苏博特公司生产的 JM－PCA 高效减水剂。

表 2.1　苏通大桥辅桥连续刚构混凝土配合比　(kg/m^3)

水泥	粉煤灰	砂	石	水	外加剂	水胶比
384	96	706	1 059	159	5.76	0.331

2.2.3　C60 高强高性能混凝土的力学性能

苏通大桥连续刚构节段施工时，预应力张拉时间采用指标控制：混凝土强度(54 MPa)、混凝土弹性模量(35 GPa)和混凝土养护龄期(7 d),三指标中任何一指标没达到要求就不允许张拉。这里重点针对混凝土的强度和弹性模量随时间的发展,开展了试验研究。

1) 强度

强度是混凝土最主要的一项基本力学特性,在一定程度上可以反映混凝土内在结构和其他性能。刚构 C60 混凝土在标养条件下立方体抗压强度和轴心抗压强度的发展测试结果如表 2.2 所示。由测试的结果可以看出,掺了优质粉煤灰的 C60 混凝土,在 7 d 时抗压强度为 59.0 MPa,达到了设计强度(60 MPa)的 90%(54 MPa)以上,可以满足工程中预应力张拉时的混凝土强度要求。28 d 的实测强度为 79.6 MPa,也超过了设计值。28 d 到 90 d 强度增长了 9.0 MPa,混凝土的后期强度还稍有发展。混凝土轴心抗压强度的发展和立方体抗压强度的发展类似,轴心抗压强度大约为立方体抗压强度的 0.8 倍左右。

表 2.2　混凝土的基本力学性能随龄期的发展

龄期(d)	3	5	7	14	28	45	60	90
f_{cu}(MPa)	43.3	50.7	59.0	67.0	79.6	84.5	87.2	88.6
轴压强度(MPa)	33.0	41.0	49.0	52.8	67.0	71.2	72.0	74.0
E(GPa)	35.8	38.8	42.1	44.1	46.6	47.7	47.8	47.8

2) 弹性模量

弹性模量是混凝土结构设计中的一个重要的参数,是计算结构刚度的基础,苏通大桥连续刚构 C60 混凝土不同龄期的静弹性模量的测试结果如表 2.2 所示。从测试的结果可以看出,前 7d 弹性模量发展较快,7 d 后发展缓慢。混凝土的静弹性模量很高,7 d 为 42.1 GPa,满足实际工程中预应力张拉的要求(35 GPa),28 d 静弹性模量为 46.6 GPa。

2.2.4　材料层次试验

此项试验研究是在恒温恒湿室内按照标准试验方法进行的,如图 2.2～2.5 所示。从材料层次上,研究高强高性能混凝土自收缩发展规律及湿养护时间、理论厚度、加载龄期等因素对混凝土收缩徐变的影响规律,探讨目前常用收缩徐变预测模型(ACI 209 - 92、CEB - FIP78、CEB - FIP90、GL2000 及 B3 收缩徐变模型等)对高强混凝土收缩徐变特性预测的适用性,针对高强混凝土收缩徐变的特点,采用现行桥规 CEB - FIP90 模型的形式,提出修正收缩徐变计算模型。

图 2.2　自收缩试验图

图 2.3　干燥收缩试件测量

图 2.4　恒温恒湿室内标准试件加载

图 2.5　恒温恒湿室内大尺寸构件徐变试验

2.2.5　构件层次试验

1）配筋率、加载龄期、应力水平和应力历史等因素对混凝土收缩徐变的影响研究

结合苏通大桥连续刚构节段悬臂施工的工艺特点，将配筋率、加载龄期、应力水平和应力历史作为试验参数，对高强高性能混凝土构件的收缩徐变特性进行研究，验证通过材料层次试验得到的修正收缩徐变模型，并重点研究配筋率对收缩徐变的约束影响规律。配筋徐变试件采用“串联”形式，如图 2.6 和图 2.7，并制作相应的配筋收缩试件。

图 2.6　收缩试件

图 2.7　徐变节段试验

2）预应力损失试验

为研究预应力混凝土简支梁在不同的应力水平下(图 2.8)的预应力长期损失规律，量测了预应力锚下应力随时间的发展及梁跨中的长期变形。考虑混凝土收缩、徐变和预应力筋松弛三者共同影响，研究预应力长期损失规律及计算方法。

2.2.6　结构层次试验

通过小型 T 构悬浇加载模型试验(图 2.9)，并结合前述试验得到的修正收缩徐变模型，研究在实际施工环境下，C60 高强高性能混凝土结构的收缩徐变规律，校验修正收缩徐变模型，并为实桥施工过程的变形和内力计算提供基础参数。

图 2.8　预应力损失试验

图 2.9　小型 T 构悬浇试验

2.3　材料层次试验

2.3.1　混凝土自收缩试验

自收缩是指在恒温绝湿条件下，由于胶凝材料的继续水化引起自干燥而造成的混凝土宏观体积的减少，这是伴随着水泥水化反应的化学收缩引起的结果[2-14][2-15][2-16]，与外界湿度变化无关。自收缩主要发生在混凝土浇筑后的几周内，尤其是开始凝结硬化的前几天。对于水灰比较高的普通混凝土，由于内部自由水较多，即使在后期，其内部毛细孔中仍保持较高的相对湿度，一般来说其自收缩相对较小，在 50～100 $\mu\varepsilon$ 间，远低于干燥收缩，可以忽略。然而对于低水灰比的高强混凝土来说，由于用水量低于胶凝材料完全水化最小需水量，后期水化会造成毛细孔相对湿度较大幅度的降低，其自收缩甚至可能会超过 200 $\mu\varepsilon$，在总收缩中比例较大，不容忽视。

本研究混凝土自收缩试验中，试件尺寸为 100 mm×100 mm×400 mm，成型后 20 h 拆模，铝箔密封后移入恒温恒湿室（温度为 20 ℃±2 ℃，相对湿度 RH 为 60%±5%），采用立式千分表测量试件的变形（参见图 2.2），在移入恒温恒湿室最初 14 d 内每天测量一次试件的变形，而后测量时间间隔逐渐加大，持续测量到 180 d 龄期。

自收缩测试结果如图 2.10 所示。从测试的结果可以看出，混凝土的自收缩在早 3 d 之内发展迅速，最初的三个小时，自收缩发展到 30 $\mu\varepsilon$，7 d 后发展逐渐缓慢，14 d 后趋于平缓，自收缩值在 100 $\mu\varepsilon$ 左右，而普通混凝土的 14 d 自收缩值一般在 60～80 $\mu\varepsilon$。这主要是由于早期水化迅速，化学减缩的作用明显，收缩的驱动力主要是化学减缩；而 7 d 之后，水化速度减缓，这时候化学减缩的效应逐渐变弱，自干燥的效应开始逐渐变弱。从图 2.10 还可以看出，在 90 d 之后，自收缩还有一定程度的增加，180 d 混凝土自收缩为 160 $\mu\varepsilon$，这一点和普通强度的混凝土自收缩存在差异，主要由于试验的高强高性能混凝土中，单位用水量比较低，水胶比为 0.33，不能满足胶凝材料完全水化的最小需水量，在后期由于继续水化造成混凝土孔结构中相对湿度的降低，毛细管张力增加，从而造成的内部的自干燥效应明显。

在实际混凝土结构的收缩效应分析中，从实用角度来看，没有必要将自收缩从干燥收缩中区分出来，一般都合并在干燥收缩中进行整体分析[2-1]。

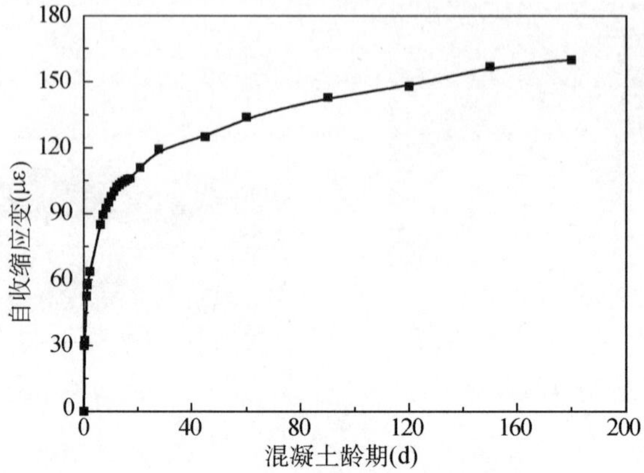

图 2.10 自收缩随时间发展曲线

2.3.2 混凝土干燥收缩试验

干燥收缩是混凝土停止养护后，在不饱和的空气中失去内部毛细孔和胶凝孔的吸附水而发生的收缩。影响混凝土干燥收缩的因素很多，主要有水灰比、水泥组成、水泥用量、外加剂、含气量、骨料含量、养护条件、湿养护时间、试件尺寸、环境的温度及相对湿度等。由于苏通辅桥连续钢构所选用的配合比已经确定，这里没有开展配合比与原材料参数对混凝土干燥收缩的影响研究。考虑到实验室条件与桥梁所处实际环境的差异，以及将试验结果更好地应用到实际结构中，主要针对湿养护时间、试件尺寸及环境相对湿度这三个影响因素，开展了混凝土干燥收缩试验。

采用 YB－250 手持应变仪量测混凝土的干燥收缩，试验所用试件尺寸为 100 mm×100 mm×400 mm。在混凝土试件表面中心位置处，相隔 250 mm 间距预埋铜扣（铜测头），铜扣长 60 mm，埋入混凝土的深度为 50 mm，然后在规定的干燥持续天数，量测收缩变形值。为了提高试验的精度，每组干燥收缩试验成型 3 个试件，每个试件安装两对铜扣，这样每组试验有 6 个干燥变形读数，去掉最大值和最小值，取其余 4 个读数的均值作为此组试件的收缩应变值。

1）湿养护时间对混凝土干燥收缩的影响研究

延长湿养护时间一般可以延滞收缩的进程，但其对收缩终极值的影响相当复杂，一般认为[2-1]是较小的。在我国 85 桥规[2-17]中，干燥收缩计算模式采用的是 CEB－FIP78[2-18]模式，该模式考虑了湿养护时间对干燥收缩的影响，也是认为随着养护龄期的延长干燥收缩变小，ACI 209(92)模式[2-2]的观点与之相同。在我国现行桥梁规范[2-12]中干燥收缩计算采用 CEB－FIP90 模式[2-3]，该模式忽略了湿养护时间对干燥收缩的影响。

干燥收缩试件成型后分别标养至不同龄期（t_s＝3 d、5 d、7 d 及 14 d），试件组别分别为 S1、S2、S3 和 S4，移入恒温恒湿室（20 ℃±2 ℃，RH＝60%±5%）开始干燥，干燥收缩应变的测试结果如图 2.11 所示。测试结果表明，每组干燥收缩在前 35 d 发展较快，45 d 后干燥收缩的曲线逐渐平缓。3 d 开始干燥的混凝土试件的收缩值明显高于 7 d 和 14 d 开始干燥的试件，干燥 28 d 后干燥收缩应变高出 50 $\mu\varepsilon$ 左右。湿养护 7 d 和 14 d 后开始干燥的混凝土试件的干燥收缩值比较接近，没有明显差异。这是由于，在早龄期混凝土中胶凝材料水化程度较低，3 d 时混凝土孔隙较多，孔径较大，混凝土的强度较低，水分的扩散迁移和散失相对容易。而湿养护时间在 7 d 和 14 d 之间时，混凝土内部孔结构的差异不是很明显。

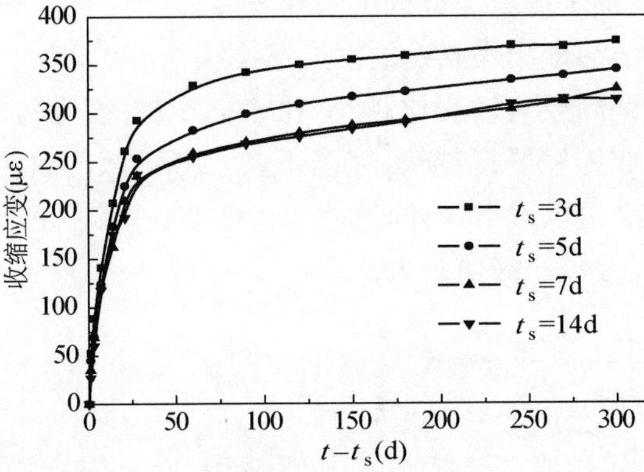

图 2.11　湿养护时间对干燥收缩的影响

2）试件尺寸对混凝土干燥收缩的影响研究

因为混凝土是通过其外表干燥的，而干燥收缩过程是由试件表面逐步扩展到内部的，但扩展速度很慢。湿度梯度是干燥收缩的驱动力，试件的尺寸影响干燥收缩过程中水分迁移平均距离的大小，所以混凝土干燥收缩的尺寸效应非常明显。混凝土构件尺寸将决定环境温度与湿度影响混凝土体内温度和水分逸出的程度，因此，它不仅影响混凝土收缩徐变的终极值，而且影响收缩徐变随时间发展的进程[2-13]，但当混凝土与周围环境达到湿度平衡时，尺寸效应将消失。总体而言，在其他条件相同的情况下，混凝土的收缩发展速度会随着构件的理论厚度的增大而减小。试验表明，当试件体表比超出 900 mm 时，尺寸因素可以忽略不计[2-1][2-19]。而文献[2－6]、[2－20]研究认为，试件理论厚度对收缩终极值影响不大，主要对混凝土收缩的发展进程影响较大，其影响程度与时间有关。目前 CEB－FIP90[2-3] 和 GL2000[2-6] 中的收缩模型也是这一观点，在收缩模型中，将构件尺寸效应放在收缩发展的时间函数中，而对终极值没有影响。

本研究选取了三种不同尺寸的试件，标准养护 7 d 后，在两种不同的环境相对湿度下(20 ℃±2 ℃，RH＝60％；20 ℃±2 ℃，RH＝90％)干燥，具体的试件尺寸及试验条件如表 2.3 所示。

表 2.3　试件理论厚度与相对湿度的选定

组别	截面尺寸(mm)	相对湿度(％)
S3	100×100×400	60
S5	70.7×70.7×230	60
S6	150×150×450	60
S7	100×100×400	90
S8	70.7×70.7×230	90
S9	150×150×450	90

三种不同尺寸的混凝土试件，标养 7d 后移入恒温恒湿室(20 ℃±2 ℃，RH=60%)开始干燥，测试结果如图 2.12 所示。测试结果表明，试件的尺寸越小，早期的收缩越大。在干燥时间 3 d 时，截面边长为 70.7 mm、100 mm 和 150 mm 的干燥收缩值依次为 124 με、53 με 和 41 με；在干燥时间 28 d 时的干燥收缩值依次为 308 με、235 με 和 185 με；尺寸不同的试件在早期的干燥速率相差很大，后期干燥收缩的发展速度相差不大，尺寸小的试件相对较早达到稳定值。这是由于试件尺寸越小，体表比越小，比表面积越大，单位体积的试件暴露在干燥环境中的面积越大，干燥收缩发展得越快，完全干燥水分扩散的路径越短，所以达到稳定所需时间也越短。从图 2.12 可以看出，不同尺寸的试件的在干燥 300 d 之后，收缩发展比较缓慢，趋于不同的干缩值，尺寸越小终值越大。

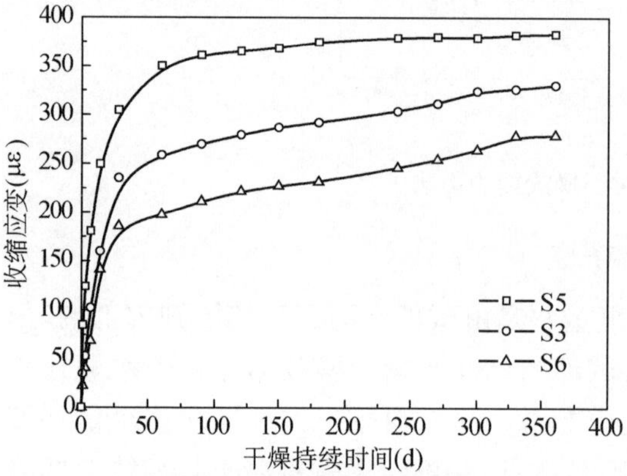

图 2.12　在 RH=60%条件下

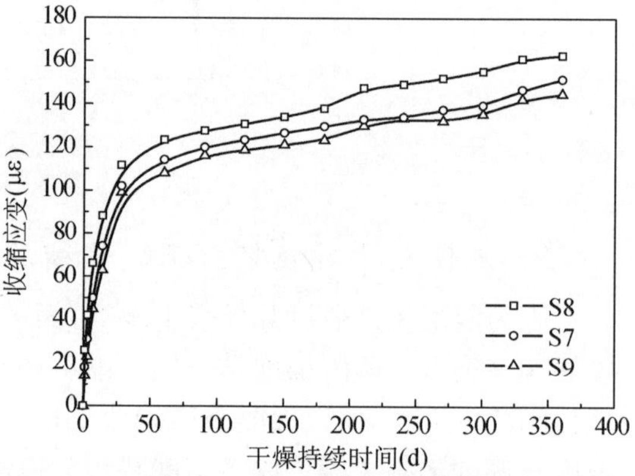

图 2.13　在 RH=90%条件下

在环境相对湿度 90%下，不同尺寸混凝土的干燥收缩随时间的发展关系如图 2.13 所示。干燥收缩值与试件尺寸的关系与 60%湿度下相似，试件尺寸越小，收缩值越大，但不同尺寸收缩值之间的差异，相比在 60%相对湿度环境下要小的多。

CEB-FIP1990 的干燥收缩模式认为，混凝土试件的尺寸对干燥收缩的终值没有影响，而仅仅是影响干燥收缩的进程，延长了到达收缩终值所需时间。如果认为干燥收缩尺寸效应仅仅是由于影响水分迁移，这个假设是成立的，如果不考虑微裂缝和水化对混凝土干燥收缩的影响，理论上分析，在相同的环境湿度下，当混凝土与环境之间达到湿度平衡时，试件的尺寸对干燥收缩的终值应该没有影响，试件的尺寸或者说表体比仅仅是影响干燥收缩的进程，尺寸小的试件早期干燥速率快，后期干燥速率小，但最终不同尺寸试件趋于同一干燥收缩值。

3）环境的相对湿度对混凝土干燥收缩的影响研究

干燥收缩是混凝土水分向环境散失所致，环境的相对湿度是干燥收缩最主要的外部影响因素。环境相对湿度越大，吸附水的蒸发量越小，水泥的水化程度也就越高，水泥胶凝体的密实度也越好，收缩相应减小。这里仍以表 2.3 中的 6 组试件为研究对象，6 组试件干燥收缩测试结果如图 2.14 所示，试验结果表明，环境的相对湿度对混凝土的干燥收缩应变有很大影响，环境相对湿度越低，混凝土干燥收缩越大，对于截面边长为 100 mm 的混凝土试件，当环境湿度为 60%和 90%时，90 d 的干燥收缩分别为 281 με 和 118 με。

相同尺寸混凝土试件，在 60%相对湿度环境下与在 90%下，不同尺寸试件的干燥收缩值比值随时间发展的关系如图 2.15 所示。从图 2.15 可以看出，环境湿度对尺寸小的构件干燥影响要比对尺寸大试件大。

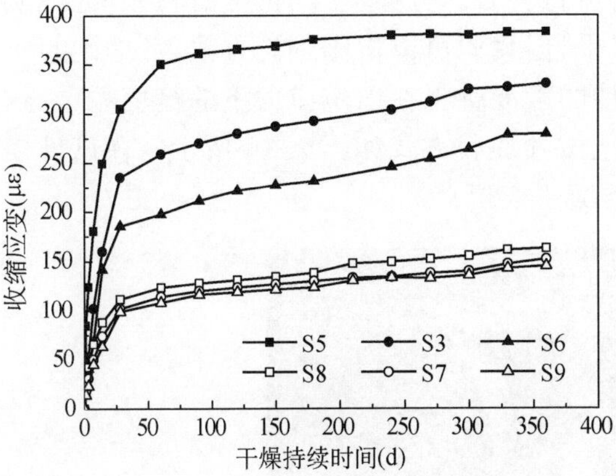

图 2.14　混凝土在不同湿度下干燥收缩

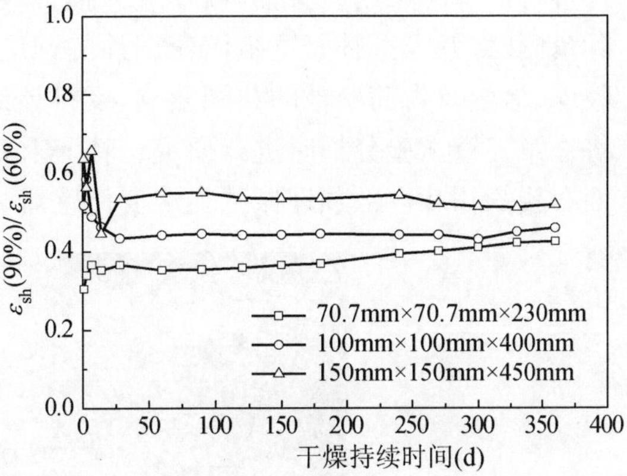

图 2.15　环境相对湿度对干燥收缩的影响

2.3.3　混凝土徐变试验

影响混凝土徐变的因素很多，如水泥种类、配合比、外加剂、加载龄期、环境温湿度、时间尺寸、应力水平等。本书是在实桥既定原材料和配合比条件下，结合施工中预应力张拉龄期的选择、应力张拉的实际情况，研究加载龄期、应力水平和理论厚度对徐变的影响。

1）徐变的测试方法与加载制度

本章研究中徐变加载方式有两种：对于截面尺寸为 100 mm×100 mm 的试件，采用弹簧式压缩徐变仪加载；对于截面尺寸为 250 mm×250 mm 的试件，由于弹簧式压缩徐变仪的吨位限制，采用高强钢丝预应力加载。

(1) 弹簧式压缩徐变仪加载方式

① 加荷系统及测量设备

压缩徐变试验加荷装置拟采用弹簧式压缩徐变仪，该装置是靠千斤顶加载，通过压力传感器控制荷载等级，由弹簧反力来维持荷载的恒定。首先，用千斤顶加压至徐变应力水平的 20%进行对中，此时试件两侧的变形相差应小于其平均值的 10%，如超出此范围，应重新调整试件位置。对中后应立即将荷载加到徐变应力，读取两侧的变形值，其平均值为试件在该荷载下的初始变形值，然后根据持荷时间连续进行观测。本书所用弹簧徐变仪最大允许加载 300 kN，装置示意图如图 2.2 所示。由于混凝土徐变与收缩引起的相对位移使荷载减小，因此，试件受压后须定期检查荷载的保持情况，在加载后的第 7、28、60、90、180 天及之后的每 180 天校核荷载，如荷载变化大于 2%，给予补足。

② 变形测量设备

变形测量采用外装的带接长杆的千分表，千分表加载混凝土试件两侧面中心，标距为 150 mm，应变的测量精度达到 6.67 με。

(2) 预应力加载方式

对于截面尺寸为 250 mm×250 mm 试件采用预应力方式加载，在混凝土试件中心预留直径 110 mm 管道，采用低松弛高强钢筋，通过张拉 21 根直径 7 mm 高强钢丝，对混凝土试件进行加载。采用墩头锚，当预应力损失较大时进行补张。方案设计时，准备补张，但在实际量测时，并没有补张这组徐变试件的预应力水平，但我们可以根据理论方法，考虑混凝土收缩、徐变及力筋松弛的共同影响，反推该组试件的素混凝土在恒定应力下的徐变系数，这将在第三章试验分析时进行研究。锚具和混凝土试件加载方式如图 2.16 所示。在试件表面布置铜扣和内部预埋振弦式应变传感器测量混凝土变形。

图 2.16 预应力加载方式示意图

2) 加载龄期对混凝土徐变性能的影响规律研究

我们知道，加载龄期对混凝土的徐变变形有很大的影响，加载龄期越短，水泥的水化越不充分，混凝土强度也越低，混凝土的徐变变形也越大。随着加载龄期的增加，混凝土内部越密实，徐变变形快速减小，对于长龄期混凝土构件，由于加载龄期的不同所产生的徐变差别也将减小。所以，在实际工程中选择恰当的加载龄期是非常重要的。本研究选择三个不同加载龄期 3 d、7 d 和 14 d，试件尺寸为 100 mm×100 mm×300 mm，每组 2 个试件，在标准养护室(温度为 20 ℃±2 ℃，相对湿度 95%以上)养护至相应的龄期后，移至恒温恒湿室(温度为 20 ℃±2 ℃，相对湿度 60%±5%)进行加载，加载应力水平为相应混凝土同期轴心抗压强度的 0.4 倍。徐变试验平行成型三个干燥收缩试件，平行测量混凝土的干燥收缩。徐变试件的试验条件见表 2.4。

表 2.4 加载龄期对徐变影响的试验条件

试件尺寸(mm)	加载龄期(d)	环境	持荷时间(d)
100×100×300	3	20 ℃±2 ℃，60%±5%	578
100×100×300	7	20 ℃±2 ℃，60%±5%	585
100×100×300	14	20 ℃±2 ℃，60%±5%	592

徐变系数随持荷时间的发展关系如图 2.17 所示，图中的徐变系数是指混凝土在 τ 时刻加载，到 t 时刻所发生的徐变变形与加载时弹性变形的比值。试验结果表明：随着加载龄期的增加，混凝土的徐变系数显著降低，加载龄期为 3 d、7 d、14 d 的混凝土持荷 28 d 时徐变系数分别为 0.966、0.680 和 0.570，持荷 180 d 时徐变系数分别为 1.670、1.286 和 1.114，持荷

580 d 时徐变系数分别为 1.912(578 d 时)、1.602 和 1.350。徐变系数在前期发展很快，在前一个月处于高速增长期，一个月后徐变系数的发展速率有所降低，处于平稳增长期，在 200 d 内徐变系数增长速度都较快。持荷 200 d 后曲线逐渐趋于平稳，徐变系数发展速度缓慢。不同加载龄期试件的徐变发展速率近似相等。在前期，徐变主要是由于在应力作用下毛细孔和孔径较大的凝胶孔中水分的迁移和重新分布造成的，水分的迁移相对容易，所以徐变速率较大，而后期徐变则主要是由于孔径较小的凝胶孔以及层间水的迁移早成的，水分的迁移相对困难，徐变速率较小。在后期，混凝土内部结构比较接近，因此徐变速率也接近。

从图 2.17 也可看出，对比不同加载龄期混凝土的徐变系数，几条曲线的发展趋势相似，因此可以近似地认为加载龄期仅仅对徐变终值有影响，对徐变随时间的发展关系影响不大。

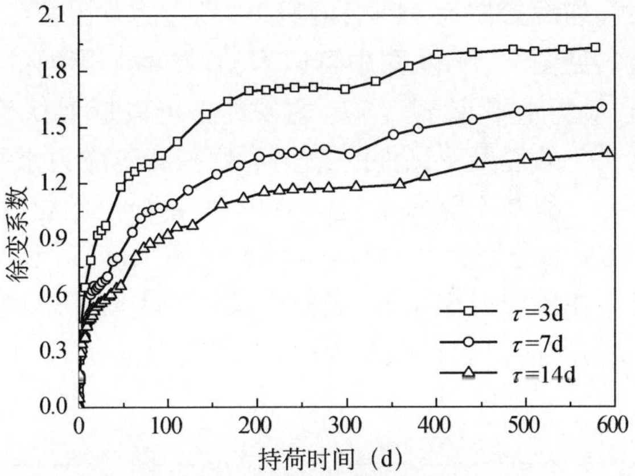

图 2.17　加载龄期对徐变系数的影响

3）理论厚度对混凝土徐变性能影响研究

在大多数情况下，混凝土结构的徐变受试件尺寸的影响很大，混凝土试件的理论厚度越大，徐变越小，但当试件的理论厚度超过 900 mm[2-1] 后，尺寸影响可以忽略不计。文献[2-21]指出，一般在加载初期，尺寸对徐变的影响是最大的，超过几个星期以后，各种尺寸试件的徐变速率是相同的。选择试件截面边长为 100 mm 和 250 mm 两种不同理论厚度的混凝土试件进行徐变试验，试件的尺寸分别为 100 mm×100 mm×300 mm 和 250 mm×250 mm×2 000 mm，前一种尺寸混凝土试件试验方法用弹簧式压缩徐变仪加载，而大尺寸的 250 mm×250 mm×2 000 mm 试件采用高强钢丝预应力加载的方式，为了减少预应力损失，采用镦头锚，应力水平均为 0.4，加载龄期为 14 d。平行成型三个干燥收缩试件，平行测量混凝土的干燥收缩。

不同尺寸试件的徐变系数随持荷时间的发展关系如图 2.18 所示，从图 2.18 可以看出，试件尺寸越大，混凝土的徐变系数越小，截面边长为 100 mm 和 250 mm 的混凝土试件持荷 90 d 时徐变系数分别为 0.923 和 0.728，持荷 180 d 徐变系数分别为 1.112 和 0.872，持荷 500 d 时徐变系数分别为 1.322 和 0.944。这是因为试件尺寸与水分迁移和试件的干燥过程直接相关，基本徐变受尺寸影响很小，但尺寸越小干燥徐变越大，所以总的徐变随着混凝土尺寸的增加而减小。

4）应力水平对混凝土徐变性能的影响

在一定的应力水平下，混凝土的徐变变形与应力水平近似的呈线性关系。对于普通强度的混凝土，一般认为，这个应力水平的上限是试件抗压强度的40%～50%[2-1]，对于高强混凝土，这个应力水平的上限稍高一些。文献[2-22]、[2-23]的试验结果说明普通混凝土线性徐变和非线性徐变的临界应力点约为强度的48%，而高强混凝土的临界应力点约为强度的70%左右。当应力水平超过这一范围时，徐变变形的增大将快于应力水平的增加，即呈非线性关系，从而导致徐变变形的显著增加。这是由于应力水平超过这一范围后，混凝土中开始出现微裂缝，增大了变形速率。

选择尺寸为250 mm×250 mm×2 000 mm的素混凝土试件，截面中间预留110 mm孔洞，采用预应力加载方式，加载龄期为14 d，两组试件的应力水平分别为$0.2f_c$和$0.4f_c$。两组试件测得的徐变系数的见图2.19，从图中可以看出，在两个不同的应力水平下，混凝土的徐变系数接近，这说明在应力水平小于$0.4f_c$的条件下可以近似认为徐变变形与应力水平成正比。应力水平为$0.4f_c$的混凝土试件的徐变系数稍高于应力水平为$0.2f_c$的混凝土试件。在持荷180 d时$0.2f_c$和$0.4f_c$两个应力水平下混凝土的徐变系数分别为0.841和0.872，持荷500 d时徐变系数分别为0.900和0.944。Wittmann和Roelfsra等人对干燥徐变效应给予解释[2-24][2-25]，在压应力作用下，混凝土试件的表面干燥微裂缝愈合，增加了混凝土的收缩变形，愈合程度与压应力成正比。因此，在高应力情况下，干燥徐变的效应更明显，所以徐变系数稍高。

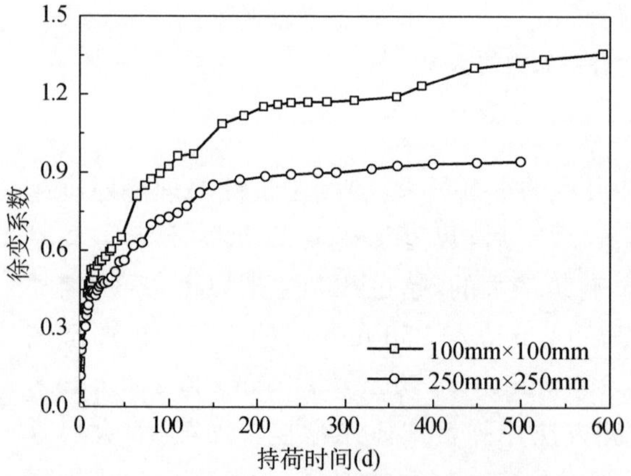

图2.18 尺寸对混凝土徐变的影响

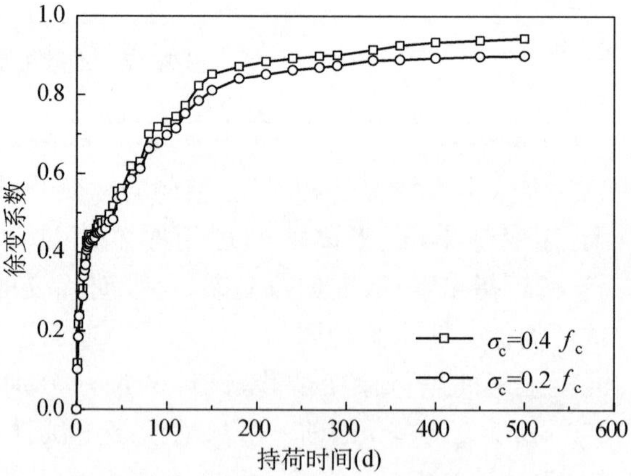

图2.19 应力水平对混凝土徐变的影响

2.4 构件层次试验

2.4.1 配筋混凝土收缩试验

配筋混凝土收缩试验的试件共四组RS1、RS2、RS3和RS4，截面尺寸相同，均为250 mm×250 mm×1 000 mm，截面中心开孔直径为110 mm，配筋收缩试件RS1、RS2、RS3和RS4的配筋率分别为0、0.38%、0.76%、1.71%，其中配筋率0.76%与实桥跨中区域截面的配筋率较为接近，如图 2.20 所示。试件浇筑好养护 5 d 后，开始拆模，每个试件置于 3 根钢滚轴上，使得试件纵向能够自由收缩变形。试件内部埋设了长期性能较好的振弦式应变计，测试试件的纵向收缩，同时每个节段试件表面埋设一对铜扣，铜扣长 60 mm，埋入深度 50 mm，两铜扣之间间距 250 mm，采用 YB－250 手持应变计量测试件的应变作为校核。拆模后，试验期间环境的温度和相对湿度由温湿度传感器实时测定，试件所处环境的温湿度变化如图 2.21所示，混凝土收缩应变发展如图 2.22 所示。

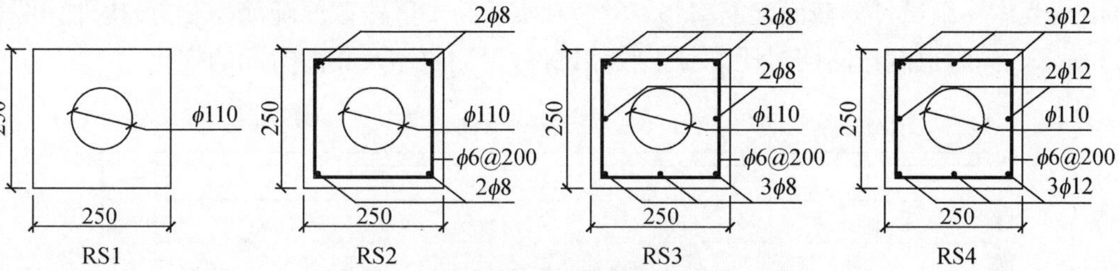

图 2.20　配筋收缩试件示意图(单位:mm)

从图 2.22 中可以看出，钢筋对混凝土收缩约束作用明显，并随着配筋率的增加，约束作用也增加，即试件的收缩应变发展越小。各试件收缩变形随时间的变化规律基本相似，但也有所波动，这主要是由于试件所处环境的温湿度变化所致。各试件在早期时，收缩的波动较后期激烈，这是因为收缩在早期对环境的变化比后期敏感。高强混凝土的收缩受环境的相对湿度影响很大，当环境的湿度降低时，各试件的收缩变形均呈上升趋势，反之，当湿度上升时，收缩呈下降趋势，收缩发展受环境相对湿度的影响效应具有一定的滞后性。C60 高强高性能混凝土收缩早期发展较快，在 180d(半年)以后，收缩发展速率逐渐平缓。值得注意的是，由于收缩试件放置于墙角且十分接近地面，可能湿度较大的缘故，200d 后收缩发展基本不变；此外传感器埋置于试件内部，内部湿度扩散较表面要小，相应测得收缩值较材料层次的试验(在表面布置的测点)会相应减小。

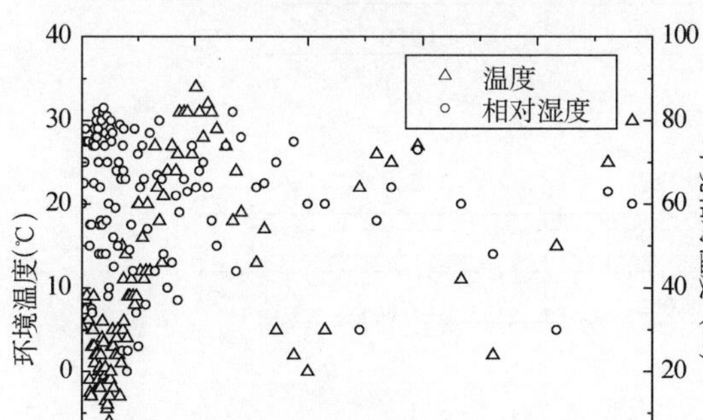

图 2.21　环境温度和湿度随时间变化

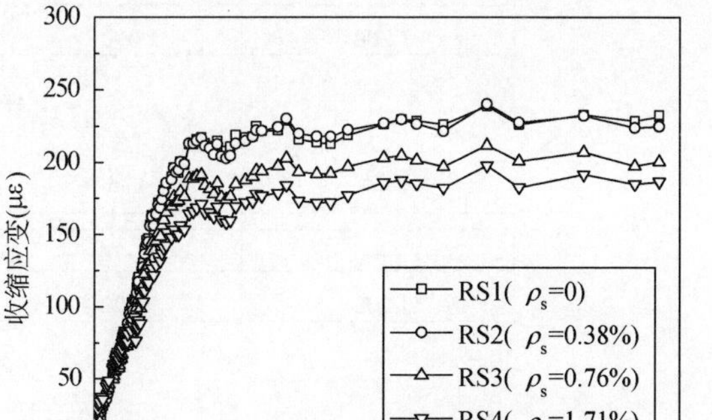

图 2.22　配筋试件收缩发展图

2.4.2　配筋混凝土徐变试验

1) 配筋混凝土徐变试件设计

本项试验研究配筋率、加载龄期、应力水平和应力历史等因素，对高强高性能混凝土构件收缩徐变特性的影响。

试件混凝土强度等级为 C60，混凝土的原材料、配合比以及外加剂与苏通大桥辅桥连续刚构的实桥所采用的材料相同。试验在仪征中核华兴特殊建筑公司试验房内进行，构件受力方式为轴心受压，每个试验构件由不同龄期的 4 个节段试件“串联”而成，中间节段每段长 1 m，两端节段长均为 1.2 m，每组“串联”试件总长 4.4 m。配筋徐变试件的第一节段初次加载龄期有三种，分别为 5 d、7 d、12 d，构件截面尺寸为 250 mm×250 mm，截面中心预应力孔道直径为 110 mm，其中一组试件的截面配筋率(0.76%)和实桥跨中区段截面配筋率相近，构件详图如图 2.23 所示。同时也制作同期对比混凝土收缩试件，量测收缩及其随时间的变化。

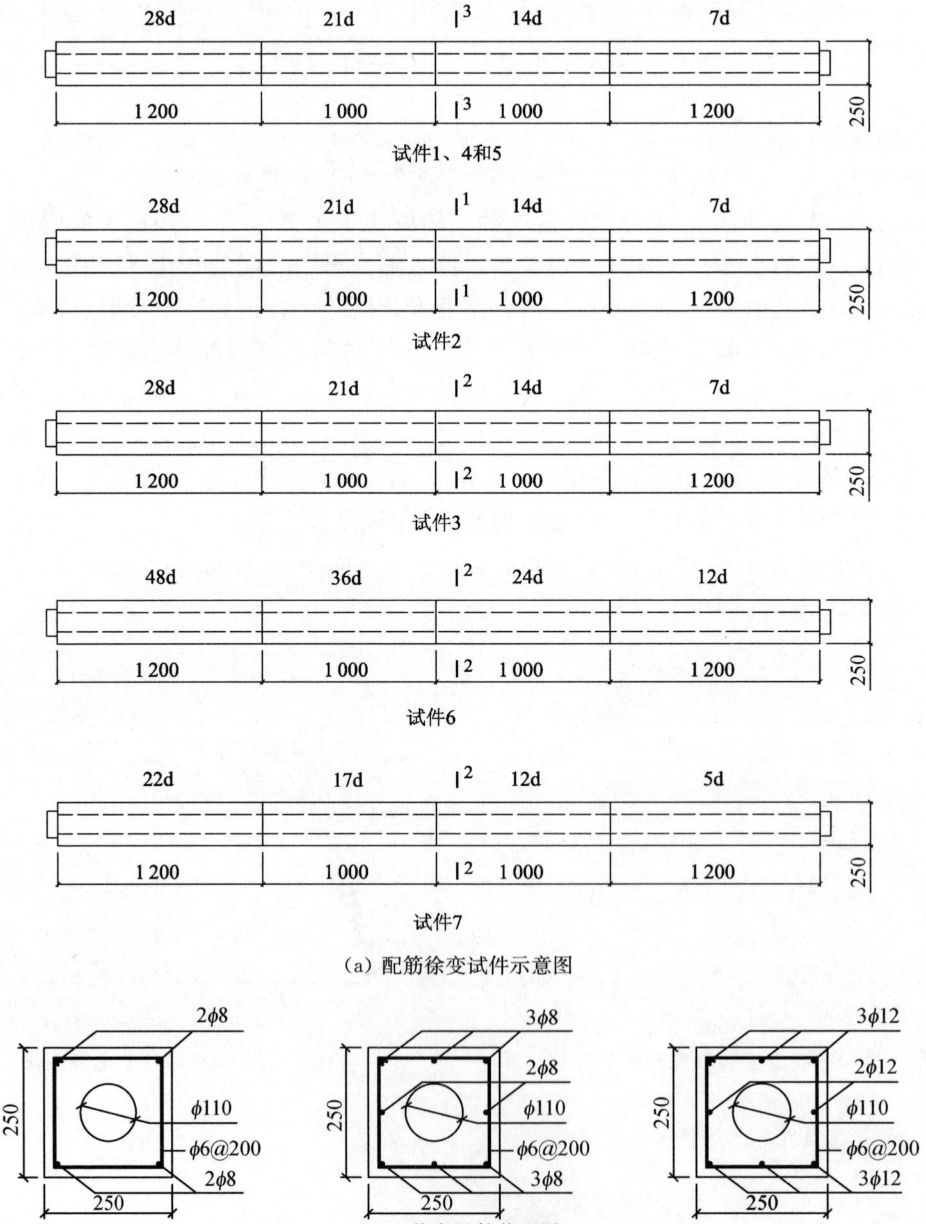

(b) 徐变试件截面图

图 2.23　配筋徐变试件详图(单位:mm)

2）试件加载

本研究采用预应力加载方法，考虑到预应力损失对徐变应力的改变，采用预应力损失较小的镦头锚固体系。预应力加载采用 21φ^s7 高强钢丝。配筋徐变试件设计加载的预压力大小为 750 kN，对应的混凝土压应力水平为 14.2 MPa，该值和实桥箱梁的最大应力水平比较接近。研究配筋率、加载龄期、应力水平、应力历史等因素对徐变的影响，配筋徐变试件共分 7 组，详见表 2.5。

表 2.5　配筋混凝土徐变试验设计参数

试件	节段龄期差	配筋率	设计加载制度/压力	实际加载制度/压力
1	7d	1.71%	750 kN(持荷 365 d)	704 kN(持荷 948 d)
2	7 d	0.38%	750 kN(持荷 365 d)	722 kN(持荷 948 d)
3	7 d	0.76%	150 kN(持荷 45 d)→ 300 kN(持荷 45 d)→ 450 kN(持荷 45 d)→ 600 kN(持荷 45 d)→ 750 kN(持荷 185 d)	140 kN(持荷 27 d)→ 289 kN(持荷 57 d)→ 440 kN(持荷 69 d)→ 582 kN(持荷 139 d)→ 734 kN(持荷 656 d)
4	7 d	0.76%	375 kN(持荷 365 d)	308 kN(持荷 948 d)
5	7 d	0.76%	750 kN(持荷 365 d)	751 kN(持荷 948 d)
6	12 d	0.76%	750 kN(持荷 365 d)	790 kN(持荷 921 d)
7	5 d、7 d	0.76%	750 kN(持荷 365 d)	700 kN(持荷 940 d)

3）测试仪器及测点布置

在每节段中间埋置了振弦式混凝土应变计，测点位置如图 2.24 所示。根据选定的测点，将应变计和传感器轴向安装，同时每个节段试件表面埋设一对铜扣，采用手持应变计量测试件的应变作为校核。在镦头锚板下布置智能弦式压力传感器(图 2.25)，监测张拉预应力的损失。

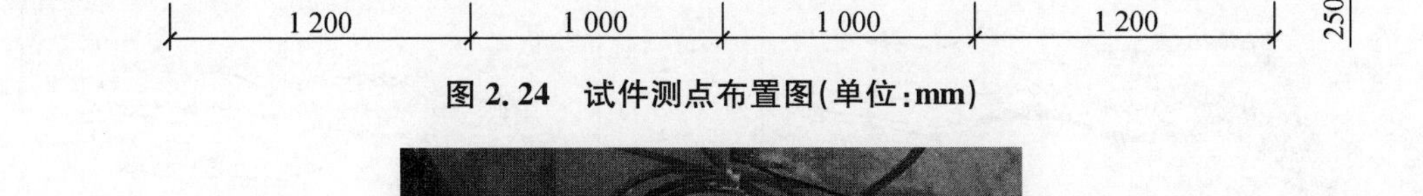

图 2.24　试件测点布置图(单位:mm)

图 2.25　徐变试件端部的压力传感器

加载初期的测试数据时间间隔较短(加载初期两天每隔 6 小时测试一次,而后改为一天一次),后期测试每隔 7 d 读取各项试验数据,比较各试件的徐变变形随着时间发展的状况。分析不同配筋率、加载龄期、应力水平及应力历史下,徐变随时间的发展规律,借以研究高强高性能混凝土收缩徐变随这些影响因素的变化规律。

4) 试验数据测试与分析

传感器测得的总应变应包括收缩应变、徐变以及由于温度变化引起的约束应变(约束应变是由于混凝土的温度线膨胀系数与传感器不同所致[2-26])。本书给出的徐变是总应变减去收缩应变和约束应变。我们知道,徐变系数是指混凝土在 τ 时刻加载,到 t 时刻所发生的徐变变形与瞬时弹性变形的比值。由于弹性应变取值的不同,目前国际上采用的徐变系数可分为两种。徐变系数的第一种定义为:

$$\phi(t,\tau)=\frac{\varepsilon_c(t,\tau)}{\dfrac{\sigma_c(\tau)}{E_c(28)}} \tag{2.1}$$

式中:$\sigma_c(\tau)$为 τ 时刻加载的应力;$E_c(28)$为混凝土 28 d 时的弹性模量。此时弹性应变取的是同样的初始荷载作用于 28 d 龄期混凝土的弹性应变。徐变系数采用这种定义的有 CEB-FIP 系列模型、BS 系列模型[2-27]和 GL2000 模型[2-6]等。

徐变系数的另一种定义为:

$$\phi(t,\tau)=\frac{\varepsilon_c(t,\tau)}{\dfrac{\sigma_c(\tau)}{E_c(\tau)}} \tag{2.2}$$

式中:$E_c(\tau)$为混凝土加载初始时刻 τ 时的弹性模量,此时的弹性变形取的是加载时混凝土的弹性变形。徐变系数采用这一定义的有 ACI-209 系列模型[2-2]、AASHTO 模型[2-28]、B3 模型[2-8]等。

本书中求解徐变系数时,是按照第二种式(2.2)的定义。图 2.26～图 2.32 给出了表 2.4 中的 7 组配筋徐变试件实测的总应变及相应的徐变系数(第三组试件给出加载制度及总应变),各组徐变试件实际加载时的预压力大小见表 2.4。

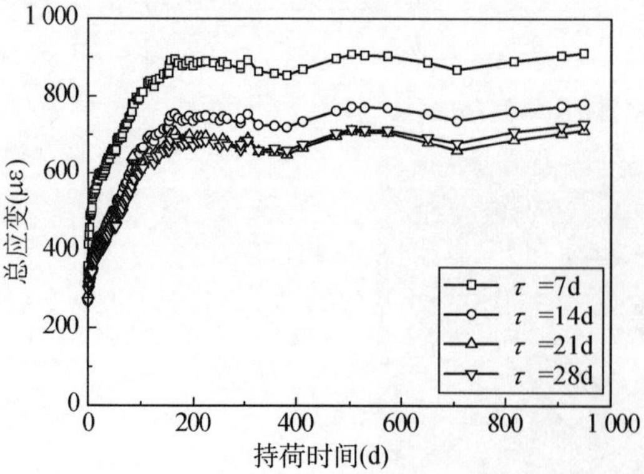

(a) 总应变

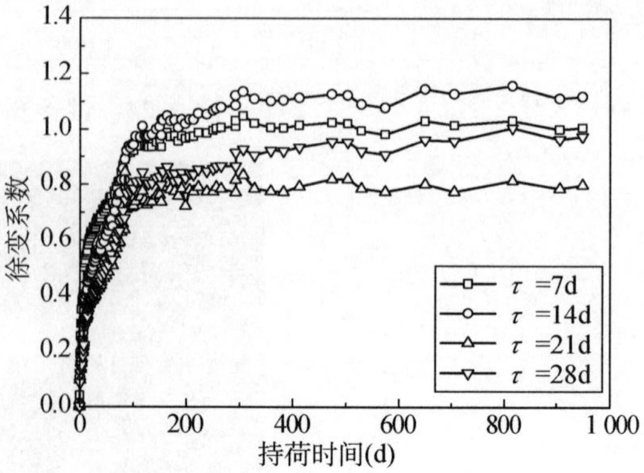

(b) 徐变系数

图 2.26　第 1 组配筋徐变试件总应变及徐变系数

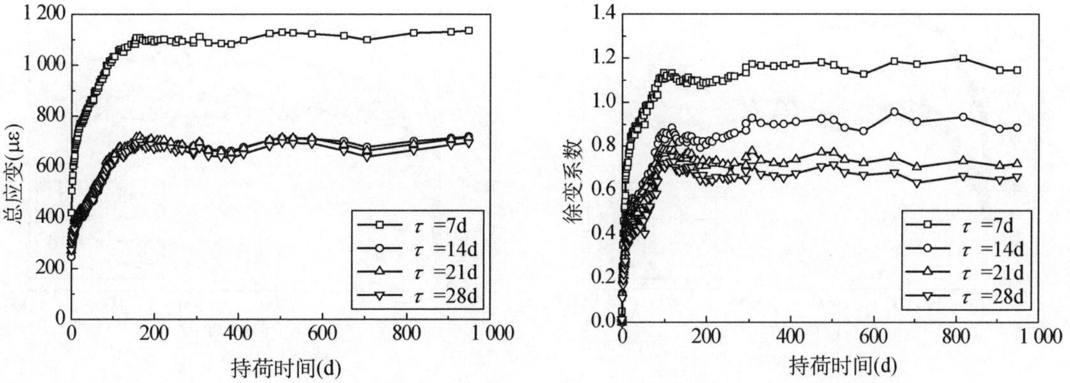

(a) 总应变　　(b) 徐变系数

图 2.27　第 2 组配筋徐变试件总应变及徐变系数

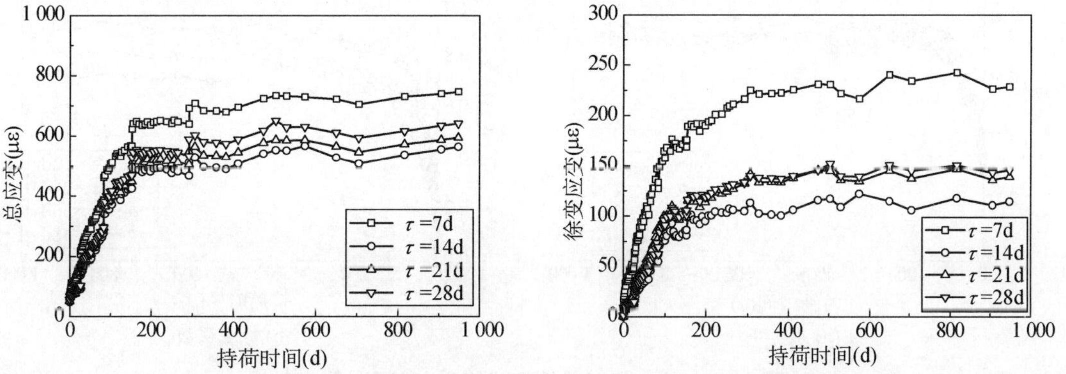

(a) 总应变　　(b) 徐变系数

图 2.28　第 3 组配筋徐变试件总应变和徐变应变

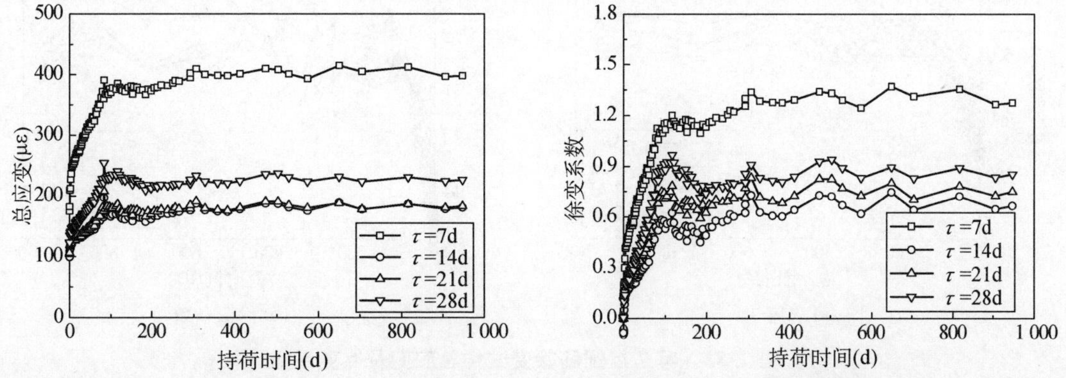

(a) 总应变　　(b) 徐变系数

图 2.29　第 4 组配筋徐变试件总应变及徐变系数

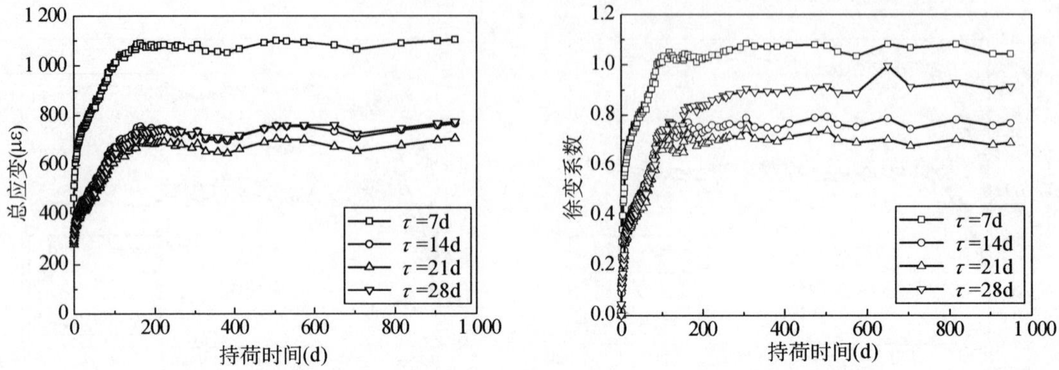

(a) 总应变　　(b) 徐变系数

图 2.30　第 5 组配筋徐变试件总应变及徐变系数

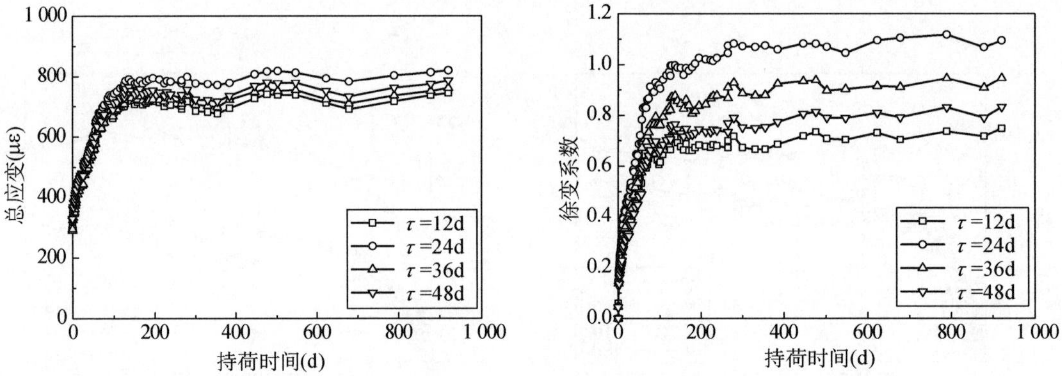

(a) 总应变　　(b) 徐变系数

图 2.31　第 6 组配筋徐变试件总应变及徐变系数

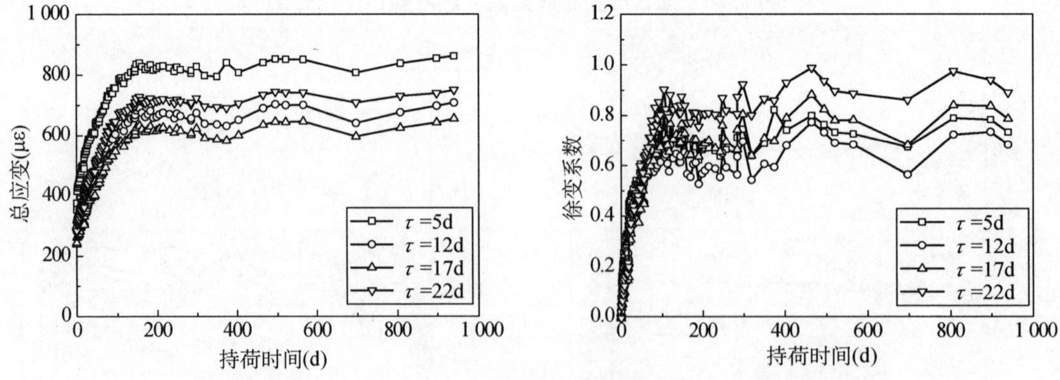

(a) 总应变　　(b) 徐变系数

图 2.32　第 7 组配筋徐变试件总应变及徐变系数

(1) 配筋徐变试件第 1 组

该组徐变试件的配筋率为 1.71%，各节段加载时的龄期分别为 7 d、14 d、21 d 和 28 d，预应力加载水平为 704 kN。由图 2.26 可以看出，由于加载时，7 d 龄期的试件弹模较小，在同等预压力作用下，相应的弹性应变较大，总应变值也最大。从徐变系数发展来看，各组徐变系数发展规律一致，在 180 d(半年)前，早期徐变发展较快，而半年后，徐变发展速率逐渐平缓，趋于稳定，徐变发展和图 2.22 的配筋收缩试件的收缩发展规律较为类似。龄期 7 d 和 14 d 的徐变系数大于龄期为 21 d 和 28 d 的试件，但 7 d 龄期的徐变系数略小于 14 d 龄期的试件，这和理论不太一样，可能是：由于"串联"试件的混凝土没有同期浇筑混凝土，而造成混凝土特性有所差异所致；预压力可能稍微存在偏心作用，而截面上传感器的定位不一致，也会引起上述结果。

(2) 配筋徐变试件第 2 组

该组徐变试件的配筋率为 0.38%，各节段加载时的龄期分别为 7 d、14 d、21 d 和 28 d，预应力加载水平为 722 kN。由图 2.27 可以看出，加载龄期为 7 d 的总变形最大，其余三个龄期的试件的总变形较为接近。徐变系数随时间发展上下波动，虽然工地环境比较复杂，即存在着温湿度的交替变化，但随时间发展的总的趋势还是很明显的，这个趋势与试验室的结果反映了同样的规律，即加载龄期愈短，徐变系数越大。加载龄期为 7 d 的试件的徐变系数明显大于加载龄期分别为 14 d、21 d、28 d 的试件的徐变系数，但徐变系数对加载龄期大于 21 d 的试件不是很敏感，加载龄期为 21 d、28 d 的试件的徐变系数相差不大，这充分体现了高性能混凝土的徐变发展规律，即对于早龄期加荷的情况，徐变随加载龄期的增大，衰减得较快，但随着龄期的增大，徐变对于加载龄期的变化不敏感。

(3) 配筋徐变试件第 3 组

该组徐变试件的配筋率为 0.76%，各节段加载时的龄期分别为 7 d、14 d、21 d 和 28 d，预应力分阶段加载，加载历史为 140 kN(27 d)→289 kN(84 d)→440 kN(153 d) →582 kN (292 d)→734 kN。由图 2.28 可以看出，随加载龄期的增大，总变形和徐变变形均减小，但加载龄期为 21 d 和 28 的试件总变形大于 14 d。此外，加载龄期为 21 d 和 28 d 的试件的徐变也稍大于 14 d 试件的徐变，可能的原因同第 1 组试件。

(4) 配筋徐变试件第 4 组

该组徐变试件的配筋率为 0.76%，各节段加载时的龄期分别为 7 d、14 d、21 d 和 28 d，预应力加载水平为 308 kN。由图 2.29 可以看出，加载龄期为 7 d 试件的总应变和徐变系数均最大，其余三个试件的总应变和徐变系数相近，加载龄期为 21 d 和 28 d 试件的徐变系数稍大于龄期为 14 d 的试件，其原因同试件第 1 组。

(5) 配筋徐变试件第 5 组

该组徐变试件的配筋率为 0.76%，各节段加载时的龄期分别为 7 d、14 d、21 d 和 28 d，预应力加载水平为 751 kN。由图 2.30 可以看出，加载龄期为 7 d 试件的徐变较大，随加载龄期的增大，总应变和徐变系数都减小，但对于加载龄期为 28 d 试件的徐变系数大于龄期为 14 d 的试件，其原因可能同试件第 1 组情形。通过和第 4 组的配筋徐变试验比较发现，应力水平在 40%抗压强度的以下时，徐变行为基本呈线性，应力水平对徐变系数的影响很小。

(6) 配筋徐变试件第 6 组

该组徐变试件的配筋率为 0.76%，各节段加载时的龄期分别为 12 d、24 d、36 d 和 48 d，预应力加载水平为 790 kN。由图 2.31 可以看出，在加载龄期为 24 d、36 d 和 48 d 中的徐变试件中，随着加载龄期的增加，徐变系数相应减小。但加载龄期为 12 d 试件的徐变系数最小，可能是不同期浇筑混凝土，而造成混凝土特性有所差异所致。

(7) 配筋徐变试件第 7 组

该组徐变试件的配筋率为 0.76%，各节段加载时的龄期分别为 5 d、12 d、17 d 和 22 d，预应力加载水平为 700 kN。由图 2.32 可以看出，加载龄期为 5 d 的试件总变形最大，加载龄期为 22 d 试件的总变形稍大于加载龄期为 12 d、17 d 的试件。徐变系数也是加载龄期为 22 d 和 17 d 的试件大于 5 d 和 12 d 的试件，和理论不符，这可能是混凝土材料的变异所致。此外，加载龄期为 5 d 时测得的弹性变形较大，后期虽然徐变变形也较大，但除以弹性变形后，其徐变系数小于龄期为 17 d 和 22 d 的试件。

通过以上 7 组配筋徐变试验数据可以看出，试验数据具有一定的离散型，一些试验现象和材料层次的试验结果及理论理解不一致，这可能是混凝土材料的离散性及测试仪器的精度所致。此外，预应力加载时的偏心作用，也会导致测试的同一串试件，由于传感器的布置可能存在偏差，没有在截面的同一高度处，这样测得的弹性应变值相差较大，导致计算的徐变系数也会有差异。各串试件配筋率的不同对徐变的影响将在第三章的三层次试验分析中着重研究。

2.4.3 预应力长期损失试验

1) 试验目的

鉴于收缩和徐变引起的预应力损失在总损失中占的比重较大，并且与材料、环境条件、混凝土的强度和应力的大小等因素有关，考虑到各国设计规范给出的经验公式和经验参数大多是统计意义下基于实验室标准条件得出的，针对苏通大桥辅桥连续刚构，采用建造实际结构的混凝土进行材料参数试验，通过短期试验获得该材料的实际参数，可以较准确地反映预应力损失的规律。

在与实桥建设相近的环境下，通过预应力混凝土简支梁不同应力水平(其中一个应力水平与实桥的相近)下的加载试验，量测挠度变化，以确定混凝土挠度徐变变化规律，在力筋锚下安装压力传感器量测力筋的有效预应力；通过对钢筋混凝土构件收缩量的测量，确定混凝土收缩变化规律。最后，通过对影响预应力损失因素的分析，探讨苏通大桥辅桥连续刚构高强高性能混凝土收缩徐变引起预应力损失的规律，为本桥有效预应力的计算提供依据。

2) 试件设计

本次试验共制作了三根无黏接预应力混凝土梁，分别为 P1、P2 和 P3。试件混凝土强度等级为 C60，混凝土的原材料、配合比以及外加剂与苏通大桥辅桥连续刚构的实桥所采用的材料相同。试件长度均为 4 000 mm，计算跨径 3 800 mm，两点加载，加载点与支座间的距离为 1 030 mm。梁截面纵筋由 4φ10 组成，箍筋 φ8@150，预应力筋采用 2φ^j15.2 低松弛 1 860 级钢绞线，如图 2.33、表 2.5 所示。

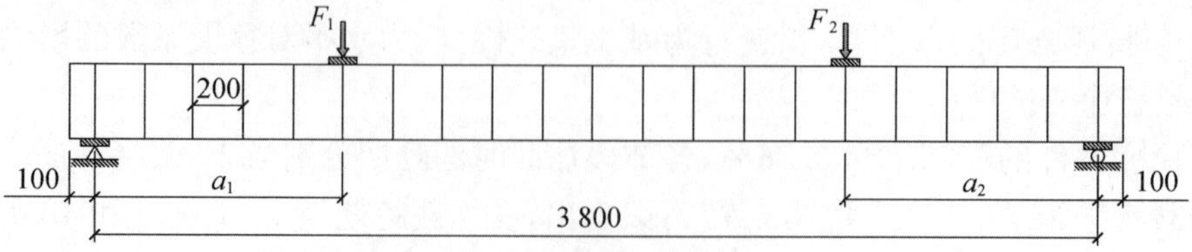

(a) 试件立面图

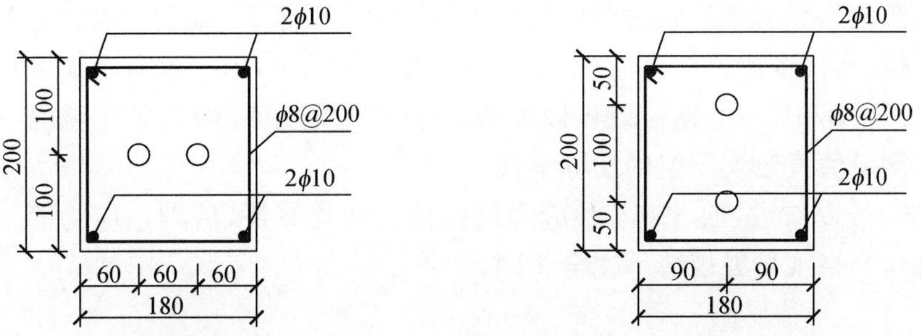

(b) P1梁截面图　　(c) P2、P3梁截面图

图 2.33　预应力损失试件详图(单位:mm)

表 2.5　三根试验梁的荷载大小、作用位置及截面应力水平

预应力梁编号	$F1$(kgf)	$F2$(kgf)	$a1$(mm)	$a2$(mm)
P1	385.0	387.0	1 145	1 120
P2	388.0	387.0	1 135	1 120
P3	675.7	673.6	1 130	1125

3）加载与测量

预应力损失试验梁制作好 16 d 后进行预应力筋张拉，再过 10 天后施加集中力，集中力采用重物加载。集中力的大小、作用位置及截面应力水平见表 2.5。鉴于 P1 梁的两根无黏接预应力筋在截面同一高度，这里只选取了一根预应力筋，安装了锚下压力传感器，而其余两根梁，每根预应力筋下均安装了压力传感器。梁跨中安装百分表用于量测梁的挠度。试验现场图如图 2.8 所示。

4）试验结果

试验环境温度在－5 ℃～34 ℃之间变化，平均温度在 18 ℃左右；环境湿度在 20%～85%之间变化，平均湿度在 60%左右。由测试数据整理的结果主要有三根试验梁的跨中挠度和预应力筋张拉力的时效变化，分别见图 2.34 和图 2.35，图中以施加集中力为起始时间。

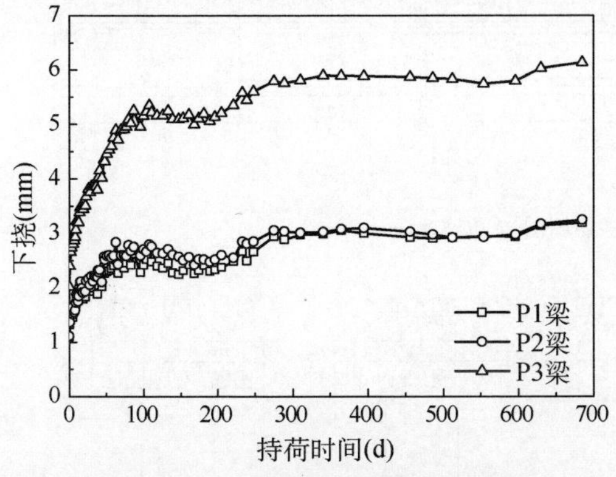

图 2.34　试验梁跨中挠度发展

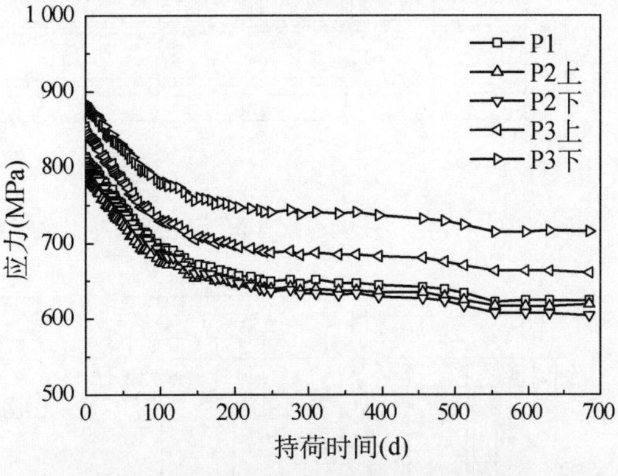

图 2.35　预应力筋张拉力的时效变化

从图 2.34 可以看出，前 120 d 挠度发展较快，后期发展变缓。一方面，挠度随时间发展规律是与高性能混凝土本身的收缩徐变规律相一致：早期发展较快，后期发展平缓；另一方面，挠度出现一定的波动是环境温湿度变化所致。P1 梁和 P2 梁的挠度发展基本相同，说明

挂重相同时，预应力筋配置形式对挠度发展影响不大。由于P3梁的挂重约为P1梁和P2梁挂重的1.74倍，其挠度比也约为1.85倍。但需要说明的是，由于没有在梁支座处架设位移传感器，只量测了跨中挠度，这应该可以反映跨中下挠的规律，但由于实测的下挠没有减去支座的位移，测量值肯定大于梁的实际下挠。

从图2.35可以看出，前200 d预应力筋张拉力变化较快，后期预应力筋张拉力变化趋缓，其变化规律与挠度发展规律不完全相同。

2.5 结构层次试验

2.5.1 T构试验设计

为模拟苏通大桥连续刚构桥的施工过程，反映节段间存在的龄期差，构件采用双悬臂形式设计，梁截面为T型截面，混凝土材料的选用与实桥相同。该T构共分为7个节段，0#节段为0.8 m，其余6个节段均为2 m，截面尺寸及预应力筋布置如图2.36(a)所示。预应力筋分为顶板束和腹板束，为防止梁下缘出现拉应力，在梁底还配置了部分直线预应力束，图2.36中编号以T开头表示顶板束，F开头表示腹板束，Z开头表示梁底束。预应力筋采用无黏接低松弛钢绞线，张拉控制应力取 $0.75f_{ptk}=1\ 395$ MPa。

在T构模型中，穿过墩顶0#节段的无黏接钢绞线总数为17根。其中有5根钢绞线下弯锚固于1#节段端部截面的腹板中心区，编号为F1；有2根钢绞线锚固于2#节段端部截面的顶部区域，编号为T2，同时，有2根钢绞线下弯锚固于2#节段端部截面腹板中心区域，编号为F2，1根钢绞线锚固于2#节段端部截面的底部区域，编号为Z2；有5根钢绞线锚固于3#节段端部截面的顶部区域，编号为T3，同时，有2根钢绞线锚固于3#节段端部截面的底部区域，编号为Z3，各关键截面的预应力筋布置如图2.36(b)。

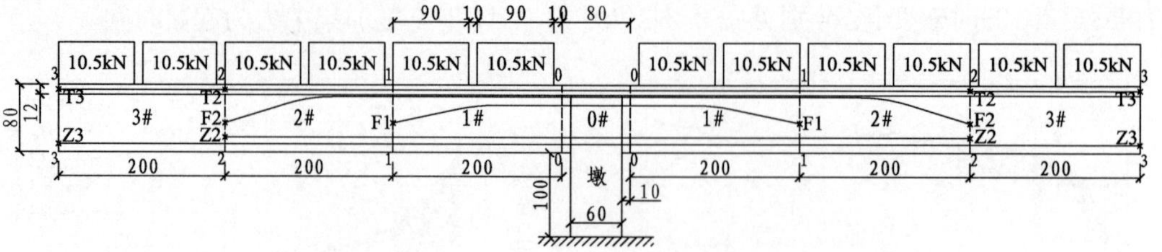

(a) T构节段尺寸、预应力布置及重物如图(单位：cm)

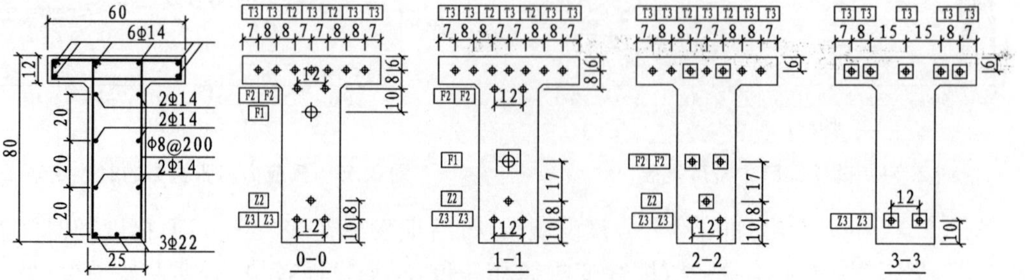

(b) 截面配筋图(单位：cm)

图2.36 T构节段划分、截面尺寸及预应力布置图

2.5.2　加载与测试

T构悬浇试验模型每节段施工过程包括搭设支架、立模和绑扎钢筋、定位预应力束、浇筑混凝土和张拉本节段预应力束等五个施工步骤。各节段锚固钢绞线均采用一端张拉的方式施加预应力，锚固端压力传感器测得的单根钢绞线的有效张拉力为18 t。

在节段3预应力筋张拉完毕26 d后，施加长期重物荷载，如图2.37所示，每个重物质量为10.5 kN，具体施工阶段划分，见表2.6。在墩顶及每个节段的端部均布置了百分表，测量各节段端部位移随时间的变化。测试期间，测得的环境最高温度为34 ℃，最低温度为-7 ℃，平均温度在15 ℃左右；最大湿度为84%，最低湿度为20%，平均湿度在60%左右。

表2.6　T构试件施工工况划分

工况	日期	混凝土龄期(d)		
		1#段	2#段	3#段
浇筑0#段	2006-7-15	—	—	—
浇筑1#段	2006-8-4	—	—	—
张拉1#段	2006-8-11	7	—	—
浇筑2#段	2006-8-18	14	—	—
张拉2#段	2006-8-23	19	5	—
浇筑3#段	2006-8-28	24	10	—
张拉3#段	2006-9-4	31	17	7
堆载	2006-9-30	57	43	33

在各节段的根部以及端部附近的截面内布置应变测点，为了解截面内的应变分布情况，测点分别位于截面的上缘和下缘，测点所在截面的编号如图2.37所示。采用内埋式混凝土应变计测试各节段混凝土应变随时间的变化情况，采用百分表测量各节段端部挠度随时间的发展，同时，在预应力筋的锚固端安置压力传感器，监测张拉过程中锚下有效预应力大小。应变传感器及位移计的布置方案，以及现场照片见图2.37和图2.38。

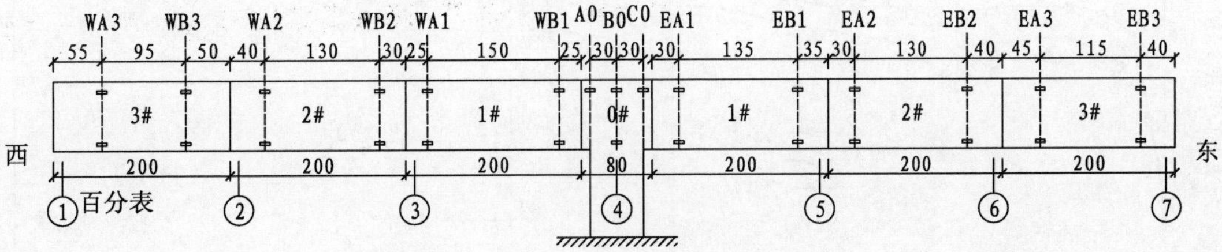

图2.37　T构试件测点布置图(单位:cm)

(a) 百分表布置　　(b) 锚下压力传感器布置

图 2.38　T 构试件百分表及锚下压力传感器布置图

2.5.3　T 构试验结果

1）预应力损失测试结果

T 构试验中，图 2.36 中的 T3 和 Z3 预应力筋的锚下设置了传感器，量测预应力的长期损失，共 3 个。编号 T3－1 和 T3－2 的压力传感器设置在 T3 预应力束的锚下，如图 2.38(b)，编号 Z3－1 的压力传感器设置在 Z3 预应力束的锚下。张拉 3＃节段的预应力筋后，三个传感器实测的预应力损失见图 2.39。

从图 2.39 中可以，在前一个月，预应力损失值较大，一个月之后损失值逐步稳定，实测值由于受环境温度等的影响，出现一定的波动。顶板 T3－1 和 T3－2 测得的预应力长期损失值高于底板 Z3－1 的实测值，这是因为张拉 3＃束之后，由于截面上翼缘压应力大于下缘，T3－1 和 T3－2 测得的预应力长期损失值高于底板 Z3－1 的实测值，堆载之后，此时，T 形截面的上下缘应力在墩部附近较为接近，悬臂端部仍是上翼缘压应力大于下缘，所以总体上 T3－1 和 T3－2 测得的预应力长期损失值高于底板 Z3－1 的实测值。

2）T 构各节段混凝土应变测试结果

随着预应力筋的张拉以及重物堆载等试验步骤，T 构各节段测试截面上下缘的混凝土应变发生突变，由于 T 构各节段始终处于全截面受压状态，因此，随着时间的增长，混凝土的长期应变有增大的趋势。T 构各节段测试截面内混凝土应变随时间的变化规律见图 2.40～图 2.54 所示，其中测点所在截面的编号见图 2.37。

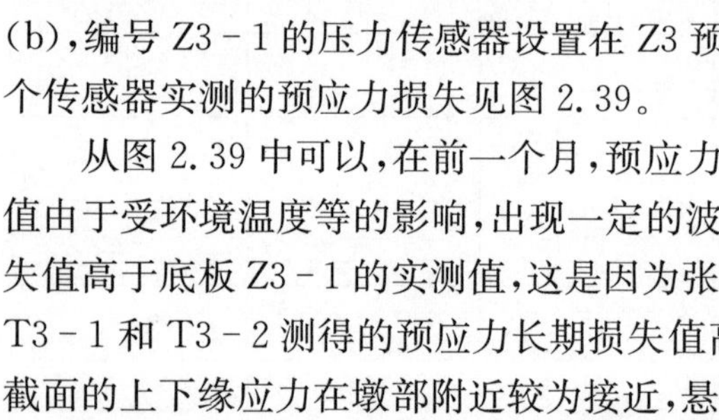

图 2.39　实测的预应力长期损失

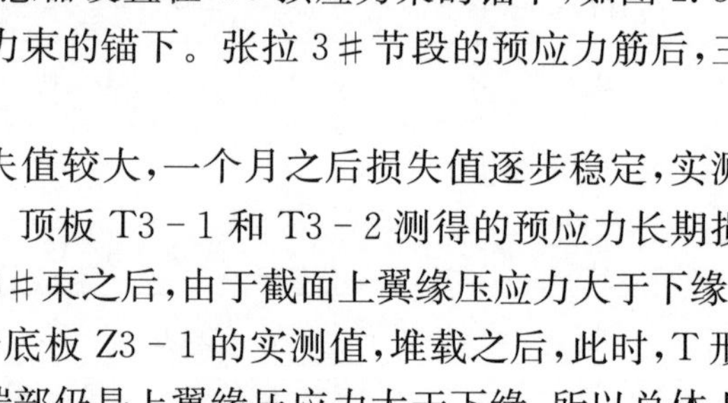

图 2.40　A0 截面混凝土应变的时效变化

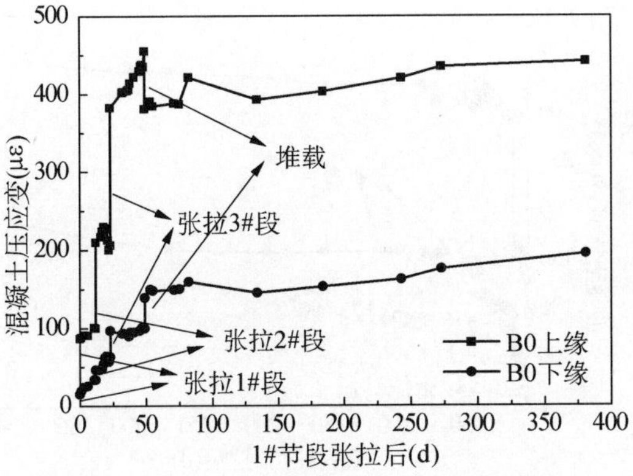

图 2.41　B0 截面混凝土应变的时效变化

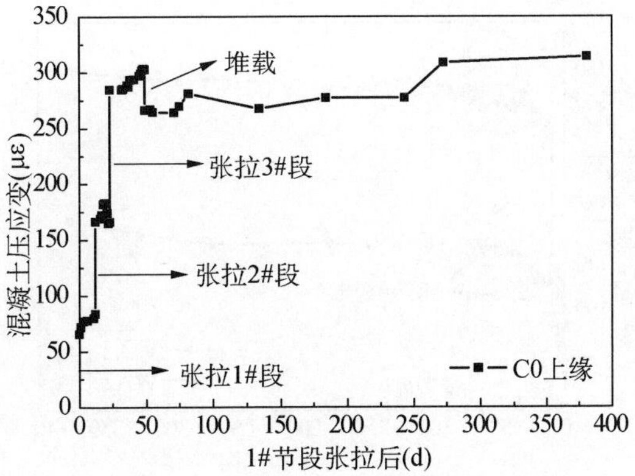

图 2.42　C0 截面混凝土应变的时效变化

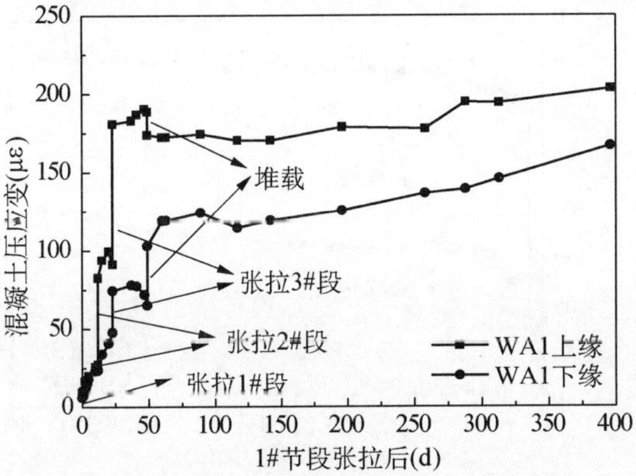

图 2.43　WA1 截面混凝土应变的时效变化

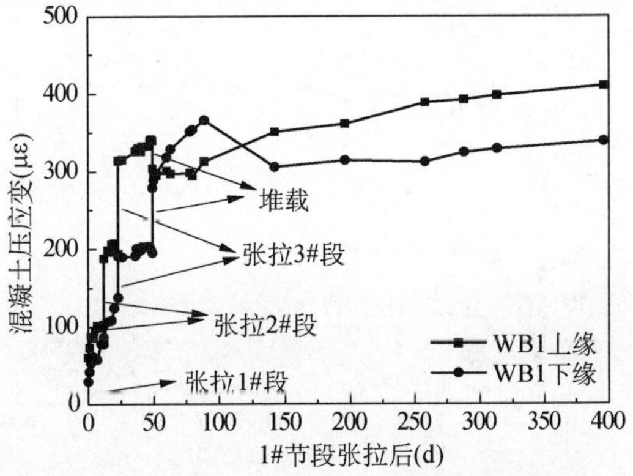

图 2.44　WB1 截面混凝土应变的时效变化

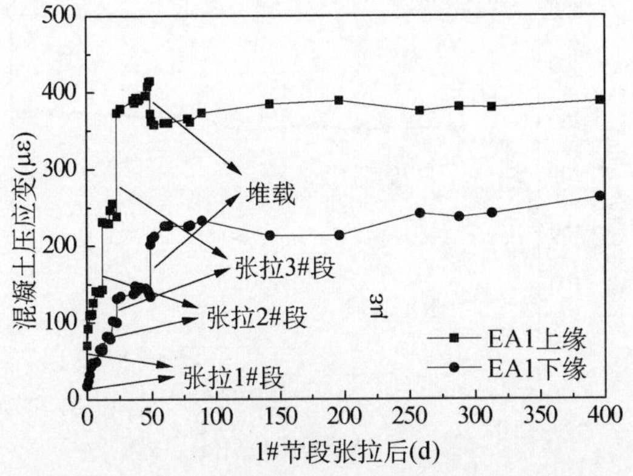

图 2.45　EA1 截面混凝土应变的时效变化

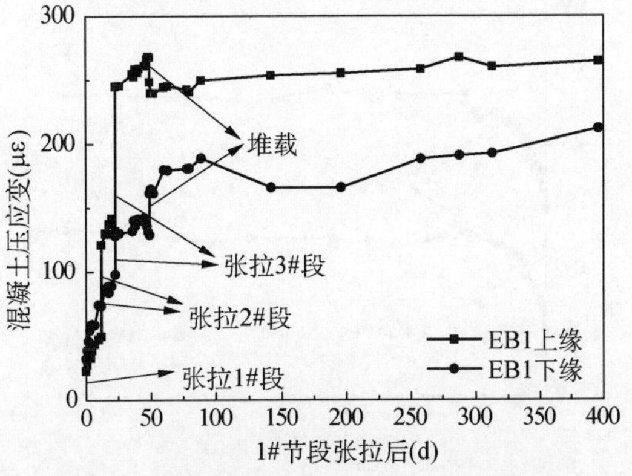

图 2.46　EB1 截面混凝土应变的时效变化

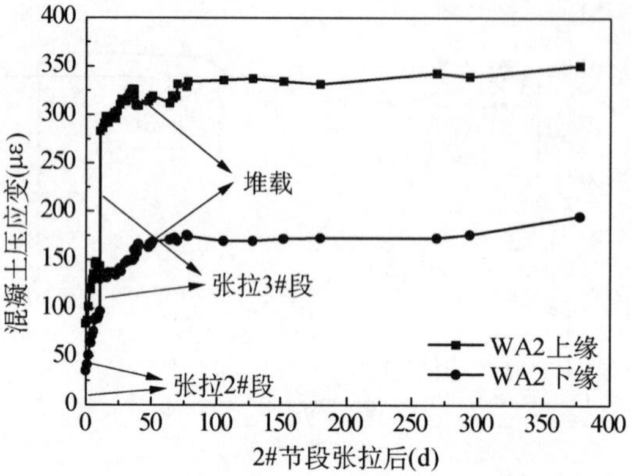

图 2.47　WA2 截面混凝土应变的时效变化

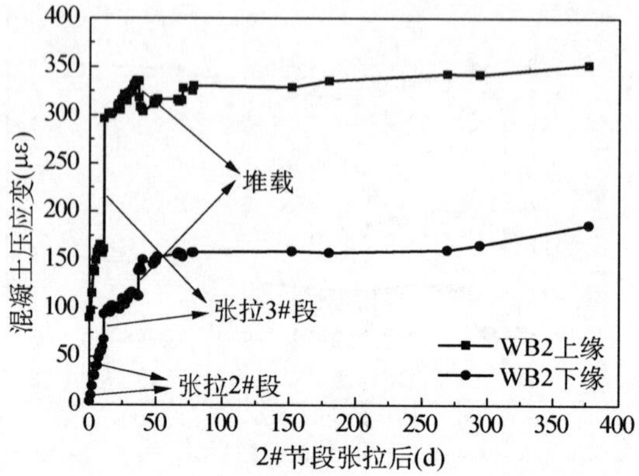

图 2.48　WB2 截面混凝土应变的时效变化

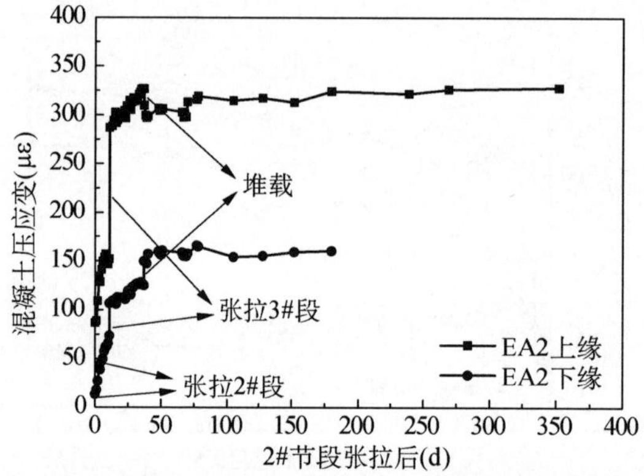

图 2.49　EA2 截面混凝土应变的时效变化

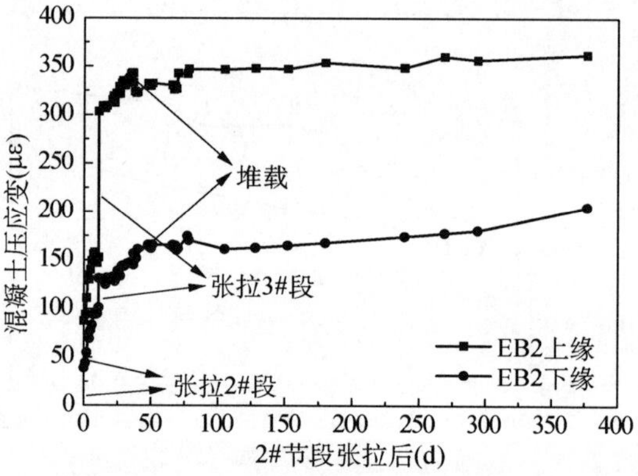

图 2.50　EB2 截面混凝土应变的时效变化

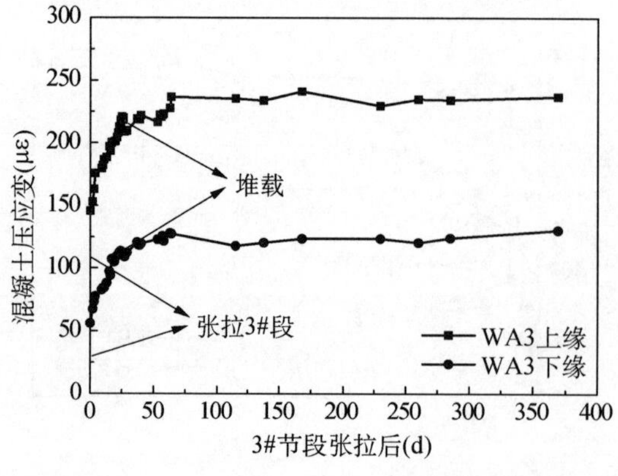

图 2.51　WA3 截面混凝土应变的时效变化

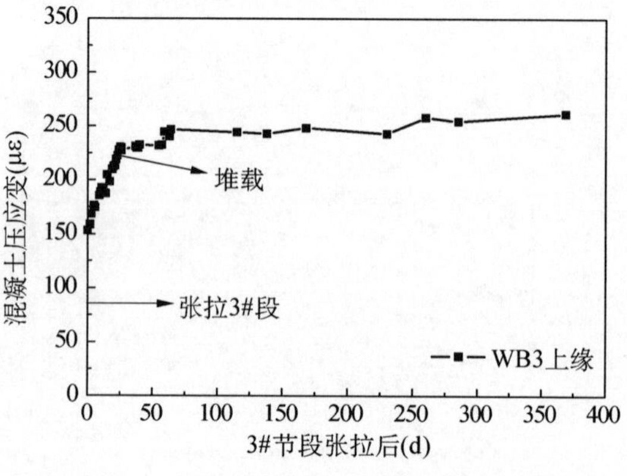

图 2.52　WB3 截面混凝土应变的时效变化

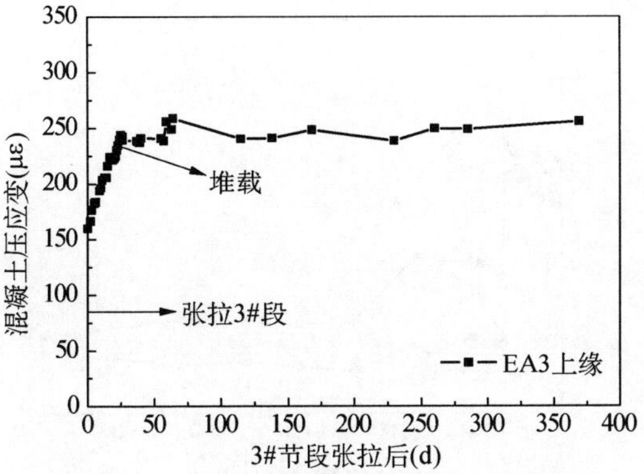

图 2.53　EA3 截面混凝土应变的时效变化

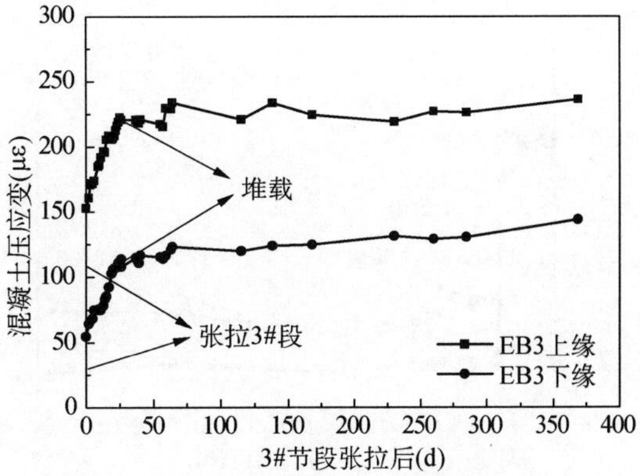

图 2.54　EB3 截面混凝土应变的时效变化

3）各节段端部挠度测试结果

图 2.55～图 2.57 为东西两侧各三个节段端部实测的挠度变化图，端部测点的布置参见图 2.37，图中正值表示上拱，负值表示下挠。需要注意的是，在张拉 3＃节段时，碰到了 1＃节段端部的位移计，没有测到 1＃节段端部的变形，所以这里给出了 1＃段端部在堆载之后的挠度变化，而 2＃和 3＃节段均给出了张拉 3＃段预应力之后的挠度变化。从图 2.55～图 2.57可以看出，张拉 3＃节段预应力后，2＃和 3＃节段的端部都有上拱，3＃节段端部的上拱值平均为 3.73 mm(两侧分别为 3.70 mm 和 3.76 mm)明显高于 2＃节段端部的 1.75 mm(两侧分别为 1.65 mm 和 1.85 mm)。重物堆载后，1＃节段端部下挠 0.52 mm(两侧分别为 0.47 mm和 0.57 mm)，2＃节段端部下挠 1.64 mm(两侧分别为 1.60 mm 和 1.68 mm)，3＃节段端部下挠 2.79 mm(两侧分别为 2.67 mm 和 2.91 mm)。堆载后，T 构各节段整体下挠，并且此下挠变形量随时间的增加有增大的趋势，从而，使得原先由预加应力引起的上拱变形有所降低。

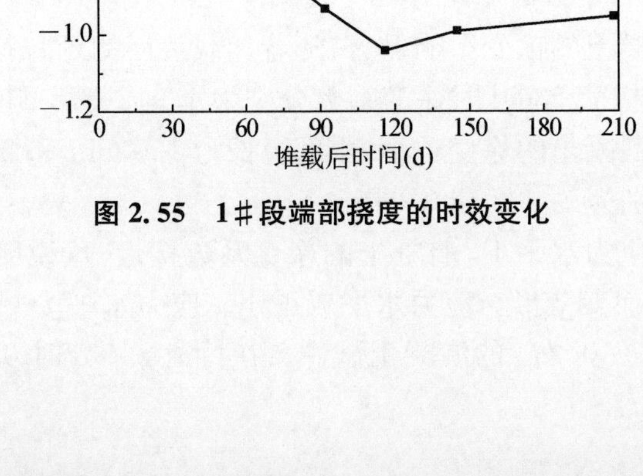

图 2.55　1＃段端部挠度的时效变化

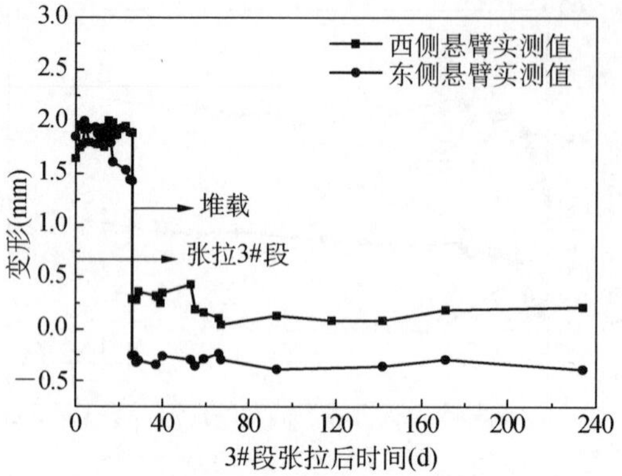

图 2.56　2#段端部挠度的时效变化

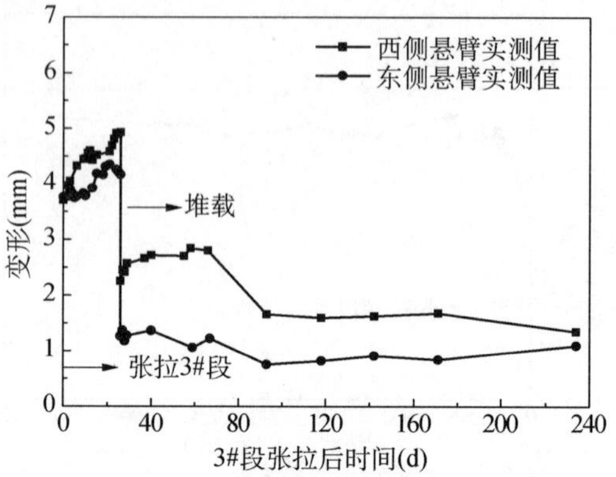

图 2.57　3#段端部挠度的时效变化

2.6　本章小结

收缩和徐变受混凝土材料自身组成、外载及环境等多种因素影响，对混凝土收缩徐变较为敏感的重要结构，为了提高预测收缩徐变效应的精度，开展短期的混凝土收缩徐变试验是一项必不可少的基础性工作。本书提出了混凝土收缩徐变试验的三层次试验方法（结合材料层次的试验得到收缩徐变发展的修正模式，再通过构件层次和结构层次的试验来校验修正模式），这种基于三个层次的收缩徐变试验方法，既能为苏通辅桥连续刚构的施工和长期行为预测提供较为科学的计算参数，也能为高强高性能混凝土收缩徐变研究提供更为全面的研究思路。

材料层次的试验主要研究影响收缩徐变参数。在恒温恒湿的实验室内，按照标准试验方法，针对实桥混凝土配合比，从材料层次上研究湿养护时间、环境相对湿度、构件理论厚度、加载龄期等对混凝土收缩徐变的影响规律。试验表明：

(1) 苏通大桥连续刚构所用 C60 混凝土具有较好的工作性能和力学性能，高强混凝土的自收缩很大，不容忽略，在实际混凝土结构的收缩效应分析中，从实用角度来看，没有必要将自收缩从干燥收缩中区分出来，可以合并在干燥收缩中进行整体分析[2-1]。

(2) 湿养护时间对混凝土的干燥收缩有一定的影响，随着湿养护时间的延长，混凝土的干燥收缩变小。但当湿养护超过一定的时间后，其对干燥收缩的影响可以忽略。

(3) 随着环境相对湿度的降低和构件理论厚度的减小，试件的干燥收缩明显增大，且环境湿度对尺寸小的构件干燥影响要比对尺寸大试件大。

(4) 加载龄期对混凝土的徐变影响显著，随着加载龄期的延长徐变变小。在 3 d、7 d 和 14 d 加载的混凝土试件持荷 580 d 时徐变系数分别为 1.912(578 d 时)、1.602 和 1.350。

(5) 试件尺寸越大混凝土的徐变越小，截面边长为 100 mm 和 250 mm 的混凝土试件持荷 500 d 时徐变系数分别为 1.322 和 0.944。

(6) 在两个不同的应力水平下，混凝土的徐变系数接近，这说明在应力水平小于 $0.4f_c$ 的条件下可以近似认为徐变变形与应力水平成正比。应力水平为 $0.4f_c$ 的混凝土试件的徐变系数稍高于应力水平为 $0.2f_c$ 的混凝土试件。在持荷 500 d 时 $0.2f_c$ 和 $0.4f_c$ 两个应力水平下混凝土的徐变系数分别为 0.900 和 0.944。

针对苏通大桥辅桥箱梁悬臂施工的工艺特点，进行构件层次的试验。构件层次试验包括配筋混凝土收缩试验、“串联”形式的配筋徐变试件和预应力混凝土简支梁。

(1) 配筋混凝土收缩试验表明，钢筋对混凝土收缩约束作用明显，并随着配筋率的增加，约束作用也增加，即试件的收缩应变发展越小。C60 高强高性能混凝土收缩早期发展较快，在 180 d(半年)以后，收缩发展速率逐渐平缓。

(2) “串联”的配筋徐变试件主要研究自然环境下配筋率、加载龄期、应力水平等因素对徐变的影响，试验表明，自然环境下试件的变形随着加载龄期的增长而降低，随着加载龄期的增加，此影响越来越小，即高龄期的混凝土徐变系数逐渐接近，但一些试件不符合此规律可能由于混凝土材料的变异所致及预应力加载的偏心所致。各试件在前 200 d 徐变系数发展较快，200 d 后徐变系数发展平缓。

(3) 预应力损失试验表明，在前 200 d，预应力筋有效预应力变化较快，后期预应力筋张拉力变化趋缓，其变化规律与上述试验测得的高强混凝土收缩徐变试验的规律基本相同。

在结构层次的试验中，通过制作小型的 T 构模型(总长 12.8 m)，进行悬浇并加载，用以模拟实桥节段施工过程，反映节段间存在的龄期差。研究在实际施工条件下 C60 高强高性能混凝土结构的收缩徐变引起的节段端部变形及预应力损失发展规律，该试验可进一步用于验证材料层次得到的修正收缩徐变模型对苏通大桥辅桥施工阶段以及运营阶段长期变形预测的可靠性，以期为实桥施工过程的变形和应力计算提供基础参数。

本章参考文献

[2-1] 周履，陈永春. 收缩徐变[M]. 北京：中国铁道出版社，1994

[2-2] American Concrete Institute. Prediction of creep, shrinkage and temperature effects in concrete structures[S]. ACI 209R-92. Detroit: American Concrete Institute, 1992

[2-3] CEB-FIP. CEB-FIP Model Code for Concrete Structures[S]. Lausanne, Switzerland, 1990

[2-4] Gardner N J, Zhao J W. Creep and shrinkage revisited[J]. ACI Materials Journal, 1993, 90(3): 236-246

[2-5] Bazant Z P, Baweja S. Creep and shrinkage prediction model for analysis and design of concrete structures-model B3[J]. Materials and Structures, 1995, 28(180): 357-365

[2-6] Gardner N J, Lockman M J. Design provisions for drying shrinkage and creep of normal-strength concrete[J]. ACI Materials Journal, 2001, 98(2): 159-167

[2-7] Huo X. Time-Dependent analysis and application of high performance concrete in bridges[D]. University of Nebraska, USA, 1997

[2-8] Bazant Z P, Baweja S. Justification and refinements of model B3 for concrete creep and shrinkage—Statistics and sensitivity [J]. Materials and Structures, 1995, 28(180): 415-430

[2-9] Bazant Z P, Baweja S. Justification and refinements of model B3 for concrete creep and shrinkage. 2. up dating and theoretical basis[J]. Materials and Structures, 1995, 28(182): 488-495

[2-10] 欧阳华林，白山云. 高性能混凝土收缩徐变性能的试验研究[J]. 桥梁建设，2006(2)：4-6

[2-11] 尹健，李益进，郑克仁，等. C60高性能混凝土徐变性能研究[A]//：超高层混凝土泵送与超高性能混凝土技术的研究与应用国际研讨会论文集[C]. 北京：中国建材出版社，2008：452-456

[2-12] 中华人民共和国交通部. 公路钢筋混凝土及预应力混凝土桥涵设计规范(JTG D62—2004)[S]. 北京：人民交通出版社，2004

[2-13] Hansen T C, Mattock A H. Influence of size and shape of member on the shrinkage and creep of concrete [J]. ACI Journal Proceedings, 1966, 63(2): 267-290

[2-14] 王铁梦. 工程结构裂缝控制[M]. 北京：中国建筑工业出版社，1997

[2-15] 姚文清，傅建华. 混凝土早期裂缝的成因及防治措施[J]. 江西建材，2002(3)：35-36

[2-16] 谢丽. 混凝土早期自收缩的影响因素及预测模型研究[D]. 南京：河海大学，2007

[2-17] 中华人民共和国交通部. 公路钢筋混凝土及预应力混凝土桥涵设计规范(JTJ 023-85)[S]. 北京：人民交通出版社，1985

[2-18] Comité Euro International Du Béton. CEB-FIP model code for concrete structures [S]. Comité Euro-International Du Béton/Fédération International de la Précontrainte, Paris, 1978

[2-19] 杨小兵. 混凝土收缩徐变预测模型研究[D]. 武汉：武汉大学，2004

[2-20] Jamal A. Almudaiheem and Will Hansen. Effect of specimen size and shape on drying shrinkage of concrete [J]. ACI Materials Journal, 1987, 184(2): 130-135

[2-21] Neville A M, Dilger W H, Brooks J J. Creep of plain and structural concrete[M]. London, Construction Press, 1983

[2-22]　混凝土收缩徐变协作组. 混凝土收缩与徐变的实用数学表达式的试验研究[J]. 建筑科学,1987(3): 14-22

[2-23]　Ngab A S, Nilson A H, Slate F O. Shrinkage and creep of high strength concrete[J]. ACI Journal, 1981,78(4): 255-261

[2-24]　Wittmann F H, Schwesinger F 著;冯乃谦,等,译. 高性能混凝土——材料特性与设计[M]. 北京: 中国铁道出版社, 1998

[2-25]　王辉. 苏通大桥辅桥连续刚构 C60 混凝土收缩徐变规律及预测模式研究[D]. 南京: 东南大学, 2007

[2-26]　陈常松, 颜东煌, 陈政清等. 混凝土振弦式应变计测试技术研究[J]. 中国公路学报, 2004, 17(1): 29-33

[2-27]　英国标准协会著; 中国建筑科学研究院结构所规范室,译,英国混凝土结构规范(BS 8110)[S]. 1993, 5: 191-195

[2-28]　AASHTO. AASHTO LRFD Bridge specifications SI Units Third Edition [S]. USA: American Association of State Highway and Transportation Officials, 2004

第三章　收缩徐变三层次试验分析及实桥应用

3.1　引言

通过第二章的混凝土收缩徐变三层次试验，得到了标准环境下混凝土收缩徐变的发展规律（材料层次），以及在室外环境下的配筋混凝土试件的收缩徐变和预应力长期损失的发展规律（构件层级及结构层次）。本章将对上一章开展的三层次试验进行理论分析，以及将修正的收缩徐变用于苏通大桥连续刚构的施工监控及长期变形预测中。

试验结果分析将从五方面入手：一是理论研究截面配筋率对混凝土收缩徐变的约束影响；二是简单介绍目前常用的收缩徐变模型，并基于材料层次的试验结果，比较了目前常用收缩徐变模型对高强高性能混凝土收缩徐变的适用性，在现桥规采用的 CEB－FIP90 模型的基础上，提出修正的收缩徐变模型；三是考虑混凝土收缩、徐变和预应力筋松弛三者共同影响，研究预应力的长期损失；四是基于上述的修正收缩徐变模型及理论分析，用构件层次及结构层次的试验进行验证；五是将修正的收缩徐变模型应用到苏通大桥连续刚构的施工监控及长期变形预测中。

3.2　配筋对收缩徐变的影响研究

在配筋构件中，混凝土收缩徐变将受到钢筋的约束，收缩徐变效应的分析将变得更加复杂。如果混凝土构件的配筋率较小时，其约束影响较小，该构件可看作素混凝土构件进行收缩徐变效应分析。但配筋率较大时，需认识到配筋对收缩徐变的约束作用。研究配筋对混凝土收缩徐变影响最早可追溯到 1937 年，Dischinger[3-1]基于一个有钢筋和混凝土共同工作的构建，将混凝土和钢筋隔离开，根据力法，推导了徐变应力重分布的微分方程，考虑了钢筋对收缩徐变的约束作用。1982 年，Dilger 提出了徐变换算截面性质法[3-1][3-2]，可十分简捷地计算多层配筋混凝土构件的应力重分布。基于混凝土和钢筋徐变度的 Dirichlet 级数表达式，朱伯芳[3-3]提出了计算配筋混凝土构件的增量形式递推法。湖南大学陈政清、胡狄[3-4]也分析了配筋对混凝土收缩徐变的影响。此外，也有一些简单的试验统计方法用于计算配筋对收缩徐变的影响，如 CEB－FIP1970 方法[3-5]及苏清洪[3-6]根据试验拟合得到的配筋率影响系数法。

研究配筋对混凝土收缩徐变的约束影响有两个作用：一是对于预测收缩徐变效应精度要求较高的混凝土结构，考虑配筋的约束作用，可以提高收缩徐变效应的预测精度；二是可以通过配筋混凝土的收缩徐变试验，反推素混凝土的收缩徐变大小。本书针对苏通大桥辅桥连续刚构所用的 C60 高强混凝土，对第二章材料层次的素混凝土试验结果与构建层次的配筋试验结果进行分析，研究了配筋对高强混凝土收缩徐变影响的一般规律；考虑非预应力筋重心和预应力筋重心位置在不同截面高度的情况，推导了配筋对收缩徐变的影响系数计算公式；根据大跨度预应力梁桥采用的混凝土特性和非预应力筋的布置状况，给出了大跨梁桥中配筋对收缩徐变影响系数的实用公式；最后对提出的配筋对收缩徐变的约束影响系数与试验进行了比较。

3.2.1　配筋对混凝土收缩徐变约束的影响系数计算

为了分析混凝土截面应变的时效变化，就必须从截面的长期应力分析入手。现桥规[3-7]和 CEB-FIP90[3-8]中计算收缩徐变引起的预应力损失公式以及文献[3-4]中的方法均基于单层配筋情况（全部纵向钢筋重心处）得出，如果非预应力钢筋的重心和预应力钢筋的重心相距较远时，则引起的误差会较大。本书考虑非预应力筋重心和预应力筋重心位置在不同层时，在混凝土收缩、徐变和松弛三者共同影响下，推导了配筋对收缩徐变影响系数的计算公式。计算式采用了如下假定：① 截面变形符合平截面假定；② 在混凝土截面同一水平处，钢筋和混凝土满足变形协调条件；③ 施加的应力 $\sigma_c < 0.4f_c \sim 0.5f_c$，徐变变形为线性，Boltzman 叠加原理[3-9]有效；④ 混凝土截面不开裂。

令混凝土的加载龄期为 τ，在 τ 至 t 时段内，由于混凝土的收缩徐变和预应力筋的松弛，使得混凝土丧失一部分压应力，预应力筋丧失一部分拉应力，而非预应力筋承受一部分压应力。在任意时刻 t，截面上混凝土、预应力筋和非预应力筋的合力变化保持平衡。

$$\Delta P_c(t) = -[\Delta P_p(t) + \Delta P_s(t)] \tag{3.1}$$

非预应力筋重心处混凝土 t 时刻的应力变化为：

$$\Delta\sigma_{c,s}(t) = -\Delta\sigma_s(t)\rho_s r_{s,s} - \Delta\sigma_p(t)\rho_p r_{s,p} \tag{3.2}$$

预应力筋重心处混凝土 t 时刻的应力变化为：

$$\Delta\sigma_{c,p}(t) = -\Delta\sigma_s(t)\rho_s r_{p,s} - \Delta\sigma_p(t)\rho_p r_{p,p} \tag{3.3}$$

式中：$\Delta\sigma_s(t)$、$\Delta\sigma_p(t)$分别为非预应力筋和预应力筋在 t 时刻的应力变化量；A_c、A_p、A_s 分别为混凝土的净面积、预应力筋面积和非预应力筋的面积；I_c 为混凝土净截面惯性矩；$\rho_s = A_s/A_c$，$\rho_p = A_p/A_c$；$r_{i,j} = 1 + e_i e_j / r_c^2$，$i,j$ 代表 s 或 p；e_s、e_p 分别为非预应力钢筋的重心、预应力钢筋的重心到混凝土截面重心的距离；$r_c = \sqrt{I_c/A_c}$。

在同一层配筋水平处，混凝土和钢筋满足变形协调条件，即

$$\begin{cases}\varepsilon_{c,s}(t) - \varepsilon_{c,s}(\tau) = \varepsilon_s(t) - \varepsilon_s(\tau) \\ \varepsilon_{c,p}(t) - \varepsilon_{c,p}(\tau) = \varepsilon_p(t) - \varepsilon_p(\tau)\end{cases} \tag{3.4}$$

根据按龄期调整的有效模量法[3-10]，混凝土的应力-应变关系为：

$$\varepsilon_{c,i}(t) = \frac{\sigma_{c,i}(\tau)}{E_c(\tau)}[1 + \phi(t,\tau)] + \frac{\sigma_{c,i}(t) - \sigma_{c,i}(\tau)}{E_c(\tau)}[1 + \chi(t,\tau)\phi(t,\tau)] + \varepsilon_{sh}(t,\tau) \quad (i = s, p) \tag{3.5}$$

式中：$\chi(t,\tau)$、$\phi(t,\tau)$、$\varepsilon_{sh}(t,\tau)$分别为混凝土在τ至t时段的老化系数、徐变系数和自由收缩应变，简写成χ、ϕ、ε_{sh}；$\sigma_{c,s}(\tau)$、$\sigma_{c,p}(\tau)$分别为加载时非预应力筋重心处和预应力筋重心处的混凝土瞬时应力。

非预应力筋和预应力筋的应力-应变关系为：

$$\begin{cases}\varepsilon_p(t)=\dfrac{[\sigma_p(t)-\bar{\sigma}_{pr}(t)]}{E_p}\\ \varepsilon_s(t)=\dfrac{\sigma_s(t)}{E_s}\end{cases} \tag{3.6}$$

式中：$\bar{\sigma}_{pr}(t)$为预应力筋的折减松弛损失，$\bar{\sigma}_{pr}(t)=\chi_r\sigma_{pr}(t)$；$\sigma_{pr}(t)$为预应力筋的固有松弛损失；$\chi_r$为松弛折减系数。

式(3.1)～(3.6)共8个方程式和8个未知量，可求得t时刻预应力筋重心处混凝土的应变增量为：

$$\Delta\varepsilon_{c,p}(t)=\frac{A\varepsilon_{c,p}(\tau)\varphi(t,\tau)+B\varepsilon_{sh}+\dfrac{(C-D)\bar{\sigma}_{pr}(t)}{E_p}}{D} \tag{3.7}$$

其中：$\alpha_s=\dfrac{E_s}{E_c(\tau)}$，$\alpha_p=\dfrac{E_p}{E_c(\tau)}$，$\rho_s=\dfrac{A_s}{A_c}$，$\rho_p=\dfrac{A_p}{A_c}$，$n=\dfrac{\sigma_{c,s}(\tau)}{\sigma_{c,p}(\tau)}$

$A=C-n\alpha_s\rho_s r_{p,s}(1+\chi\varphi)$

$B=C-\alpha_s\rho_s r_{p,s}(1+\chi\varphi)$

$C=1+\alpha_s\rho_s r_{s,s}(1+\chi\varphi)$

$D=C+\alpha_p\rho_p r_{p,p}(1+\chi\phi)+\alpha_s\alpha_p\rho_s\rho_p\dfrac{(e_s-e_p)^2}{r^2}(1+\chi\phi)^2$

配筋对混凝土收缩的影响系数[3-4]为$k_{sh}=\dfrac{\varepsilon_{sh}^s}{\varepsilon_{sh}}$，$\varepsilon_{sh}^s$为配筋试件在$\tau$至$t$时段的收缩值，对徐变的影响系数为$k_{cr}=\dfrac{\varphi_{cr}}{\varphi}=\dfrac{\varepsilon_{cr}(t,\tau)}{\varphi\varepsilon_c(\tau)}$，则

$$k_{sh}=\frac{\varepsilon_{sh}^s}{\varepsilon_{sh}}=\frac{B}{D} \tag{3.8}$$

$$k_{cr}=\frac{A}{D}+\frac{(C-D)\bar{\sigma}_{pr}(t)}{DE_p\varepsilon_{c,p}(\tau)\varphi(t,\tau)} \tag{3.9}$$

如果截面的预应力筋重心与非预应力筋重心相距很近，有$e_s\approx e_s\approx e_{sp}$，即$r_{s,s}=r_{p,p}=r_{s,p}$，再近似取$\alpha=\alpha_s=\alpha_p=(\alpha_s+\alpha_p)/2$，则式(3.8)和式(3.9)可以简化为

$$k_{sh}=\frac{\varepsilon_{sh}^s}{\varepsilon_{sh}}=\frac{1}{1+\alpha r_{s,p}(\rho_s+\rho_p)(1+\chi\phi)} \tag{3.10}$$

$$k_{cr}=\frac{1}{1+\alpha r_{s,p}(\rho_s+\rho_p)(1+\chi\phi)}-\frac{\rho_p r_{s,p}(1+\chi\phi)\bar{\sigma}_{pr}(t)}{[1+\alpha r_{s,p}(\rho_s+\rho_p)(1+\chi\phi)]\sigma_{c,p}(\tau)\phi(t,\tau)} \tag{3.11}$$

由式(3.8)、式(3.9)可知，配筋对混凝土收缩徐变的影响系数不仅与钢筋本身的特性、

钢筋的配筋率、钢筋的位置有关，且与混凝土的时变特性也密切相关，所以 k_{sh} 和 k_{cr} 也具有时变性。计算 k_{cr} 时，与预应力的松弛损失也有关系，现桥规计算预应力松弛损失时存在两点疑问：① 由于预应力松弛损失试验对设备和测量仪器的要求较高，大多持荷 1 000 h 得到松弛终极值，甚至用更少时间的试验来推算松弛终极值，预应力筋持荷 1 年以后的固有松弛损失研究较少，桥梁设计使用年限为 100 年，预应力松弛损失虽然在 1 000 h 后发展很小，但持荷多年后，松弛损失究竟是多少难以把握；② 现桥规没有给出预应力筋松弛损失率随时间的发展关系，附录 F. 3 只能查出几个时间段的损失量与最终损失量之比，如果用线性插值计算其他时段的损失值，方便但略显粗糙，因为预应力筋松弛损失和时间不成线性关系。

由于现桥规[3-7]中并没有给出随时间预应力松弛损失率随时间发展的公式，这里采用文献[3-12]提出的预应力松弛公式。预应力固有松弛损失如下：

$$\sigma_{r\infty}=\begin{cases}-\eta_{\infty}\sigma_{pe}(\lambda-0.4)^2 & \lambda\geqslant 0.4\\ 0 & \lambda<0.4\end{cases} \tag{3.12}$$

式中：$\sigma_{r\infty}$ 表示固有松弛值的极限值；η_{∞} 为钢筋松弛系数，相应于普通松弛和低松弛钢材，分别等于 1.5 和 0.667；$\lambda=\sigma_{pe}/f_{pk}$；$\sigma_{pe}$ 为传力锚固时的初始应力；f_{pk} 为预应力筋的抗拉强度。

对任何钢筋和初始拉力，任意时刻 t 的固有松弛 $\sigma_r(t)$ 可以表示成极限松弛损失 $\sigma_{r\infty}$ 和无量纲的 $(t-t_i)$ 函数的乘积，式(3.13)中 $(t-t_i)$ 单位以小时计。

$$\sigma_r(t)=\begin{cases}\sigma_{r\infty}\left[\dfrac{1}{16}\ln\left(\dfrac{t-t_i}{10}+1\right)\right] & 0\leqslant(t-t_i)\leqslant 1\,000\\ \sigma_{r\infty}\left[\left(\dfrac{t-t_i}{0.5\times10^6}\right)^{0.2}\right] & 1\,000<(t-t_i)\leqslant 0.5\times10^6\\ \sigma_{r\infty} & (t-t_i)>0.5\times10^6\end{cases} \tag{3.13}$$

在预应力混凝土构件中，由于混凝土的收缩徐变引起力筋变短，松弛值有所减少，故固有松弛损失需乘以折减系数 χ_r 得到折减松弛损失值，即 $\bar{\sigma}_{pr}(t)=\chi_r\sigma_r(t)$，$\chi_r$ 值见参考文献[3-11]。

3.2.2　实用计算公式

在大跨预应力混凝土梁桥中，一般设计为全预应力结构，均采用 C50 以上混凝土，由于 α_s 和 α_p 较为接近，故近似取 $\alpha=\alpha_s=\alpha_p=(\alpha_s+\alpha_p)/2$；非预应力筋在大跨梁桥中一般按构造要求配置，其重心在混凝土截面重心附近，近似取 $r_{s,s}=r_{s,p}=1$；忽略配筋率的高次项；$\chi(t,\tau)$ 的取值范围为 0.5～1.0，计算表明 $\chi(t,\tau)$ 在一定范围内变化时，对应变增量计算结果影响很小，通常取 0.8[3-12]；松弛折减系数 χ_r 常见变化范围为 0.5～0.9，Brason 等[3-13]建议取 0.75。

式(3.8)可以简化为：

$$k_{sh}=\frac{1}{1+\alpha(1+0.8\varphi)(\rho_p r_{p,p}+\rho_s)} \tag{3.14}$$

式(3.9)可以简化为：

$$k_{cr}=\frac{1+(1-n)\alpha\rho_s(1+0.8\varphi)}{1+\alpha(1+0.8\varphi)(\rho_p r_{p,p}+\rho_s)}-\xi\frac{\sigma_{pr}(t)}{\sigma_{c,p}(\tau)} \tag{3.15}$$

式中，

$$\xi=\frac{0.75\rho_p r_{p,p}\left(\frac{1}{\varphi}+0.8\right)}{1+\alpha(1+0.8\varphi)(\rho_p r_{p,p}+\rho_s)} \tag{3.16}$$

在大跨混凝土梁桥中 ρ_s 和 ρ_p 在 0.3%～1.5% 范围变化，高强混凝土的徐变系数 ϕ 在 1.5～2.5 之间变化，大量的计算表明，ξ 值在 0.01～0.03 之间变化，此外 ξ 值对 k_{cr} 不大，故取值 0.02。式(3.15)从而可以进一步简化为：

$$k_{cr}=\frac{1+(1-n)\alpha\rho_s(1+0.8\varphi)}{1+\alpha(1+0.8\varphi)(\rho_p r_{p,p}+\rho_s)}-0.02\frac{\sigma_{pr}(t)}{\sigma_{c,p}(\tau)} \tag{3.17}$$

3.3 材料层次——修正收缩徐变模型

3.3.1 几种常用收缩徐变模型介绍

1) CEB-FIP 系列(我国公路桥规)模型

CEB-FIP78 模型[3-14]是欧洲混凝土协会(CEB)和国际预应力协会(FIP)于 1978 年联合推出，该模型的计算方法是基于 Rusch 和 Jungwirth 的建议[3-15]，在国际上曾被广泛采用，也是我国旧桥规[3-16]和加拿大规范 S6-00[3-17]所采用收缩徐变模型。CEB-FIP78 模型在公式的形式上为连加形式，即认为徐变是由不可恢复的徐变(塑性变形)和可恢复的徐变(滞后弹性变形)两部分，其中塑性变形又可分为初始急变和流变两部分。其公式由三大部分组成。

$$\phi(t,\tau)=\beta_a(\tau)+0.4\beta_d(t-\tau)+\phi_f[\beta_f(t)-\beta_f(\tau)] \tag{3.18}$$

$$\beta_a(\tau)=0.8\left[1-\frac{R_{(\tau)}}{R_\infty}\right] \tag{3.19}$$

式中：$\phi(t,\tau)$为加载龄期 τ，计算时间为 t 时的徐变系数；$\beta_d(t,\tau)$为随时间而增长的滞后弹性应变；$R(\tau)/R_\infty$ 为混凝土龄期为 τ 时的强度 $R(\tau)$ 与最终强度 R_∞ 之比；ϕ_f 为流塑系数；$\beta_f(t)$、$\beta_f(\tau)$为随混凝土龄期而增长的滞后塑性应变。

该模式的收缩函数是：

$$\varepsilon_{sh}(t,t_{sh,0})=\varepsilon_{sh,0}[\beta_{sh}(t)-\beta_{sh}(t_{sh,0})] \tag{3.20}$$

式中：$\varepsilon_{sh,0}$为基本收缩系数；β_{sh}为基于理论厚度影响的收缩发展时间函数。

CEB-FIP78 模型的所有参数都是通过图表给出的，为了便于计算，很多研究者将其拟合为函数表达式[3-18]~[3-21]。除了加载龄期和持荷时间两个基本的参数外，该模型还考虑了构件形状及尺寸、环境相对湿度、混凝土强度、水泥类型及养护温度等因素影响。在早龄期加载时，计算结果对加载龄期不敏感[3-22]，且其仅考虑了环境相对湿度和构件理论厚度对滞后塑性变形(不可恢复徐变)的影响，而未考虑它们对滞后弹性变形(即可恢复徐变)的影响。

值得注意的是,CEB-FIP78 模型中没有直接考虑混凝土强度对收缩徐变的影响。虽然,初始急变项 β_a 是加载时混凝土强度与混凝土极限强度比值的函数,CEB-FIP78 模型给出了 $R(\tau)/R_\infty$ 的曲线,这里实质上是体现加载龄期对徐变的影响。我们也可从文献[3-19]、[3-21]对初始急变项 β_a 的拟合公式可以看出,如式(3.21)和式(3.22)。

$$\frac{R(\tau)}{R_\infty}=-1.206\tau^{-0.264}+1.184 \tag{3.21}$$

$$\frac{R(\tau)}{R_\infty}=\frac{\tau^{0.73}}{5.27+\tau^{0.73}} \tag{3.22}$$

从中可以看出,CEB-FIP78 模型虽然形式上考虑了混凝土强度比值的影响,但实质上是考虑混凝土加载龄期对徐变的影响,并没有考虑混凝土强度对徐变的影响。

在 CEB-FIP78 模式中,其系数大部分采用了图表的形式,这在早期采用手工计算时给计算者带来了很大的便利,而随着计算机的广泛采用以及结构复杂性的增加,图表给编程计算带来了很多麻烦。因而在 90 模式中所有的系数均给出了计算公式,方便了使用。CEB-FIP 组织在 1990 年推出了 CEB-FIP 90 模式[3-8],它改变了 78 模式的建立方法,没有将徐变划分为可恢复徐变、初始急变和滞后徐变,而是采用了连乘形式徐变系数表达式,将徐变系数随时间的变化规律拟合为一双曲幂函数,通过用三个修正系数与其相乘得到相应的预测模式:

$$\varphi(t,\tau)=\varphi_0\beta_c(t,\tau)=\phi_{RH}\beta(f_{cm})\beta(\tau)\beta_c(t-\tau) \tag{3.23}$$

式中:φ_0 为名义徐变系数;φ_{RH} 为环境相对湿度的修正系数;$\beta(f_{cm})$ 为混凝土强度修正系数;$\beta(\tau)$ 为加载龄期修正系数;$\beta_c(t-\tau)$ 为徐变进程时间函数。

该模式的收缩函数为

$$\varepsilon_{cs}(t,t_s)=\varepsilon_{cs0}\beta_s(t-t_s)=\varepsilon_s(f_{cm})\beta_{RH}\beta_s(t-t_s) \tag{3.24}$$

式中:ε_{cs0} 为名义收缩系数;$\varepsilon_s(f_{cm})$ 为混凝土强度修正系数;β_{RH} 为环境相对湿度修正系数;$\beta_s(t-t_s)$ 为收缩进程时间函数。

CEB-FIP90 徐变模型中没有具体区分徐变变形,而是采用了连乘形式,CEB-FIP78 徐变模型中划分徐变变形的类型,虽然有理论意义,但在实际工程和试验中很难将它们区分出来,难以在模式的运用中对其中各项进行不断的检验和修正,目前我国现行桥规[3-7]中收缩徐变模型采用了 CEB-FIP90 模型。CEB-FIP90 模型中引入了混凝土强度修正系数来考虑强度等级对混凝土收缩徐变的影响,认为随着混凝土强度的提高,收缩徐变将减小,这与实际试验结果的规律是一致的。

2) ACI-209(92)模型

美国混凝土协会 ACI-209 委员会先后推出了 ACI 209(78)、ACI 209(82)和 ACI 209(92)[3-23]模型,其主要基于 Branson 等[3-24]的研究,最初用于预制混凝土构件收缩徐变效应的计算,后逐步发展成为国际上常用的收缩徐变模型。ACI-209(92)收缩徐变模型采用多系数相乘的形式,每个系数代表一个影响徐变的因素。ACI-209R(92)徐变系数的预测公式采用双曲线幂函数的表达式,具体如下:

$$\phi(t,\tau)=\phi_{\mathrm{u}}\frac{(t-\tau)^{0.6}}{10+(t-\tau)^{0.6}} \tag{3.25}$$

式中：$\phi(t,\tau)$ 为 $t-\tau$ 时段的混凝土的徐变系数；$\phi_u=2.35\gamma_{\mathrm{la}}^{\mathrm{c}}\gamma_{\lambda}^{\mathrm{c}}\gamma_{\mathrm{h}}^{\mathrm{c}}\gamma_{\mathrm{s}}^{\mathrm{c}}\gamma_{\psi}^{\mathrm{c}}\gamma_{\alpha}^{\mathrm{c}}$，2.35 为标准状态下的徐变系数终极值；$\gamma_{\mathrm{la}}^{\mathrm{c}}$、$\gamma_{\lambda}^{\mathrm{c}}$、$\gamma_{\mathrm{h}}^{\mathrm{c}}$、$\gamma_{\mathrm{s}}^{\mathrm{c}}$、$\gamma_{\psi}^{\mathrm{c}}$和 $\gamma_{\alpha}^{\mathrm{c}}$ 分别为加载龄期、环境相对湿度、体表比、坍落度、细集料含量和空气含量偏离标准条件时的徐变系数校正系数，各系数的计算见文献[3-23]。

ACI-209R(92)模型预测收缩应变的进程函数，采用了双曲线函数表达式，具体公式如下：

$$\varepsilon_{\mathrm{sh}}(t,t_{\mathrm{s}})=\frac{t-t_{\mathrm{s}}}{H+t-t_{\mathrm{s}}}\varepsilon_{\mathrm{sh}\infty} \tag{3.26}$$

式中：$\varepsilon_{\mathrm{sh}(t)}$ 为 t 时刻混凝土的收缩应变；t_{s} 为完成养护时的混凝土龄期，即混凝土开始干燥的龄期；系数 H 与养护条件有关，湿养护条件下 $H=35$，蒸汽养护条件下 $H=55$；$\varepsilon_{\mathrm{sh}\infty}=780\times10^{-6}\gamma_{\mathrm{CP}}\gamma_{\lambda}\gamma_{\mathrm{h}}\gamma_{\mathrm{s}}\gamma_{\psi}\gamma_{\mathrm{c}}\gamma_{\alpha}$，$780\times10^{-6}$ 是标准条件下的收缩应变终极值，γ_{CP}、γ_{λ}、γ_{h}、γ_{s}、γ_{ψ}、γ_{c} 和 γ_{α} 分别是初始养护条件、环境相对湿度、体表比、坍落度、细集料含量、水泥含量和空气含量偏离标准条件时收缩应变的校正系数，各系数的计算见文献[3-23]。

由式(3.25)和式(3.26)可以看出，ACI-209R(92)收缩徐变模型采用多系数相乘的形式，每个系数代表一个影响徐变的因素，每个影响因素对应的修正系数均给出了数学表达式，易于电算；而且，易于根据短期的试验结果，对收缩徐变发展曲线进行修正、拟合。但是，需要指出的是，ACI-209R(92)基本沿袭了 ACI 209(82)模型方法，是根据试验数据统计的结果，由于当时统计数据的局限性，预测精度相对较差[3-21][3-26][3-27]。此外，ACI 模式在收缩徐变的计算中，认为构件尺寸的变化仅对收缩徐变终极值产生影响，时间进程函数保持不变，这显然与试验结果不相符合。Gardner 和 Zhao[3-26]根据试验指出，ACI-209(92)模式在早龄期时高估了收缩值，而晚龄期低估了收缩，并说明这种误差的原因是其模式发展函数中未考虑尺寸效应的影响。CEB-FIP90、GZ、B3 以及 GL2000 模型中均通过将体表比引入时间进程函数，正确反映了构件尺寸对收缩徐变的影响规律。

3) B3 模型

1978 年，Bazant 和 Panula[3-28]基于扩散理论和活化能理论建立了 BP 收缩徐变模型，并在 BP 模型基础上进行适当简化，提出了 BP2 模型。在 1995 年，Bazant 等基于水泥浆固结理论提出了 B3 收缩徐变模型[3-29]，该理论将弹性理论、黏弹性理论和流变理论结合起来，模拟混凝土宏观物理力学性质因水泥水化、固相物增多而随时间不断变化的新理论。Bazant 认为混凝土宏观材料参数对时间的依赖行为是混凝土材料的黏性相与黏弹性相体积不断增多而力学性质不变、弹性相体积不变、非承力相体积(如孔隙、胶体、水等)不断变化的结果。B3 模型虽根据水泥浆固结理论提出，但也是半理论半经验模型，它是在 B2 模型上进一步修正，根据 RILEM 和 ACI 数据库中 1000 多组收缩徐变试验数据进行回归分析得到的。相比 CEB-FIP 系列模型、ACI-209 模型、GZ 以及 GL2000 模型，B3 模型考虑因素较多，表达式也较为复杂。

B3 模型根据水泥浆固结理论，用柔度函数 $J(t,\tau)$(单位应力下混凝土的应变)描述混凝土的徐变，这样可避免弹性模量测量和徐变瞬时弹性变形测量的误差。柔度函数 $J(t, \tau)$ 由初始柔度（瞬时应变）q_1、基本徐变柔度 $C_0(t, \tau)$ 和干燥徐变柔度 $C_d(t, t_s, \tau)$ 组成，如下：

$$J(t,\tau)=q_1+C_0(t,\tau)+C_d(t,t_s,\tau) \tag{3.27}$$

计算基本徐变柔度 $C_0(t, \tau)$ 的公式为：

$$C_0(t,\tau)=q_2Q(t,\tau)+q_3\ln[1+(t-\tau)^n]+q_4\ln\left(\frac{t}{\tau}\right) \tag{3.28}$$

计算干燥徐变柔度 $C_d(t, t_s, \tau)$ 的公式为：

$$C_d(t,\tau,t_s)=q_5\{\exp[-8H(t)]-\exp[-8H(\tau)]\}^{0.5} \tag{3.29}$$

式中：$q_2 \sim q_5$ 为仅与混凝土配合比、混凝土抗压强度及构件尺寸的参数；$Q(t, \tau)$ 和 $H(t)$ 为积分函数和与环境相对湿度有关的时间函数；各参数的具体计算方法可以参照文献[3-28]。可见，柔度函数 $J(t, \tau)$ 实际上是材料参数 $q_1 \sim q_5$ 与时间函数的线性组合。得到柔度函数 $J(t, \tau)$ 后，可求得徐变系数：

$$\phi(t,\tau)=\frac{J(t,\tau)-\dfrac{1}{E(\tau)}}{\dfrac{1}{E(\tau)}}=E(\tau)J(t,\tau)-1 \tag{3.30}$$

$B3$ 收缩预测模型，继承了前期预测模式（BP-KX）的形式，截面的平均收缩应变为：

$$\varepsilon_{sh}(t,t_s)=\varepsilon_{sh\infty}k_hS(t) \tag{3.31}$$

式中：$\varepsilon_{sh\infty}$ 为收缩终极值，$B3$ 收缩模式中考虑了水泥品种、水灰比、水泥用量、骨灰比及混凝土抗压强度对它的影响；k_h 为湿度修正系数；$S(t)$ 为时间进程函数；各参数的具体计算方法可以参照文献[3-28]。

$B3$ 模式将徐变分为基本徐变和干燥徐变两大类，相应地通过固化理论及湿度扩散理论推导出基本徐变和干燥徐变的计算表达式，但由于表达式中的各项材料参数 $q_1 \sim q_5$ 是建立试验基础之上的经验公式。因此，从整体上来讲，$B3$ 模式仍属于半经验半理论公式。Bazant 指出，为了提高模式的理论性和预测精度，模式中各项材料参数的计算公式也应建立在一定的理论基础之上，这方面的研究尚待进一步开展。

4) GZ 和 GL2000 模型

基于对已有试验数据的调查，N. J. Gardner 和 J. W. Zhao 在 1993 年提出了 GZ 模型[3-26]，该模式和以前的模式有个最大不同点就是没有假定徐变系数极值。混凝土的长期特性常常通过短期试验来推算，一座混凝土结构设计使用期限是 50 年以上，研究材料特性的试验往往是 1～2 年。如果有较成熟的预测模型，试验的时间跨度可以更小。大多数设计模型（ACI209、CEB-FIP90 等）运用了收缩应变极值和徐变系数极值的概念。但是，Troxell、Raphael、Davis 和 Brooks 的长期计算结果表明，收缩和徐变都不存在一个极值，而是随时间不断增长。BP 和 Brooks、Neville 的预测模型公式没有用到极值的概念。Brooks、Neville 采用时间对数的表达式，从短期量测来估计长期的收缩徐变变形。BP 认为徐变应变和 $(t-\tau)^{0.12}$ 成正比。收缩和干燥徐变受构件尺寸及环境相对湿度影响，这些控制收缩和干燥徐变的最初发展，但对长期效应的影响不大。因此，用短期试验来完善长期效应公式不是很适当。Gardner 和 Zhao 基于已有的大量试验数据，拟合出了收缩徐变随时间的发展关系。

徐变系数：

$$\phi(t,\tau)=\left[\frac{7.72+\ln(t-\tau)}{17.18}\right]\times \left\{1.57+2.98\times\left(\frac{f'_{\mathrm{cm28}}}{f'_{\mathrm{cmt0}}}\right)\times\left(\frac{25}{f'_{\mathrm{cm28}}}\right)^{\frac{1}{2}}\times(1-h^2)\times\left[\frac{t-\tau}{t-\tau\times0.1\times\left(\frac{V}{S}\right)^2}\right]\right\} \tag{3.32}$$

式中：f'_{cm28} 为混凝土 28 天的平均抗压强度；f'_{cm0} 为混凝土开始加载时的平均抗压强度；V/S 为混凝土构件的体表比(mm)。

收缩应变：

$$\varepsilon_{\mathrm{sh}}=\varepsilon_{\mathrm{shu}}\times\beta(h)\times\beta(t) \tag{3.33}$$

式中影响系数及收缩应变进程函数的计算见文献[3-26]。

1999 年 11 月，ACI209 委员会通过了收缩徐变预测模式应该满足的准则，主要包括 9 点。基于这些准则，Gardner 和 Lockman 对 GZ 模式加以修正，提出了 GL2000 模式[3-30]。该模式在收缩计算中采用混凝土 28 d 平均强度，并对混凝土 28 d 平均强度的计算方法进行了简化；在徐变系数计算中，只包括计算龄期、加载龄期、干燥开始时龄期、相对湿度、构件体表比等五个参数，并单独采用一项修正徐变系数，以考虑构件在加载前就干燥的情况。整个模式考虑参数较为合理，计算公式简洁，便于应用。GL2000 模式一定程度上受到 CEB-FIP90 模式的影响，并通过修正，克服了 GZ 模式加载初期的负的应力松弛以及不合理的徐变恢复的缺点。此模式能适用于强度达到 70 MPa 左右的高强混凝土，且通过单独的一项考虑了加载前混凝土的干燥对加载后徐变变形的影响。GL2000 模式的收缩徐变计算式简要介绍如下：

徐变系数：

$$\phi_{28}=\Phi(t_{\mathrm{c}})\left\{2\left[\frac{(t-\tau)^{0.3}}{(t-\tau)^{0.3}+14}\right]+\left(\frac{7}{\tau}\right)^{0.5}\left(\frac{t-\tau}{t-\tau+7}\right)^{0.5}+2.5(1-1.086h^2)\left[\frac{t-\tau}{t-\tau+0.15\left(\frac{V}{S}\right)^2}\right]^{0.5}\right\} \tag{3.34}$$

收缩应变：

$$\varepsilon_{\mathrm{sh}}=\varepsilon_{\mathrm{shu}}\beta(h)\beta(t) \tag{3.35}$$

式中各参数的计算见文献[3-30]。

3.3.2 常用收缩徐变模型比较

上述介绍的 CEB-FIP78、CEB-FIP90、ACI-209(82)、B3 及 GL2000(GL2000 模型是对 GZ 模型的修正，和 GZ 模型相比，GL2000 应用较为广泛，所以这里只选择了 GL2000 进行比较)5 种收缩徐变预测模型，均是建立在大量收缩徐变试验基础上的经验公式(B3 模型虽然基于水泥固化理论提出，但其中参数也是建立试验基础之上的经验公式，所以从整体上来讲,B3 模式仍属于半经验半理论公式)。由于各预测模型所统计试验数据的试验条件及研究侧重点的不同,各收缩徐变模型所考虑的收缩徐变影响系数也不一样。该 5 种常见收缩徐变模型所考虑的影响因素见表 3.1。

事实上,由于影响混凝土收缩徐变的因素十分复杂,目前无法也没有必要在预测模式中完全考虑这些影响因素,影响因素考虑的多少,并不决定一个预测模式的好坏。选择混凝土的收缩徐变模式主要应根据:① 该预测模型是否通过了大量的试验数据验证;② 是否能够方便地使用;③ 是否能够通过少量的、有针对性的短期试验来修正模型的参数,使之成为针对某一特定混凝土的预测模式,达到“量体裁衣”的效果[3-31][3-32]。

表 3.1　五种常见收缩徐变模型所考虑材料和环境因素

考虑因素	CEB78		CEB90		ACI92		B3		GL2000	
	C	S	C	S	C	S	C	S	C	S
环境相对湿度	✓	✓	✓	✓	✓	✓	✓	✓	✓	✓
构件形状、尺寸	✓	✓	✓	✓	✓	✓	✓	✓	✓	✓
加载龄期	✓		✓		✓		✓		✓	
干燥龄期		✓				✓	✓	✓	✓	
加载时混凝土强度										
混凝土强度(28 d)		✓	✓	✓			✓	✓		✓
环境温度	✓	✓	✓							
混凝土的水灰比							✓			
混凝土中水泥含量					✓	✓	✓			
混凝土的坍落度	✓	✓			✓	✓				
混凝土中空气含量					✓					
细骨料与粗骨料之比					✓					
混凝土的密度					✓					
水泥品种	✓		✓	✓			✓	✓	✓	✓
弹性模量	✓		✓							
骨料与水泥重量比							✓			
混凝土的养护条件					✓	✓				

注:表中 C 表示徐变;S 表示收缩。

各模式均在试验条件所规定的范围内适用,超过这一范围模式预测结果的精度得不到保证,几种常见模式给出的适用范围由表 3.2 列出[3-27]。

表 3.2 几种预测模式的适用范围

考虑因素	CEB-FIP78	CEB-FIP90	ACI-209(92)	B3	GL2000
相对湿度(%)	40～100	40～100	40～100	40～100	20～100
t_0 或 t_c(湿养)	≤14 d	≤14 d	≥7 d	$t_0 \geqslant t_c$	$t_0 \geqslant t_c \geqslant 1$ d
t_0 或 t_c(蒸养)	≤14 d	≤14 d	≥1 d	$t_0 \geqslant t_c$	$t_0 \geqslant t_c \geqslant 1$ d
水泥品种	Ⅰ、Ⅱ、Ⅲ	Ⅰ、Ⅱ、Ⅲ	Ⅰ、Ⅲ	Ⅰ、Ⅱ、Ⅲ	Ⅰ、Ⅱ、Ⅲ
水灰比	—	—	—	0.35—0.85	0.40—0.60
水泥含量(kg/m^3)	—	—	—	160—719	—
骨料与水泥重量比	—	—	—	2.5—13.5	—
混凝土圆柱体 28d 平均抗压强度(MPa)	≤50	20～90	—	17.2～69.0	16～82

注:Ⅰ、Ⅱ和Ⅲ类水泥为美国的水泥分类标准,分别对应于欧洲标准的 R(Normal/Rapid Hardening,普通快硬水泥)、SL(Slow Hardening,慢硬水泥)和 RS(Rapid Hardening High Strength,高强快硬水泥)。

通过 3.3.1 节对常用几种收缩徐变模型的介绍可知,CEB-FIP78 模型虽然形式上考虑了混凝土强度比值的影响,但实质上是考虑混凝土加载龄期对徐变的影响,并没有考虑混凝土强度对徐变的影响。此外,也有文献[3-4]认为 CEB-FIP78 模型中,可恢复徐变缺乏热力学方面的依据,无法被唯一确定,而且不遵循扩散理论中尺寸效应的规律。ACI 209-92 模型没有考虑混凝土强度的影响,构件尺寸效应是以终极值的影响因子来加以考虑,这样会使 $\phi(t,\tau)$沿 $\phi-\lg(t-\tau)$坐标系的纵坐标轴变化,但根据扩散理论和现有试验分析,尺寸效应会引起徐变系数沿时间对数轴发生平移,因此,ACI 209(92)模型对构件尺寸效应的处理不是很合理[3-4]。CEB-FIP90 徐变模型摒弃了 CEB-FIP78 模型中对徐变的细分,且将构件的尺寸效应与环境湿度影响综合起来考虑,同时考虑了徐变系数随混凝土强度提高而降低的规律,通过修正加载龄期来考虑水泥品种、养护温度的影响。B3 模型将徐变分为基本徐变和干燥徐变两大类,相应地通过固化理论及湿度扩散理论推导出基本徐变和干燥徐变的计算表达式,但由于表达式中的各项材料参数 $q_1 \sim q_5$ 是建立试验基础之上的经验公式,所以 B3 模型也是半经验半理论模型,但模型计算较为复杂,不易为工程设计人员所掌握。

本书拟在试验研究的基础上对 CEB-FIP90 模型进行修正,用以描述苏通大桥连续刚构所用高强高性能混凝土的徐变变形规律。这里基于 CEB-FIP90 收缩徐变模型进行修正有两点原因:一是我国现行桥规中的收缩徐变基于 CEB-FIP 模型,在桥梁设计中应用较为广泛,在一些有限元程序中均有该收缩徐变模型,修正后的模型易于应用到实际桥梁分析中;二是由上述可知,CEB-FIP90 模型形式相对简单,易于被设计人员掌握,由名义系数(即徐变系数终值或收缩应变终值)与发展曲线的乘积组成,所考虑的因素较为合理,如考虑了混凝土强度等级的影响,随强度等级的提高徐变系数减小,这和高强混凝土相比普通混凝土的徐变系数要小一些这一客观现象相符合;同时该模式还考虑了环境相对湿度和理论厚度对徐变系数随时间发展的影响。

3.3.3　修正收缩模型

较为准确地描述混凝土的收缩徐变特性,是预测结构收缩徐变效应的基础。但是混凝土收缩徐变机理及影响混凝土收缩徐变的因素众多,至今尚没有完全被人们所认知。目前国内外常用的收缩徐变预测模型均为基于试验统计的经验公式或半理论半经验公式,即使是基于水泥固化理论、考虑影响因素最为复杂的 $B3$ 模型中,大量参数也是通过试验统计得到。通过短期收缩徐变试验,对混凝土的收缩徐变预测模型中的参数进行修正,可以提高收缩徐变效应的预测精度。

由于 CEB-FIP90 收缩模型未考虑湿养护时间对收缩的影响,而通过第二章湿养护时间对干燥收缩影响的试验可以看出,湿养护时间对干燥收缩有一定影响,随着养护时间的增长,干燥收缩有降低的趋势。这里通过 ACI-209(92)的方法,考虑了湿养护时间对收缩的影响。对 ACI-209(92)中考虑湿养护时间进行了拟合,得到了湿养护时间对干燥收缩的影响因子 k_{ts} 为:

$$k_{ts}=1.22t_s^{-0.1055} \tag{3.36}$$

采用现行桥规的收缩模型形式,基于收缩试验,提出的修正收缩预测模型表达式如下:

$$\varepsilon_{cs}(t,t_s)=\varepsilon'_{cs0}\beta_s(t-t_s)=\gamma_{sh}\varepsilon_{cs0}\left[\frac{\frac{(t-t_s)}{t_1}}{350\left(\frac{h}{h_0}\right)^2+\frac{(t-t_s)}{t_1}}\right]^{\alpha} \tag{3.37}$$

式中:ε'_{cs0} 为修正的名义收缩系数;γ_{sh} 为名义收缩系数的修正系数;α 为时间发展函数的修正系数,在桥规中 $\alpha=0.5$;其他符号意义及算法见桥规[3-7]附录 F.1。

对式(3.37)两边取对数,即有

$$\ln[\varepsilon_{cs}(t,t_s)]=\ln(\gamma_{sh}\varepsilon_{cs0})+\alpha\ln\left[\frac{\frac{(t-t_s)}{t_1}}{350\left(\frac{h}{h_0}\right)^2+\frac{(t-t_s)}{t_1}}\right] \tag{3.38}$$

令 $y=\ln[\varepsilon_{cs}(t,t_s)]$,$x=\ln\left[\frac{\frac{(t-t_s)}{t_1}}{350\left(\frac{h}{h_0}\right)^2+\frac{(t-t_s)}{t_1}}\right]$,则式(3.38)可以变形为 $y=A+Bx$ 形式,应用线性最小二乘方法,通过对每组试验回归分析,可以得到该组试验的名义收缩系数的修正系数 γ_{sh} 和时间发展函数的修正系数 α。对表 3.3 中 9 组收缩试验进行回归分析后,得到 $\gamma_{sh}=1.35k_{ts}$,$\alpha=0.48$,k_{ts} 的计算见式(3.36)。修正的收缩模型及表 3.1 中五种常见收缩预测模型与实测结果的比较详见 3.3.5 章节。

表 3.3　素混凝土标准环境下的收缩试验

组号	试件尺寸(mm)	湿养护龄期(d)	相对湿度	干燥持续时间(d)
S1	100×100×400	3	60	300
S2	100×100×400	5	60	300
S3	100×100×400	7	60	360
S4	100×100×400	14	60	300
S5	70.7×70.7×230	7	60	360
S6	150×150×450	7	60	360
S7	100×100×400	7	90	360
S8	70.7×70.7×230	7	90	360
S9	150×150×450	7	90	360

3.3.4　修正徐变模型

仍以材料层次的徐变试验为基础，考虑到实际大跨径预应力混凝土箱梁桥的混凝土的加载龄期一般超过 5 d，选取了以下试验为修正模型的试验基础，见表 3.4。

表 3.4　素混凝土标准环境下的徐变试验

组号	试件尺寸(mm)	加载龄期(d)	试验环境	应力水平	持荷时间(d)
C1	100×100×300	7	(20±2)℃,(60±5)%	$0.4f_c$	580
C2	100×100×300	14	(20±2)℃,(60±5)%	$0.4f_c$	580
C3	250×250×2 000	14	(20±2)℃,(60±5)%	$0.4f_c$	360
C4	250×250×2 000	14	(20±2)℃,(60±5)%	$0.2f_c$	360

表 3.4 中的 C3 和 C4 徐变试件，虽然也在室内标准环境下进行试验，但考虑采用的预应力筋加载，考虑到试验过程中没有对预应力筋力补张，混凝土的收缩徐变会引起力筋缩短，而造成应力水平降低，这里根据 3.2 章节配筋对收缩徐变的影响研究，由测得的配筋混凝土的徐变系数 $\phi_{cr}(t,\tau)$反推素混凝土的徐变系数 $\phi(t,\tau)$。由式(3.9)，可知，C3 和 C4 试件的配筋对徐变的约束影响系数 k_{cr}为

$$k_{cr}=\frac{\phi_{cr}(t,\tau)}{\phi(t,\tau)}=\frac{1-\dfrac{\rho_p\bar{\sigma}_{pr}}{\sigma_c(\tau)\phi(t,\tau)}[1+0.8\phi(t,\tau)]}{1+\alpha_p\rho_p[1+0.8\phi(t,\tau)]} \tag{3.39}$$

由式(3.39)可推算得到素混凝土徐变系数的计算公式：

$$\phi(t,\tau)=\frac{(1+\alpha_p\rho_p)\phi_{cr}(t,\tau)+\dfrac{\rho_p\bar{\sigma}_{pr}}{\sigma_c(\tau)}}{1-\dfrac{0.8\rho_p\bar{\sigma}_{pr}}{\sigma_c(\tau)}-0.8\alpha_p\rho_p\phi_{cr}(t,\tau)} \tag{3.40}$$

则可由室内标准环境下的 C3 和 C4 徐变试件测得的 $\phi_{cr}(t,\tau)$，推算它们的素混凝土徐

变系数 $\phi(t, \tau)$的发展，如图 3.1 所示，图中 $\phi_{cr}(t, \tau)$为配筋混凝土的徐变系数发展，$\phi(t, \tau)$为由式(3.40)推算得到的徐变系数发展。

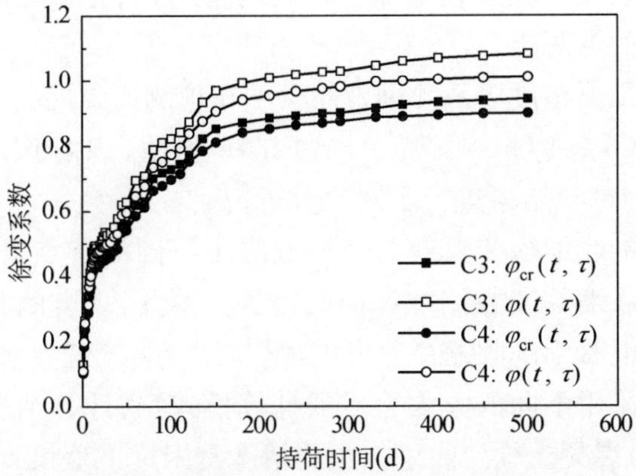

图 3.1　室内配筋混凝土徐变系数推算素混凝土系数

修正徐变模型采用 CEB-FIP90 徐变模型形式，基于表 3.4 中室内标准环境下的徐变试验，提出修正的徐变预测模型表达式如下：

$$\phi(t,\tau)=\phi'_0\beta_c(t,\tau)=\gamma_{cr}\phi_0\left[\frac{\frac{(t-\tau)}{t_1}}{\beta_H+\frac{(t-\tau)}{t_1}}\right]^{\beta} \tag{3.41}$$

式中：φ'_0为修正的名义徐变系数；γ_{cr}为名义徐变系数的修正系数；其他符号意义见桥规[3-7]附录 F.2。

对式(3.41)两边取对数，即有

$$\ln[\phi(t,\tau)]=\ln(\gamma_{cr}\phi_0)+\beta\ln\left[\frac{\frac{(t-\tau)}{t_1}}{\beta_H+\frac{(t-\tau)}{t_1}}\right] \tag{3.42}$$

令 $y=\ln[\phi(t,\tau)]$，$x=\ln\left[\frac{\frac{(t-\tau)}{t_1}}{\beta_H+\frac{(t-\tau)}{t_1}}\right]$，则式(3.42)可以变形为 $y=A+Bx$ 形式，应用线性最小二乘方法，通过对每组试验回归分析，可以得到该组试验的名义徐变系数的修正系数 γ_{cr}和时间发展函数的修正系数 β。对表 3.4 中 4 组徐变试验进行回归分析后，得到 $\gamma_{cr}=0.74$，$\beta=0.39$。修正的收缩模型及表 3.1 中五种常见收缩预测模型与实测结果的比较详见 3.3.6 章节。

3.3.5　收缩模型预测值与试验值比较

目前国际上常用的收缩徐变模型有 ACI 209(92)、B3、GL2000 以及现桥规[3-7]采用的 CEB-FIP90 模型，这些模型均是经验公式或者半理论公式，模型中各参数的确定是通过对大量不同强度混凝土的收缩徐变试验结果进行拟合得到。各种收缩徐变预测模型考虑的影响因素和各模型所基于的试验数据有一定的局限性，从而导致预测结果相对于实测值的变异性较大。此外，这些不同强度等级的混凝土收缩徐变试验数据在总的统计数据中所占的比重会影响该模型对某一强度混凝土收缩徐变预测的精度，因此整体精度高的收缩徐变模型不一定适用于某一特定的混凝土。

为验证修正模型的预测精度以及几种常用模型在预测高强混凝土收缩徐变方面的适用性，本书将修正模型、ACI 209(92)模型、CEB-FIP78 模型、CEB-FIP90 模型、B3 模型以及 GL2000 模型的预测值与试验结果进行了对比分析。

高强高性能混凝土的收缩徐变具有与普通混凝土不同的特点，目前常用收缩徐变模式大都基于普通混凝土的收缩徐变数据统计回归得到。因此，现有的收缩徐变预测模式能否较好地描述高强高性能混凝土的收缩徐变发展规律，已成为工程界越来越关注的问题。

国内外不同的规范采用不同的收缩徐变的计算模式，其计算结果有时差异也很大。如何选择预测模式、提高对混凝土徐变收缩的预测精度是困扰工程设计人员的一个重要问题。为了提高对收缩徐变的预测，本书比较了修正模型式(3.37)、CEB-FIP78、CEB-FIP90、ACI-209(92)、GL2000 及 B3 收缩模型的预测值与试验结果的差异。

修正的收缩模型、桥规采用的 CEB-FIP90 模型、CEB-FIP78、ACI-209(92)、GL2000 及 B3 模型所预测的收缩应变与上述 9 组收缩试验的实测值的比较如图 3.2～图3.10所示。

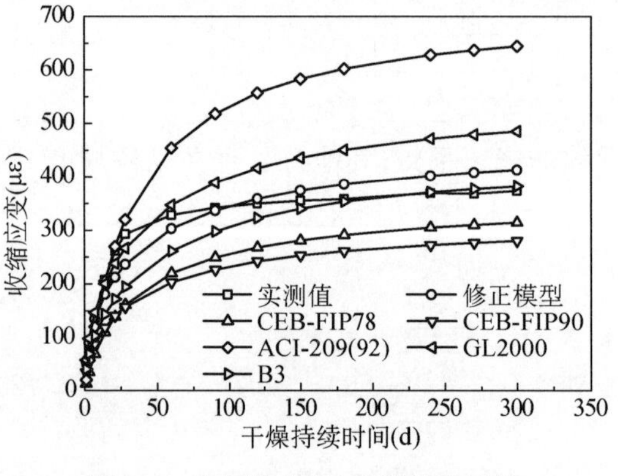

图 3.2　预测值与 S1 实测结果比较

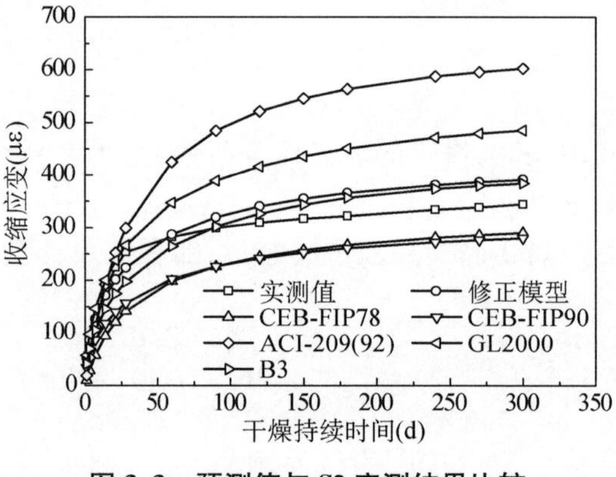

图 3.3　预测值与 S2 实测结果比较

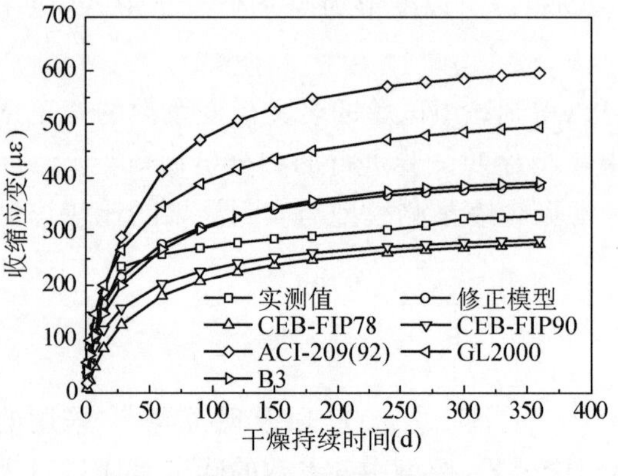

图 3.4　预测值与 S3 实测结果比较

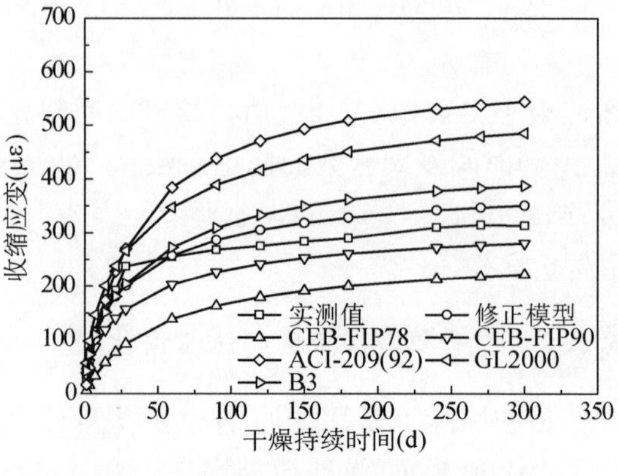

图 3.5　预测值与 S4 实测结果比较

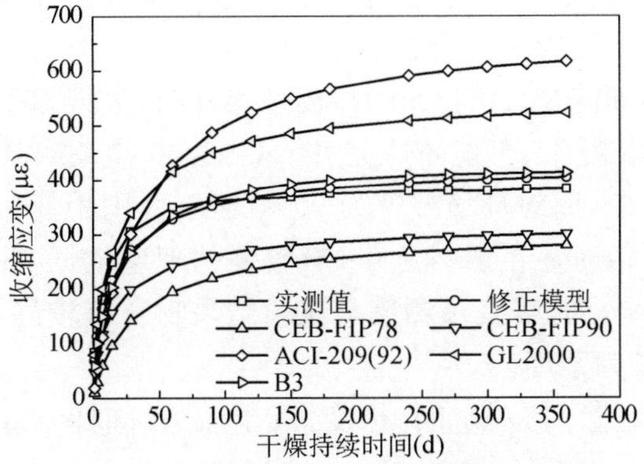

图 3.6　预测值与 S5 实测结果比较

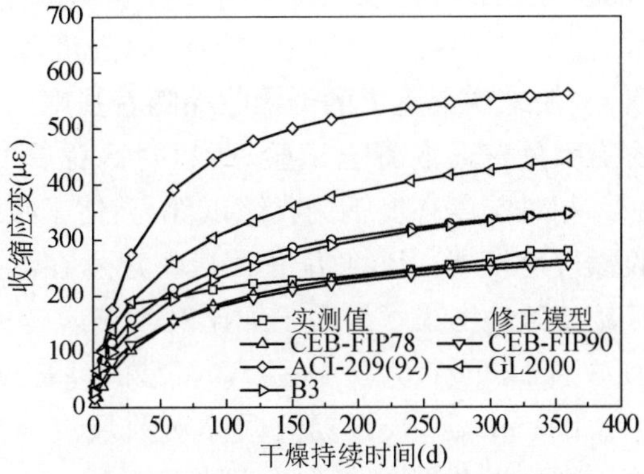

图 3.7　预测值与 S6 实测结果比较

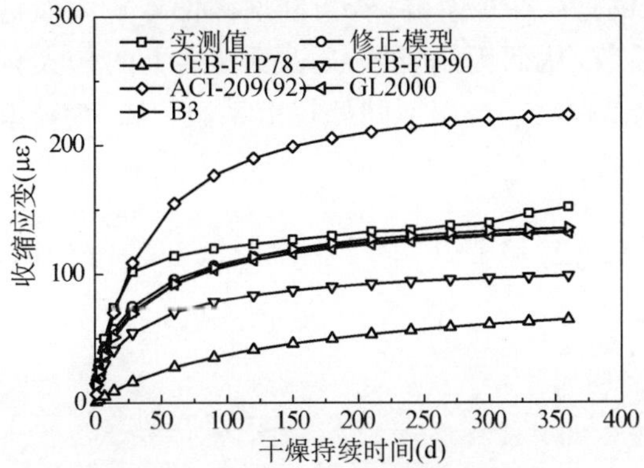

图 3.8　预测值与 S7 实测结果比较

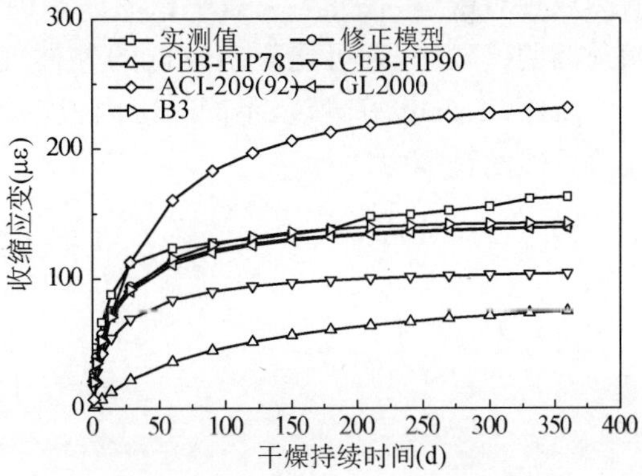

图 3.9　预测值与 S8 实测结果比较

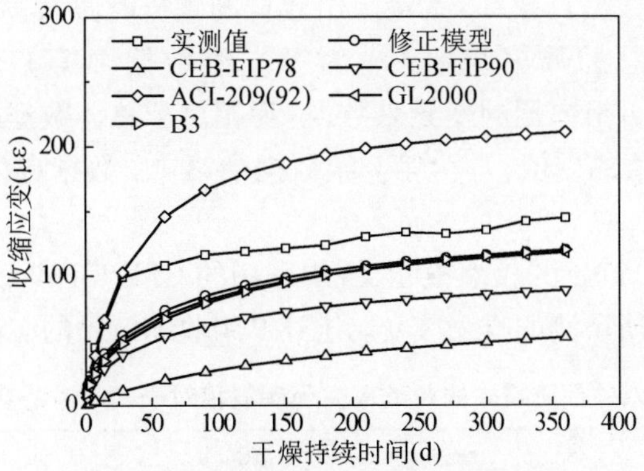

图 3.10　预测值与 S9 实测结果比较

现行桥规采用的 CEB-FIP90 收缩模式及旧桥规采用的 CEB-FIP78 收缩模型均明显低估了苏通辅桥所用高强高性能混凝土的收缩值，在实桥中应用现行桥规的收缩模式时，有低估长期变形的危险。文献[3 - 27]也指出，CEB90 模式收缩应变预测值低估实测值的数据点数占总数据点数的 83%，这与本书的比较结果相吻合。利用修正的收缩模型预测的收缩应变整体上和试验实测值吻合较好，但对 S9 试件收缩应变的预测，存在稍低估的趋势。

ACI 209(92)模型的收缩应变预测值明显高于本研究试验值，ACI 209(92)模型在描述混凝土的收缩时，在混凝土内在性能影响上仅仅采用了坍落度、细骨料含量和含气量等参数，而忽略了混凝土的强度特征，而强度和水灰比是影响混凝土收缩的一个非常重要的因素，一般来说混凝土的干燥收缩随着强度的增高而降低，ACI209(92)模型统计时，数据库中含有大量普通混凝土试验，所以对高强高性能混凝土，可能不太适用。GL2000 模型对于60%相对湿度环境下的收缩试件，高估了收缩应变，而对环境湿度为 90%的试件，则稍低估收缩应变发展。B3 收缩预测模型建立在湿度扩散理论的基础之上，有较强的理论依据，并且较细致地考虑了混凝土配比对收缩应变的影响，因此，其预测值与试验结果吻合得较好，但对于工程设计人员来说，B3 模型的计算显得较为繁琐。

Bazant 等[3-33]根据时间的对数尺度，将 $t-t_0$[即持荷时间(徐变)或干燥持续时间(收缩)]划分为若干个时段，分别为 $t-t_0\leqslant 10$、$10<t-t_0\leqslant 100$、$100<t-t_0\leqslant 1000$、$t-t_0>1000$，并指出了不同时段内选取不同权重系数的必要性，主要原因在于实际测量过程中，长期徐变的测点相对较少，在变异系数中长期徐变预测的偏差往往被忽略，若长期预测偏差较大而短期预测偏差较小，则可能得出较低的整体变异系数，从而无法反映长期预测结果的较大偏差。所以，Bazant 等建议，不同时段内根据数据点的多少，选用不同的权重系数。B3 变异系数法具体的计算方法为：

$$\tilde{\varepsilon}_j=\frac{1}{\overline{J}_j}\left[\frac{1}{n-1}\sum_{i=1}^{n}(w_{ij}\Delta_{ij})^2\right]^{\frac{1}{2}} \tag{3.43}$$

$$\tilde{\varepsilon}_{\text{all}}=\left[\frac{1}{N}\sum_j \overline{w}_j^2\right]^{\frac{1}{2}} \tag{3.44}$$

$$\overline{J}_j=\frac{1}{n}\sum_{i=1}^{n}w_{ij}J_{ij} \tag{3.45}$$

式中：n 为第 j 组数据的数据点数；n_d 为第 j 组数据的划分时段数；n_i 为第 i 个数据点所在时段内的数据点数；N 为总的数据组数；w_{ij} 为第 j 组数据中第 i 个数据点的权重，$w_{ij}=n/(n_\text{d}n_i)$；$\tilde{\varepsilon}_j$ 为相对于第 j 组数据的变异系数；$\tilde{\varepsilon}_{\text{all}}$为相对于总体数据的变异系数；$\Delta_{ij}$ 为第 i 个数据点的实测值与计算值的差值；J_{ij} 为第 j 组数据中第 i 个数据点的实测值；$\overline{J}_j$ 为第 j 组实测数据的加权平均值。

采用 B3 变异系数法，修正的收缩模型、桥规采用的 CEB-FIP90 模型、CEB-FIP78、ACI-209(92)、GL2000 及 B3 模型所预测的收缩应变与上述 9 组收缩试验的实测值比较，如表 3.5 所示。

表 3.5　六种预测模式的收缩应变预测值相对于实测值的变异系数 $\bar{\varepsilon}$　(%)

收缩模型	S1	S2	S3	S4	S5	S6	S7	S8	S9	$\bar{\varepsilon}_{\text{B3}}$	精度排序
CEB-FIP78	0.34	0.33	0.33	0.48	0.50	0.29	0.79	0.76	0.86	0.56	Ⅴ
CEB-FIP90	0.37	0.27	0.21	0.21	0.32	0.24	0.41	0.37	0.52	0.34	Ⅲ
ACI-209(92)	0.58	0.65	0.75	0.65	0.45	1.07	0.48	0.43	0.45	0.64	Ⅵ
GL2000	0.21	0.35	0.48	0.49	0.27	0.52	0.20	0.14	0.35	0.36	Ⅳ
B3	0.19	0.14	0.18	0.20	0.12	0.23	0.20	0.13	0.37	0.21	Ⅱ
修正模式	0.11	0.12	0.18	0.12	0.08	0.24	0.16	0.14	0.32	0.17	Ⅰ

注：表中 $\bar{\varepsilon}_{\text{B3}}$ 为收缩模式相对于 9 组试验数据的总体特征变异系数。

从表 3.5 可以看出，修正模式是在试验研究的基础上，通过短期试验来修正模式中的参数，使之成为针对某一特定混凝土的预测模式，其对苏通大桥连续刚构所用混凝土收缩应变的预测精度最好。B3 模型的预测精度次之，因为它是建立在湿度扩散理论的基础之上，有较强的理论依据，并且较细致地考虑了混凝土配比对收缩应变的影响。其他模型对该混凝土收缩应变的预测精度由好到差的顺序依次是 CEB-FIP90、GL2000、CEB-FIP78、ACI 209(92)模型。

3.3.6　徐变模型预测值与试验值比较

修正徐变模型式(3.41)、ACI 209(92)模型、CEB-FIP78 模型、CEB-FIP90 模型、B3 模型以及 GL2000 模型的预测值与试验结果进行了对比分析。徐变系数的比较如图 3.11～图 3.14所示。图中徐变系数已经全部转换为徐变变形与加载时弹性变形的比值，即式(2.2)对徐变系数的定义。

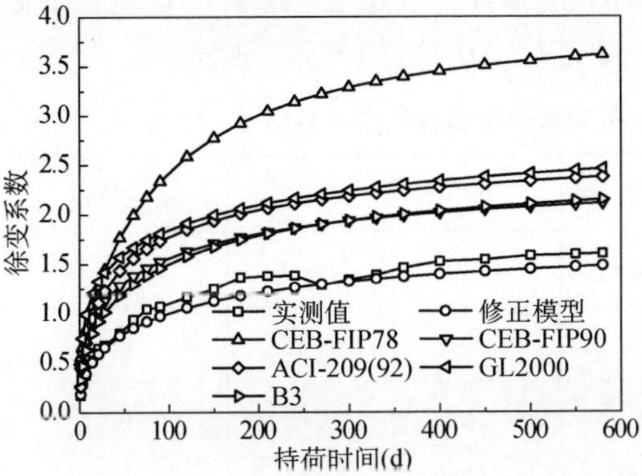

图 3.11　预测值与 C1 实测结果比较

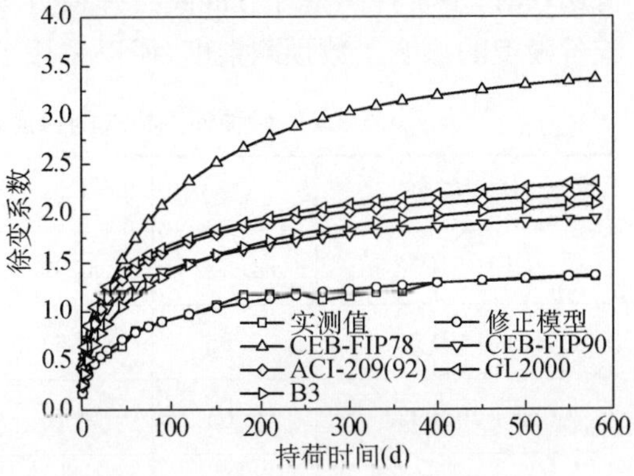

图 3.12　预测值与 C2 实测结果比较

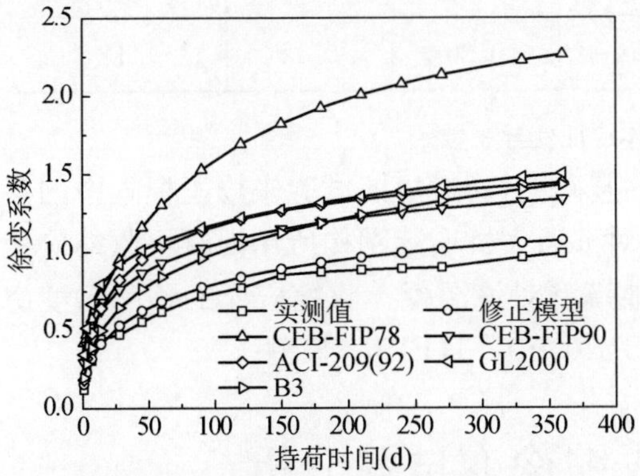

图 3.13　预测值与 C3 实测结果比较

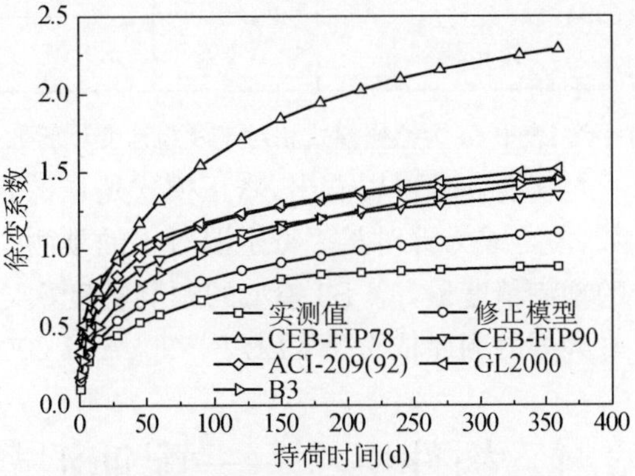

图 3.14　预测值与 C4 实测结果比较

从图 3.11～图 3.14 可以看出，对于苏通连续刚构所用的高强高性能混凝土，总体上不同模型徐变系数预测值之间差异很大，实测值一般比常用徐变模型的预测值要低。我国 85 桥规采用的 CEB-FIP78 模型明显高估了该混凝土的徐变系数，且 CEB-FIP78 模式在后期发展速率也较快，与实测值的差异随着持荷时间的增加越来越大。而 CEB-FIP90 模式和 CEB-FIP78 模式相比较，无论是在数值上还是在徐变的发展趋势上和实测数据的吻合程度都有所提高。由于 CEB-FIP78 模式提出的较早，所针对是普通混凝土，且实质上没有考虑混凝土强度对徐变系数的影响，而高强混凝土的徐变值要明显低于普通混凝土。修正模型无论是在徐变系数的量值上还是发展趋势上，都和实测值吻合较好。

B3 模式的计算值明显高于本研究实测值，但曲线轮廓和实测曲线符合程度较高，只是在徐变终极值上有所差异，这是由于 B3 模型中各项材料参数 $q_1 \sim q_5$ 是建立试验基础之上的经验公式，而统计的以往试验中，普通混凝土试验所占比重较大，这些材料参数对高强混凝土的适用性值得探讨。ACI 209(92)和 GL2000 徐变模型都高估该混凝土的徐变系数，但相比 CEB-FIP78 模型精度要好。

采用 B3 变异系数法，修正的收缩模型、桥规采用的 CEB-FIP90 模型、CEB-FIP78、ACI-209(92)、GL2000 及 B3 模型所预测的收缩应变与上述 9 组收缩试验的实测值比较，如采用徐变函数(又称徐变柔量，指在单位应力作用下，混凝土的瞬时弹性应变与徐变应变之和)进行比较时，由于各模型计算混凝土弹模也不一样，计算的弹性应变也会不一样。这里主要比较各模型的徐变系数预测精度，所以采用了徐变系数进行了比较，如表 3.6 所示。

表 3.6　六种预测模式的徐变系数预测值相对于实测值的变异系数 $\bar{\varepsilon}$ (%)

徐变模型	C1	C2	C3	C4	$\bar{\varepsilon}_{B3}$	精度排序
CEB-FIP78	1.28	1.39	1.25	1.40	1.33	Ⅵ
CEB-FIP90	0.55	0.64	0.51	0.61	0.58	Ⅲ
ACI-209(92)	0.63	0.76	0.59	0.69	0.67	Ⅳ
GL2000	0.87	0.94	0.76	0.87	0.86	Ⅴ
B3	0.43	0.52	0.40	0.49	0.46	Ⅱ
修正模式	0.09	0.07	0.10	0.20	0.12	Ⅰ

注：表中 $\bar{\varepsilon}_{B3}$ 为徐变模式相对于 4 组徐变试验数据的总体特征变异系数。

从表 3.6 可以看出，修正模式是在试验研究的基础上，通过短期试验来修正模式中的参数，使之成为针对某一特定混凝土的预测模式，其对苏通大桥连续刚构所用混凝土收缩应变的预测精度最好。B3 模型的预测精度次之。其他模型对该混凝土收缩应变的预测精度由好到差的顺序依次是 CEB-FIP90、ACI 209(92)、GL2000、CEB-FIP78 模型。

3.4　构件层次——配筋混凝土收缩徐变试验分析

3.4.1　配筋收缩试验结果与理论值的对比

由式(3.8)可得配筋收缩试件的配筋对收缩的约束影响系数为：

$$k_{sh} = \frac{1}{1+\alpha_s\rho_s[1+0.8\phi(t,\tau)]} \tag{3.46}$$

在“构件层次”的配筋混凝土收缩试验中，用该组的素混凝土试件的收缩应变值乘以式(3.46)的 k_{sh} 值，即可获得考虑配筋约束影响的试件的收缩值，如图 3.15 所示。表中的徐变系数 $\phi(t, \tau)$ 采用“材料层次”得到的修正徐变模型预测值。此外，采用“材料层次”得到的修正收缩模型，比较了配筋混凝土收缩试件收缩中的素混凝土试件($\rho_s=0$)收缩应变的发展变化，见图 3.15。值得注意的是，由于收缩试件放置于墙角且和十分接近地面，可能因湿度较大的缘故，200 d 后收缩发展基本不变；此外传感器埋置于试件内部，内部湿度扩散较表面要小，相应测得收缩值也可能减小。材料层次实在试件表面埋置铜扣，用手持应变计量测，所以收缩应变发展的量要比该组试件大。

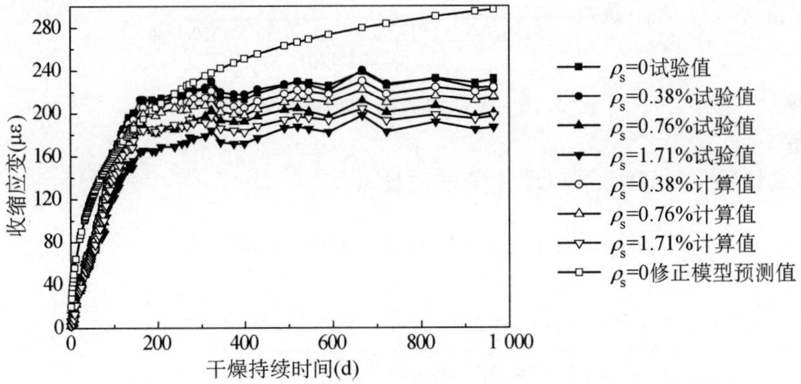

图 3.15　配筋混凝土试件的收缩预测值与实测值比较

从图 3.15 中可以看出，钢筋对混凝土收缩约束作用明显，并随着配筋率的增加，约束作用也增加，即试件的收缩应变发展越小。素混凝土与 $\rho_s=0.38\%$ 的混凝土试件收缩发展基本一致，说明，当配筋率较小时，可以不考虑配筋对收缩的约束作用。$\rho_s=0$ 的试件收缩实测值在前期收缩发展与修正模型值预测值较为接近，而 180 d 左右，部分实测值超过了模型预测值，而后收缩应变发展进入平缓阶段，而修正模型后期的预测值高于实测值，高于实测值的原因已在上面讲过。考虑配筋对收缩约束作用后，不同配筋率试件的预测值和实测值较为接近，而且从式(3.46)中也可以看出，配筋对收缩的约束作用也与混凝土的徐变系数有关。

现以上述三种配筋率的试件为例，按式(3.46)计算的配筋对收缩的影响系数如图 3.16 所示。按式(3.46)计算的收缩影响系数 k_{sh} 是随时间变化的，而 CEB-FIP70[3-5] 中的钢筋影响系数是一个常量，即 $k_{sh}=1/(1+n\rho_s)$，式中 n 取 20。随着时间的增长，式(3.46)计算的影响系数越来越小，只有当干燥持续时间较长时，式(3.46)的计算值才趋于一个常量。

设计中往往关注收缩徐变的长期效应，当 $t\rightarrow\infty$ 时，若取 $\phi(\infty, \tau)=2.5$(高强混凝土在野外条件下，徐变系数终极值为 1.5～2.5)，则式(3.46)变为

$$k_{sh}=\frac{1}{(1+3\alpha_s\rho_s)} \tag{3.47}$$

我们发现，对于 C30 混凝土，$3\alpha_s$ 约等于 20，这时式(3.47)和 CEB-FIP70 中的 $k_{sh}=1/(1+n\rho_s)$，式中 n 取 20，基本相同。

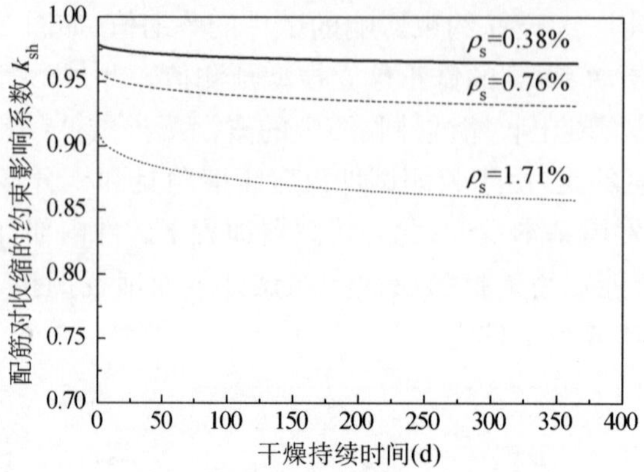

图 3.16 配筋对收缩的约束影响系数

3.4.2 配筋试件徐变试验结果与理论值的对比

根据式(3.9)可以得到徐变试件的配筋对徐变的影响系数为:

$$k_{cr}=\frac{1-\dfrac{\rho_p}{E_c\varepsilon_c(\tau)\varphi(t,\tau)}[1+\chi(t,\tau)\varphi(t,\tau)]\bar{\sigma}_{pr}}{1+(\alpha_s\rho_s+\alpha_p\rho_p)[1+\chi(t,\tau)\varphi(t,\tau)]} \tag{3.48}$$

式(3.48)计算的三组徐变试件中配筋($\rho_s=0.38\%$,$\rho_p=1.52\%$;$\rho_s=0.76\%$,$\rho_p=1.52\%$;$\rho_s=1.71\%$,$\rho_p=1.52\%$)对徐变的影响系数 k_{cr} 随时间变化如图 3.17 所示。随着时间的增大,k_{cr} 值越来越小,说明随着徐变变形的增加,钢筋的约束影响越来越明显。此外,随着配筋率的增加,k_{cr} 值也越小。配筋对徐变系数的影响不是一个常量,是随时间变化的,只有当计算时间足够长时才趋于常量,并且影响系数的变化率前期大于后期。因此,计算影响系数时必须同时考虑时间、钢筋位置、混凝土性质等因素。

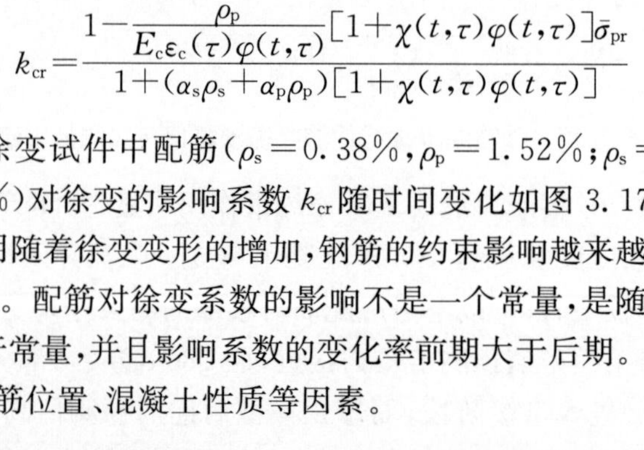

图 3.17 配筋对徐变影响系数的时程变化

由式(3.48)计算得到 k_{cr} 后,与修正徐变模型式(3.41)计算的 $\phi(t,\tau)$ 的乘积 $k_{cr}\phi(t,\tau)$ 与配筋试件的实测值 $\phi_{cr}(t,\tau)$ 的比较如图 3.18～图 3.21 所示。

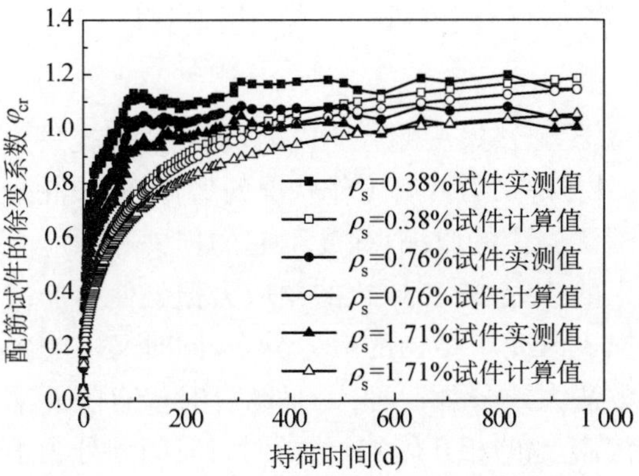

图 3.18　τ=7 d 三种配筋徐变试件的徐变发展

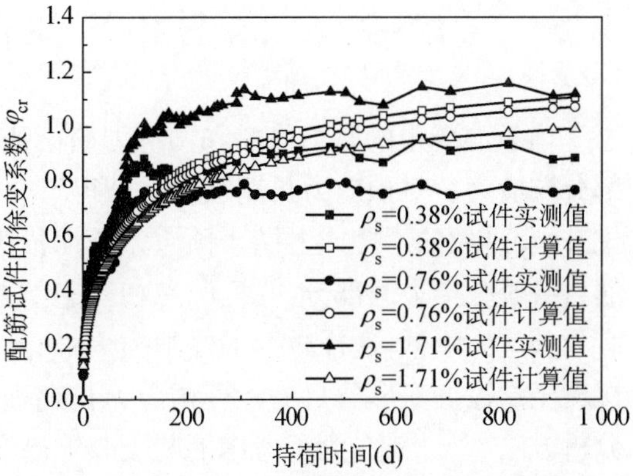

图 3.19　τ=14 d 三种配筋徐变试件的徐变发展

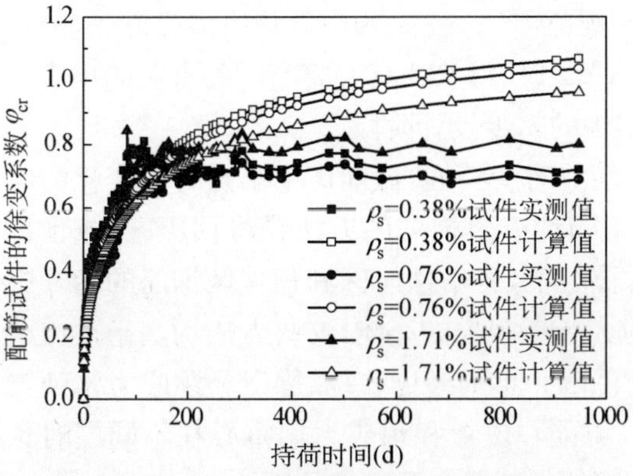

图 3.20　τ=21 d 三种配筋徐变试件的徐变发展

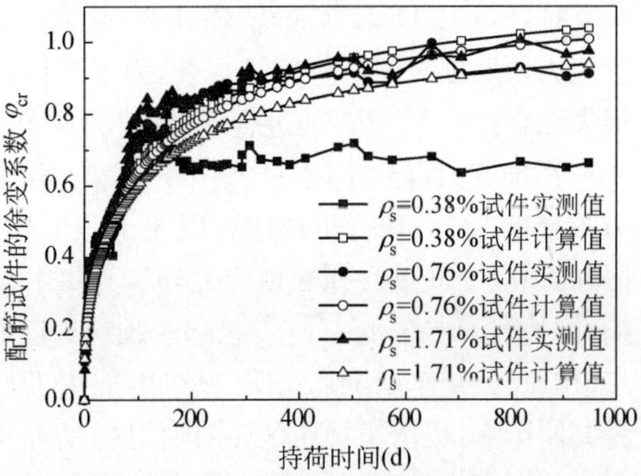

图 3.21　τ=28 d 三种配筋徐变试件的徐变发展

预测值反映了配筋试件徐变的发展规律，配筋对徐变发展有约束作用，随着配筋率的增加，$\phi_{cr}(t,\tau)$减小。这里采用了修正的徐变模型之后，整体上，理论值和试验值吻合较好，验证了“材料层次”得到的修正模型能够表征该混凝土的徐变发展特性，加载龄期为 7 d 的前期预测的徐变系数稍低于实测值，而后期稍高于实测值。实测值围绕预测值有所波动，其波动主要由于环境的温湿度变化所致。某些配筋试件配筋率小的试件的徐变系数实测值稍小于配筋率大的试件，这和理论不符，可能和混凝土材料的变异存在关系。

从式(3.39)和式(3.40)可以看出，推导出的配筋对混凝土收缩徐变的约束影响系数，有两个用途：一是对于配筋率较高的预应力混凝土构件，需要精确计算收缩徐变效应时，提供了考虑配筋对收缩徐变约束影响的计算方法；此外，目前不少收缩徐变试验是针对配筋构件开展的，我们可以通过式(3.40)，反推出素混凝土的徐变系数，从而直接可以和现有模型进行比较修正。

3.5 考虑收缩、徐变和松弛相互影响的预应力长期损失计算

由于混凝土的收缩徐变和预应力筋松弛，使得混凝土丧失一部分压应力，预应力筋丧失一部分拉应力。对预应力长期损失估计得不准确，会引发桥梁运营后工作状况的劣化，例如混凝土开裂、过大的下挠或上拱。预应力长期损失，包括混凝土的收缩、徐变引起的损失和预应力筋自身松弛损失两部分，并且两者相互影响，混凝土的收缩、徐变导致的预应力损失使力筋的有效预应力降低，这样减少了松弛损失；而预应力损失改变了结构的应力分布，同时又影响到混凝土的徐变变形。目前计算预应力长期损失的方法大致分为三种：一是结合时步有限元法分析方法[3-34]~[3-35]，为了考虑混凝土收缩徐变和钢筋松弛的相互影响，分析时将时间划分为很小的时间段，求解各时间段的预应力损失，再叠加求总损失。此方法计算预应力长期损失比较精确，但计算较为繁琐，一般编制相应的程序来计算。二是分项确定法，即分别计算收缩、徐变和松弛引起的损失，然后再相加。现行很多规范都采用了此方法，包括现行桥规[3-7]、美国AASHTO-LRFD(04)中的精确计算方法[3-36]和日本规范[3-37]。三是预应力总体估算方法，由于预应力长期损失的计算比较复杂，为了简化，美国 AASHTO-LRFD(04)将与时间有关的预应力损失综合在一起[3-36]，通过查表即能得到，可用于结构的初步设计阶段。

在预应力混凝土构件中，由于混凝土和预应力筋的时变特性，截面产生了随时间变化的应力重分布[3-38]。现行桥规计算混凝土收缩徐变引起的预应力损失的方法是将预压区（或预拉区）的预应力筋重心和非预应力筋重心集中在两者重心上，忽略预压区和预拉区钢筋的相互影响；国外的一些规范[3-8][3-37]忽略非预应力筋对预应力长期损失的影响，这些方法均基于预压区（或预拉区）是单层配筋情况，精确度取决于其适用范围。本书考虑收缩、徐变和预应力松弛三者共同影响，提出了预压区（或预拉区）的非预应力筋重心位置和预应力筋重心在不同层时预应力长期损失的实用计算公式，公式中考虑了两种钢筋的位置和配筋率的影响。

3.5.1 预应力长期损失计算公式的推导

如果截面预压区（或预拉区）的非预应力钢筋的重心和预应力钢筋的重心相距较远时，基于单层配筋情况得到的预应力长期损失公式引起的误差较大。本研究考虑预压区（或预拉区）非预应力筋重心和预应力筋重心位置在不同层时，在收缩、徐变和预应力松弛三者共同影响下，忽略预压区和预拉区钢筋的相互影响，提出了预应力长期损失的实用计算公式。计算式采用的假定同 3.2.1 节，力的平衡方程、应变协调方程和物理方程同式(3.1)～(3.6)。同3.2.2节的实用计算公式类似，老化系数 $\chi(t,\tau)$ 取 0.8；松弛折减系数 χ_r 取 0.75，忽略配筋率的高次项，可求得 t 时刻预应力筋的损失量为：

$$\sigma_p(t)=\frac{A_p\sigma_{c,p}(\tau)\phi(t,\tau)+B_pE_p\varepsilon_{sh}+C_p\bar{\sigma}_{pr}(t)}{D_p} \tag{3.49}$$

其中，$n=\dfrac{\sigma_{c,s}(\tau)}{\sigma_{c,p}(\tau)}$，$\alpha=\dfrac{E_{sp}}{E_c(\tau)}$，$A=\alpha[1+\alpha\rho_s r_{s,s}(1+0.8\varphi)-n\alpha\rho_s r_{p,s}(1+0.8\varphi)]$

$B=1+\alpha\rho_s(1+0.8\varphi)(r_{s,s}-r_{p,s})$，$C=1+\alpha\rho_s r_{s,s}(1+0.8\varphi)$，$D=1+\alpha(1+0.8\varphi)(\rho_p r_{p,p}+\rho_s r_{s,s})$。

3.5.2 试验验证

本书采用吕志涛、周燕勤等[3-39]开展的 2 根梁的预应力长期损失试验对式(3.49)进行验证，该试验主要考虑了不同的配筋率对长期损失的影响，并进行了相应混凝土的收缩试验，文献[3－39]给出了两根梁的试验结果。预应力筋采用了 $10\phi^s5$ 的高强钢丝($f_{pk}=$1 570 MPa)，非预应力筋采用普通钢筋($2\phi6$、$2\phi20$)，梁的截面尺寸如图 3.22 所示，试件的长度为 1.5 m，L1 梁底部布置了 $2\phi6$ 的普通钢筋($A_s=56.5\ mm^2$)，L3 梁底部布置了 $2\phi20$ 的普通钢筋($A_s=628.0\ mm^2$)。试件成型后 4 d 拆模，28 d 后张拉预应力，预应力力筋锚固好后，L1 和 L3 梁预应力重心处混凝土的瞬时应变分别为 179.0 $\mu\varepsilon$ 和 178.6 $\mu\varepsilon$。

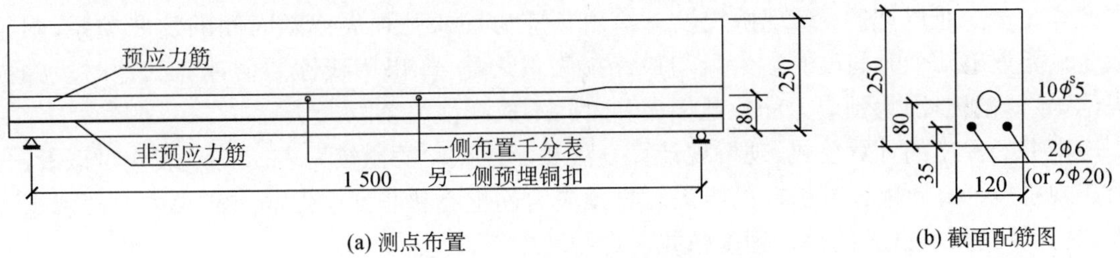

图 3.22　试验梁配筋图及测点布置

文献[3－39]计算的力筋张拉后混凝土收缩徐变发展如图 3.23 所示，本书提出的式(3.49)的计算结果和试验值的比较如图 3.24 所示。

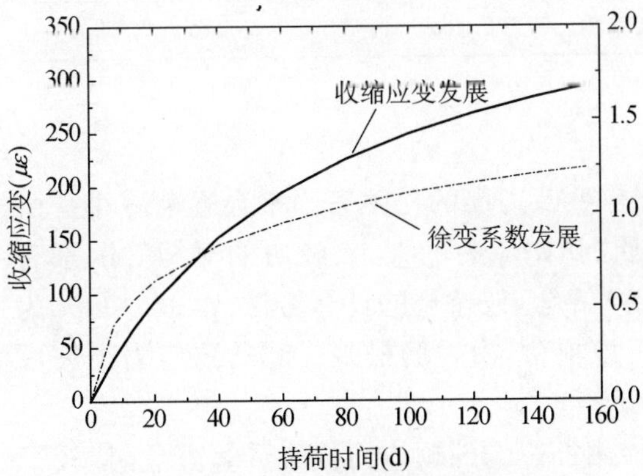

图 3.23　试件的收缩徐变发展曲线

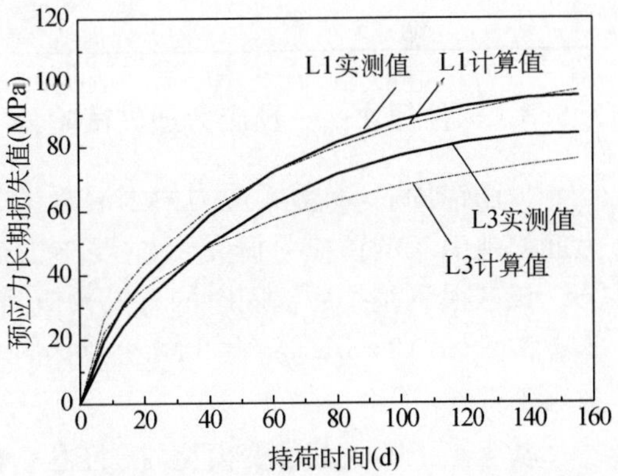

图 3.24　式(3.49)计算结果与试验的比较

由图 3.24 可以看出，在初期，两根梁的计算值均稍大于试验值；在后期，梁 L1 计算值和试验结果符合较好，而梁 L3 的计算值小于试验结果。从图 3.24 中我们可以看出，随着预压区非预应力筋配筋率的增加，预应力长期损失值逐渐减小。如果忽略非预应力筋的影响，必然会引起对预应力长期损失预测得不准确。

现行桥规中计算由混凝土徐变和收缩引起的预应力损失的公式[3-7]为：

$$\sigma_{l6}=\frac{0.9[E_p\varepsilon_{cs}(t,\tau)+\alpha_{EP}\sigma_{pc}\varphi(t,\tau)]}{1+15\rho_{ps}r_{ps}} \tag{3.50}$$

从桥规中公式形式可以看出，将预压区(或预拉区)的预应力筋和非预应力筋集中在两种钢筋的重心上，并根据 α、ϕ、ρ_p、ρ_s、r_{ps} 的常用范围，将分母简化为 $1+15\rho_{ps}r_{ps}$ 的形式。显然，由于材料、环境和钢筋位置的变异，式(3.50)不能给出一些情况的精确解。

现行桥规中预应力松弛损失计算公式[3-7]为：

$$\sigma_{l5}=\psi\varsigma\left(0.52\frac{\sigma_{pe}}{f_{pk}}-0.26\right)\sigma_{pe} \tag{3.51}$$

式中各符号意义见桥规[3-7]，现桥规计算预应力松弛损失时存在两点疑问：① 由于预应力松弛损失试验对设备和测量仪器的要求较高，大多持荷 1 000 h 得到松弛终极值，甚至用更少时间的试验来推算松弛终极值，预应力筋持荷 1 年以后的固有松弛损失研究较少，桥梁设计使用年限为 100 年，预应力松弛损失虽然在 1 000 h 小时后发展很小，但持荷多年后，松弛损失究竟是多少难以把握；② 现桥规没有给出预应力筋松弛损失率随时间的发展关系，附录 *F*.3 只能查出几个时间段的损失量与最终损失量之比，如果用线性插值计算其他时段的损失值，显得粗糙，因为预应力筋松弛损失和时间不成线性关系。

本书的提出的计算公式、现桥规计算方法和上述试验的比较见表 3.7，从表中可以看出，由于现桥规计算收缩徐变引起的损失时将预应力筋重心和非预应力筋重心集中在两者重心上，其计算结果对试验的符合程度较差。

表 3.7　155 d 时收缩徐变和松弛引起力筋损失值的比较　(MPa)

试件	实测值	式(3.49)计算值	桥规计算值
L1	95.7	97.4	87.2
L3	83.8	76	60.4

3.5.3　构件层次——预应力损失试验分析

力筋锚固后，有效预应力值因混凝土的收缩、徐变及力筋的松弛等因素会逐渐减小。由力筋松弛引起的预应力损失 σ_{l5} 主要与力筋的品质、初始应力的大小、经历的时间等因素有关。该三根梁张拉后锚固时的有效预应力均小于 $0.5f_{pk}$，按桥规的计算方法式(3.51)，σ_{l5} 为零。按式(3.12)计算，σ_{l5} 在 5 MPa 之内，所以对于该根梁，由力筋松弛引起的预应力损失可忽略不计。

基于修正的收缩徐变模型，按上述考虑非预应力筋影响的预应力损失计算方法，比较了表 2.5 中三根梁在施加集中力后，预应力长期损失的变化，如图 3.25 所示，图中“*T*”表示压力传感器的实测值，“*T*”表示理论计算值。从图 3.25 可以看出，在施加集中力后，前 200 d 预应力损失较大，后期逐步进入稳定阶段，但预应力长期损失的量值比我们通常认为的要大得多。理论计算值明显小于实测值，这里产生的原因主要有：一是预应力筋锚下压力传感器的长期稳定性值得我们去探究；二是这三根梁是在冬季浇筑，混凝土材料性能的差异肯能导致收缩徐变量值增大；三是这里采用叠加原理[3-1]计算张拉预应力筋后及施加集中力后收缩徐变引起的预应力损失，施加集中力后，上层混凝土压应变增加，可以用叠加原理计算其收缩徐变引起的预应力损失，而下层预应力筋处的混凝土压应变减小，叠加原理的计算结果不是很准确[3-40]；四可能是对力筋松弛损失估计不足，我们知道预应力松弛损失试验对设备和测量仪器的要求较高，大多持荷 1 000 h 得到松弛终极值，甚至用更少时间的试验来推算松弛终极值，预应力筋持荷1年以后的固有松弛损失研究较少，桥梁设计使用年限为100年，预应力松弛损失虽然在1 000 h小时后发展很小，但持荷多年后，松弛损失究竟是多少难以把握。

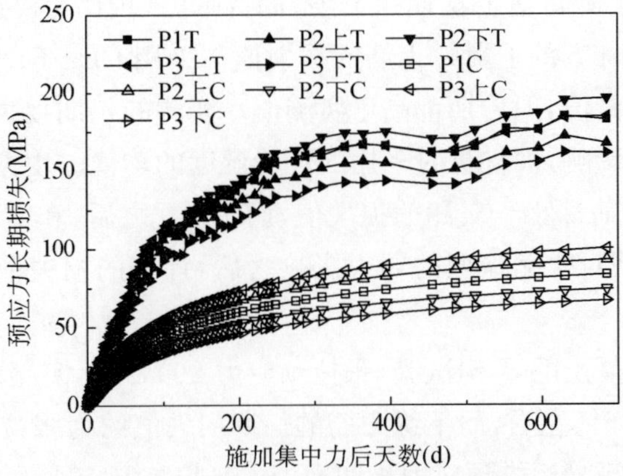

图 3.25　预应力长期损失测量值与计算值比较

3.6　结构层次试验分析

本章针对第二章开展的悬浇T构试验的实测结果，基于材料层次提出的修正收缩徐变模型，计算了T构的时变行为，主要与实测的预应力长期损失和各节段挠度变化进行了比较。

3.6.1　预应力长期损失结果比较

预应力筋锚固后的预应力长期损失主要是由预应力筋本身的应力松弛和混凝土收缩徐变引起的。现分别采用材料层次得到的修正收缩徐变模型、现行桥规模型(CEB-FIP90模型)和旧桥规模型(CEB-FIP78模型)及考虑配筋对收缩徐变约束影响，分别计算3#节段预应力筋的长期损失值，与实测值比较如图3.26和图3.27所示。图3.26中T3-1和T3-2为上翼缘传感器实测的长期损失值，图3.27中的Z3-1为下缘传感器实测的长期损失值。

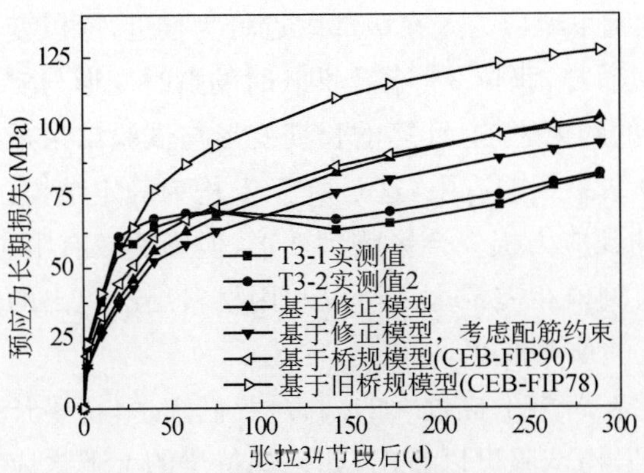

图 3.26　上翼缘预应力筋长期损失比较

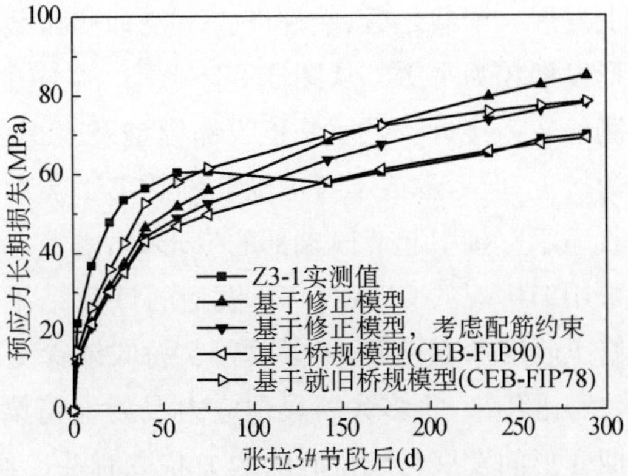

图 3.27　下缘预应力筋长期损失比较

由图 3. 26 可以看出，基于修正的收缩徐变模型，考虑配筋对收缩徐变的影响后，其计算的损失值与实测值最为接近。如不考虑配筋的约束影响，CEB-FIP78 模型在前一个月和实测值较为接近，但后期明显高估了长期损失值，因为 CEB-FIP78 模型计算的徐变系数较高的缘故。采用修正模型计算的上翼缘力筋的损失值与采用 CEB-FIP90 模型较为接近，在前两个月的计算值小于实测值，但后期都高于实测值。实测的长期损失出现一定的波动，可能是受环境温湿度变化的影响，而计算时采用的环境湿度的均值。由图 3. 27 可见，采用 CEB-FIP90 模型，在 150 d 之前都小于实测的损失值，而 150 d 之后，和实测值较为接近。基于修正的收缩徐变，考虑配筋对收缩徐变的约束影响之后，计算的损失值在前期低于实测值，而后期略高于实测值。

采用高强高性能混凝土的 T 构试验，张拉预应力 290 d 后，实测的上翼缘力筋的长期损失值约为张拉控制力的 6%左右，而下缘力筋的长期损失值约为张拉控制力的 5%。我们简单估算一下常用大跨径箱梁桥中预应力长期损失占张拉控制应力的比例。由于大跨径箱梁桥中，普遍采用低松弛钢绞线，松弛损失占张拉控制应力的 2. 5%左右。关于混凝土收缩引起的预应力损失，大跨径箱梁桥主梁截面的理论厚度在 0. 35～1. 05 m 之间变化，以 C50 为例，30 年的收缩应变约为 180～330 $\mu\varepsilon$ 之间，不考虑配筋对收缩徐变的约束影响，所以引起的预应力损失为 35～65 MPa，均值为 50 MPa。在大跨径箱梁桥中，压应力储备平均为 8～10 MPa 左右[3-41]，混凝土徐变系数终极值在 2. 5 左右，则引起的预应力损失为 2. 5×15 MPa ×α_E≈ 115 MPa。所以长期损失值占张拉控制应力的比重约为 2. 5%＋(50 MPa＋115 MPa)/1 395 MPa＝14%。

3. 6. 2 变形结果比较

基于修正收缩徐变模型、现桥规模型、85 桥规模型及考虑配筋对收缩徐徐变的约束影响，预测了 T 构悬臂端的位移发展。堆载后 1＃节段端部的变形发展如图3. 28所示，张拉 3＃节段预应力束后，2＃和 3＃节段端部的位移发展如图 3. 29 和图 3. 30 所示，图中正值表示上拱，负值表示下挠。

张拉 3＃节段预应力束之后，由于截面上翼缘压应力大于下缘，所以 T 构端部位移均向上发展。堆载之后，端部产生下挠，此时，截面的上下缘应力差在墩部附近较为接近，所以变形发展较为平缓。从图 3. 28～图 3. 30 中也可以看出，张拉 3＃束及堆载时的瞬时变形与实测值较为接近。采用修正收缩模型及考虑配筋的约束影响，计算的长期变形与试验结果最为接近，但考虑或不考虑配筋的约束影响对计算结果影响有限，这是由于 T 构为静定结构，收缩不直接引起节段端部的变形，虽然其引起的预应力损失会影响到变形，但影响较有限。采用旧桥规的 CEB-FIP78 模型的计算结果与实测值相差最大。所以利用材料层次提出的修正收缩徐变模型，可以改善实桥收缩徐变效应的预测精度。

近年来，很多大跨径预应力混凝土箱梁桥存在跨中下挠过大的病害，我们知道，桥梁长期变形的发展与成桥时的内力状态有关。通过 *T* 构试验可以看出，如果保持梁的上下缘应力差较小，后期的变形发展会得到控制，这和文献[3－42]结果一致。

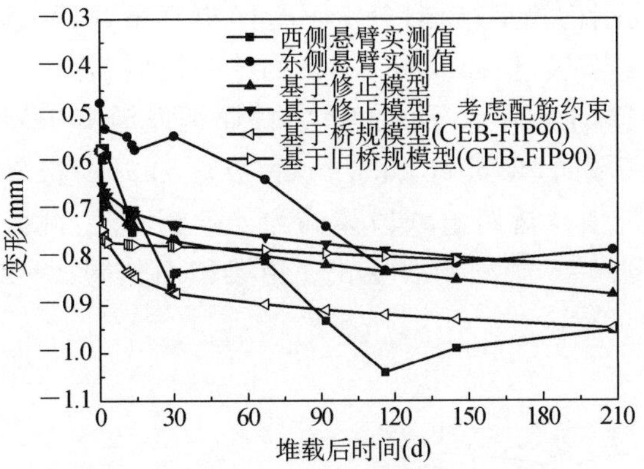

图 3.28　堆载后 1＃节段端部位移变化

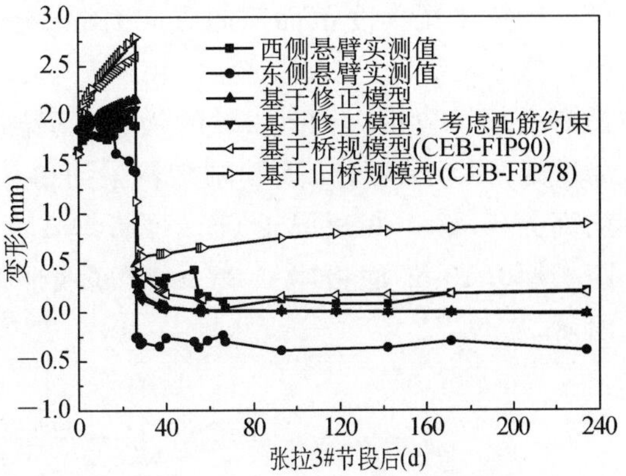

图 3.29　2＃节段端部位移变化

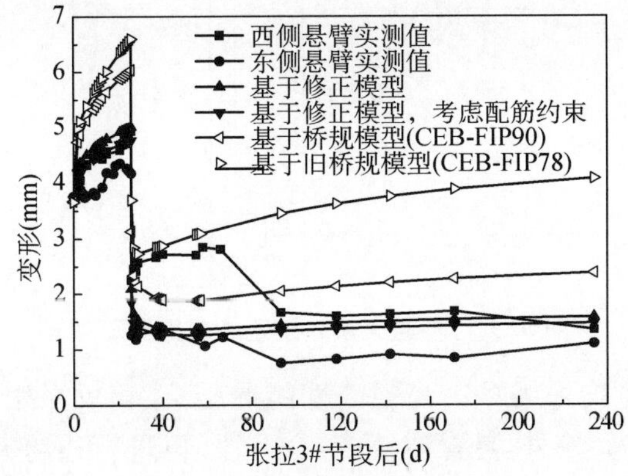

图 3.30　3＃节段端部位移变化

3.7　基于修正收缩徐变模型的苏通大桥连续刚构时效分析

3.7.1　苏通大桥连续刚构的工程概况

苏通大桥为连接江苏苏州与南通的一座特大桥(图 3.31)，桥梁全长 8 146 m，主桥为 2×100 m＋300 m＋1 088 m＋300 m＋2×100 m 特大钢箱梁斜拉桥，辅桥为 140 m＋268 m ＋140 m 预应力混凝土连续刚构箱梁桥，其余均为 50 m 或 75 m 预应力混凝土简支箱梁。桥面全宽 34 m，为双向 6 车道。

图 3.31　苏通大桥

辅桥主梁为变截面三向预应力混凝土连续刚构箱型结构，分上下行两幅桥布置，两幅桥仅在0＃节段位置用横隔板相连，其余均未有连接，桥面设置1.5％的单一纵坡，各单幅桥桥面均设置由内向外2％的横坡，箱梁底面横向保持水平。主墩为普通钢筋混凝土双薄壁矩形空心构件。连续刚构箱梁为单箱单室截面，顶板宽16.4 m，底板宽7.5 m；根部梁高为15.0 m，腹板厚1.0 m，底板厚1.7 m；跨中及边跨直线段梁高为4.5 m，跨中截面腹板厚0.45 m，底板厚0.32 m；梁底线形按曲线1.6次抛物线变化。箱梁截面如图3.32所示。

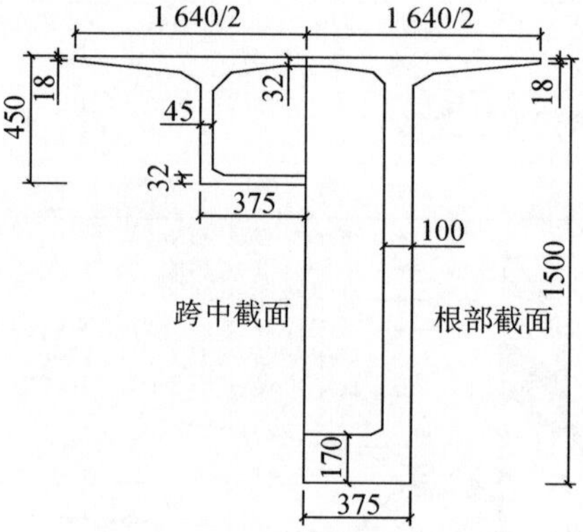

图3.32 苏通大桥连续刚构箱梁截面图

连续刚构主梁和墩身均采用C60高强高性能混凝土，箱梁采用纵向、横向、竖向三向预应力体系。全桥主梁除0＃块外，悬臂浇筑31个节段，再进行边跨和中跨合龙，箱梁节段划分及纵向预应力束的布置如图3.33所示。

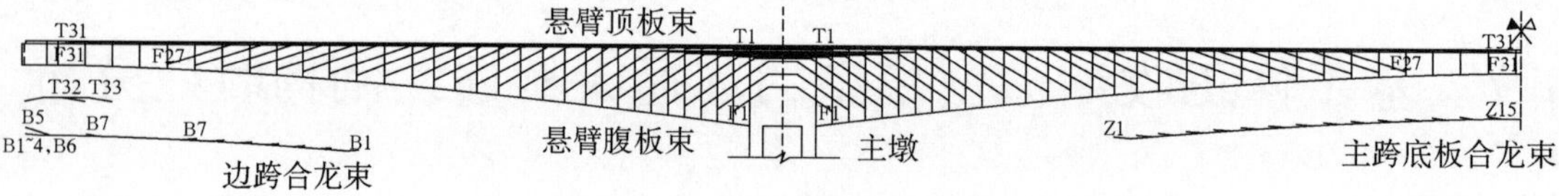

图3.33 主梁节段划分及纵向预应力布置

3.7.2 计算模型概况及计算主要参数

1）计算模型

全桥分析模型如图3.34所示，由于苏通大桥连续刚构的两幅桥横向仅在主墩处采用横隔板相连，本模型按单幅桥进行建模计算，此外主梁平曲曲率较小，由报告[3-43]可知，考虑平曲线和承台底的群桩基础对计算结果影响不大，所以本桥按直线梁建模，墩身底部与承台按照固结考虑，边跨端部约束其竖向和横向的位移。有限元计算采用桥梁分析软件Midas/Civil[3-44]。全桥模型均采用梁单元，共202个梁单元，包括上部结构146个单元、下部薄壁墩56个单元。

(a) 苏通大桥连续刚构施工中照片

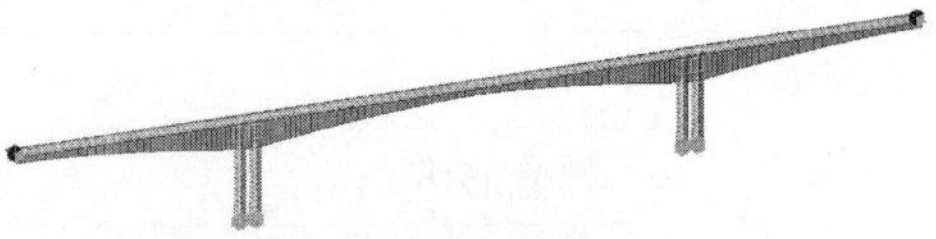

(b) 计算模型

图 3.34　实桥与计算模型

2）荷载参数

一期恒载：混凝土容重取 26.0 kN/m^3，悬臂浇筑时对应节段的混凝土湿重在模型中以集中力加弯矩的形式作用于前一节段的端头；主梁横隔板和齿块均按集中荷载考虑，其重量按照设计图纸取值；二期恒载：按 62.0 kN/m 计；设计汽车活载为汽超- 20，验算荷载为挂-120。悬臂施工时的挂篮重量取 1200 kN，计算模型中挂篮集中力作用点为前一节段的端头，作用形式为集中力加弯矩。

纵向预应力筋为高强低松弛钢绞线，模型中的预应力筋的松弛系数 ζ 按桥规[3-7]取 0.3，抗拉标准强度为 1 860 MPa。主梁纵向预应力的管道成型方式为预埋塑料波纹管，我们知道，管道每米局部偏差对摩擦的影响系数 k 和预应力筋与管道壁的摩擦系数 μ 按桥规[3-7]取值分别为 k=0.001 5，μ=0.14～0.17，本研究项目开展过程中，可由苏通大桥连续刚构的设计方[3-45]及施工监控方[3-46]反复讨论后，再借鉴其他桥梁的取值经验，本桥模型中纵向预应力关于摩阻损失计算的相关系数取值如下：腹板下弯束和跨中合龙束的摩擦系数 μ 为 0.3，孔道偏差系数 k 为 0.003，而顶板束两个参数分别取 0.2 和 0.002。本书第五章对一些实桥的预应力摩阻损失进行了调研，详见 5.3.1 章节。预应力锚具回缩按规范要求[3-7]取 6 mm。

计算实桥的时变效应时，收缩徐变模型采用三层次收缩徐变试验得到的修正收缩徐变模型。

3）施工工况划分及模拟说明

苏通大桥连续刚构共有 31 个悬臂浇筑节段，本模型计算考虑了实桥施工、运营全过程，该桥施工阶段的划分如表 3.8 所示。

表 3.8　施工阶段划分及关键工况

工况编号	施工内容	持续时间(d)
1	墩身施工	100
2	托架浇注 0#、1#节段混凝土	70
3	张拉预应力束 T1、F1	3
4	对称安装 2#节段挂篮、模板	30
5	浇注 2#节段混凝土	3
6	混凝土养护	7
7	张拉预应力束 T2、F2	1

续表 3.8

工况编号	施工内容	持续时间(d)
8	挂篮前移	1
9	浇注 3＃节段混凝土	3
10	混凝土养护	7
11	张拉预应力束 T3、F3	1
12～95	……(浇筑节段 4＃～24＃)	12(1 周期)
96	浇筑转向块 B3	0.1
97～108	……(浇筑节段 25＃～27＃)	12(1 周期)
109	浇筑转向块 B2	0.1
110～121	……(浇筑节段 28＃～30＃)	12(1 周期)
122	浇筑转向块 B1	0.1
123	挂篮前移	1
124	浇注 31＃节段混凝土	3
125	混凝土养护	7
126	张拉预应力束 T31、F31	1
127	浇筑转向块 A1、A2	0.1
128	托架浇注两边跨直线段	1
129	边跨挂篮前移，改装成吊篮	3
130	边跨 31＃块压重 40t，中跨 31＃块压重 35t，安装劲性骨架	3
131	现浇边跨合龙段，拆除边跨侧平衡重	10
132	混凝土养护	7
133	张拉边跨合龙束 T32、T33、B1～B7	5
134	拆除边跨托架	1
135	中跨挂篮前移，改装成吊篮	3
136	中跨向边跨预推 5 cm，安装劲性骨架	5
137	现浇中跨合龙段，逐级拆除中跨侧平衡重	10
138	混凝土养护	7
139	张拉中跨合龙束 Z1～Z5	10
140	张拉中跨合龙束 Z7～Z9	5
141	张拉中跨合龙束 Z11～Z13、Z15	5
142	边跨、中跨吊篮拆除	10
143	桥面铺装	60

续表 3.8

工况编号	施工内容	持续时间(d)
144	收缩徐变 1 年	360
145	成桥 1 年后张拉剩余中跨合龙束 Z6、Z10、Z14	10
146	收缩徐变 2 年	720
147	收缩徐变 3 年	1 080
148	收缩徐变 5 年	1 800
149	收缩徐变 10 年	3 600
150	收缩徐变 30 年	10 800

计算模型中对合龙关键工况的模拟如表 3.9 所示。

表 3.9　施工阶段划分及关键工况

施工工况	模型示意图	工况说明
边跨合龙前	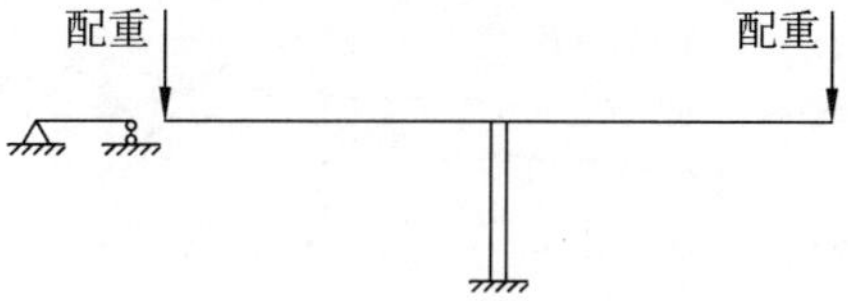	直线段在支架上施工，计算时支架为刚性支撑，只约束向下位移，不约束向上位移；固定支座端约束线位移和角位移；同时在 T 构悬臂端施加配重
边跨合龙后	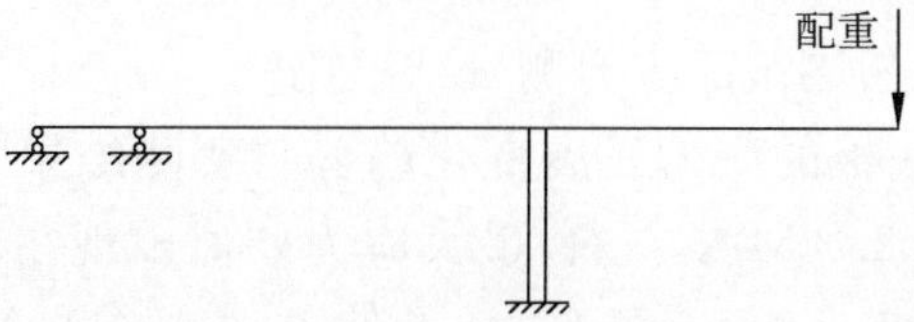	① 边跨合龙过程中同时拆除边跨配重，合龙后解除支座端水平约束；② 边跨张拉，此时支架脱空，相当已解除支架约束
主跨合龙前	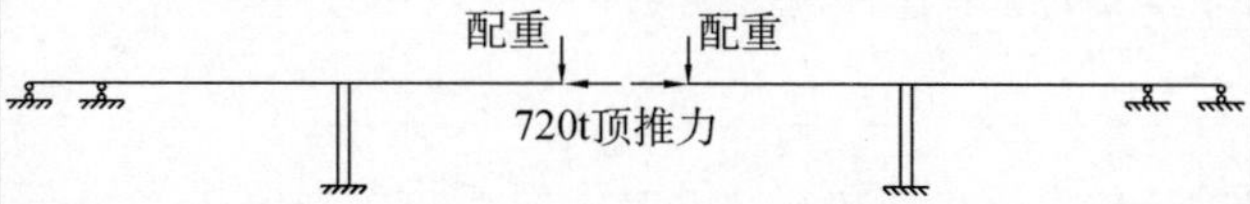	施加顶推力
主跨合龙后	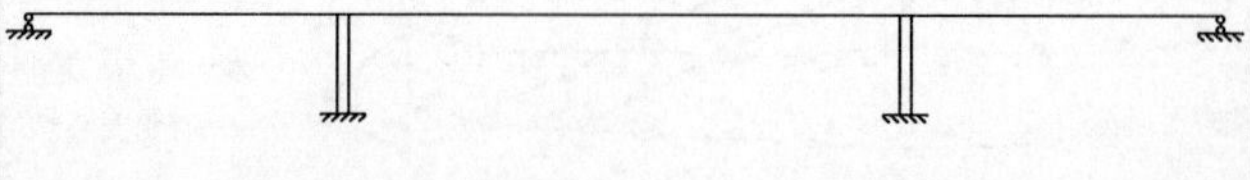	① 中跨合龙过程中同时拆除配重；② 合龙后拆除顶推装置；③ 张拉第一批中跨合龙束；④ 拆除支架

3.7.3　计算结果与实测结果的比较

1）箱梁应力测试结果比较

基于修正收缩徐变模型，将箱梁的应力计算值与实测值进行了比较，限于篇幅，这里给出几个具有代表性箱梁截面的应力计算结果，选取的主梁截面为 78＃墩（苏州侧）右幅中跨 2＃块后端截面、78＃墩右幅边跨侧 10＃块后端截面、78＃墩右幅中跨侧 10＃块后端截面、78＃墩右幅中跨侧 18＃块后端截面、78＃墩右幅边跨侧 19＃块后端截面及中跨第一批合龙预应力（12 对，见表 3.8）张拉后跨中截面与墩底截面。

(1) 78＃墩右幅中跨侧 2＃块后端截面应力测试结果比较

比较结果如图 3.35 所示。顶底板的应力发展变化趋势与实测结果吻合。修正模式计算值与实测值顶板应力普遍偏差在 1.5 MPa 左右，最大应力差值出现在浇筑第 18 节段时，为 2.5 MPa；底板应力普遍偏差在 1 MPa 左右，最大偏差出现在浇筑第 18 节段时，为 1.7 MPa。图中所示各节段测试工况为混凝土浇筑后；浇筑节段 15～31 号对应实际的浇筑节段号，第 32 号表示跨中张拉合龙预应力（12 对）结束后。

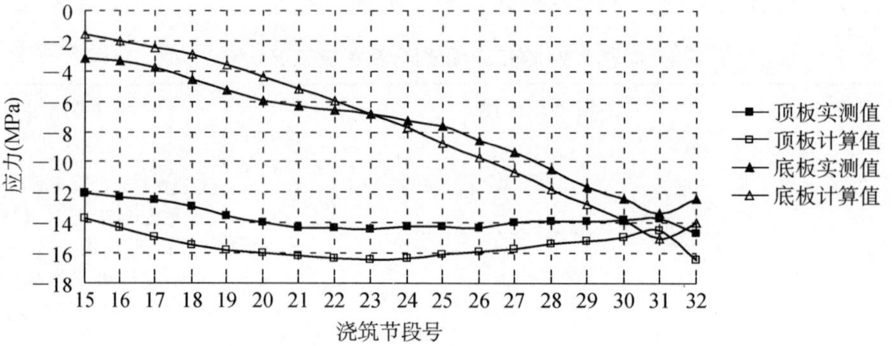

图 3.35　中跨 2＃块后端截面应力比较

(2) 78＃墩右幅边跨侧 10＃块后端截面应力测试结果比较

比较结果如图 3.36 所示。顶底板的应力发展变化趋势与实测结果吻合。修正模式计算值与实测值顶板应力普遍偏差在 2.2 MPa 左右，最大应力差值出现在浇筑第 25 节段时，为 2.9 MPa；底板应力普遍偏差在 1.2 MPa 左右，最大偏差出现在浇筑第 31 节段时，为 2.3 MPa。图中所示各节段测试工况为混凝土浇筑后；浇筑节段 15～31 号对应实际的浇筑节段号，第 32 号表示跨中张拉合龙预应力（12 对）结束后。

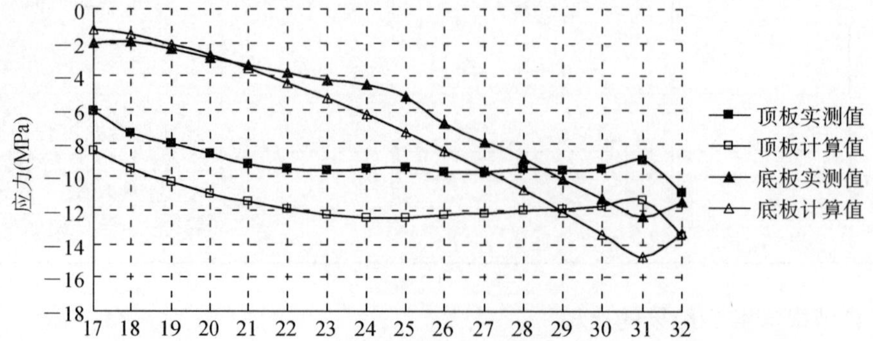

图 3.36　边跨 10＃块后端截面应力比较

(3) 78＃墩右幅中跨侧 10＃块后端截面应力测试结果比较

比较结果如图 3.37 所示。顶底板的应力发展变化趋势与实测结果吻合。修正模式计算值与实测值顶板应力普遍偏差在 2.2 MPa 左右，最大应力差值出现在浇筑第 25 节段时，为 2.6 MPa；底板应力普遍偏差在 1.2 MPa 左右，最大偏差出现在跨中张拉合龙预应力结束后，为 2.2 MPa。图中所示各节段测试工况为混凝土浇筑后；浇筑节段 15～31 号对应实际的浇筑节段号，第 32 号表示跨中张拉合龙预应力(12 对)结束后。

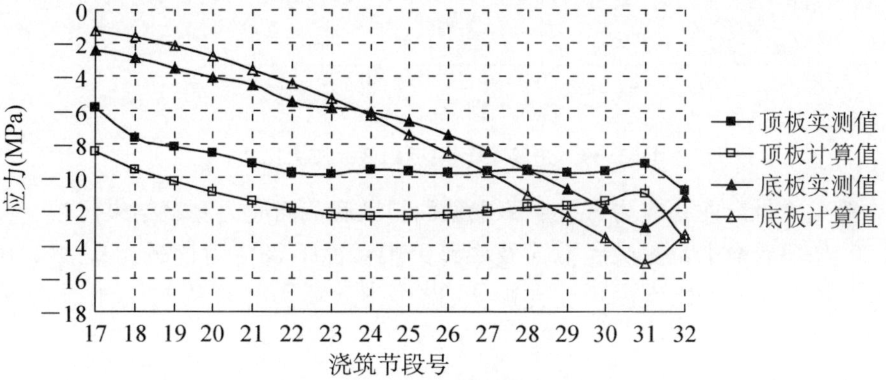

图 3.37　中跨 10＃块后端截面应力比较

(4) 78＃墩右幅中跨侧 18＃块后端截面应力测试结果比较

比较结果如图 3.38 所示。顶底板的应力发展变化趋势与实测结果吻合。顶板应力普遍偏差在 1.8 MPa 左右，最大应力差值出现在浇筑第 25 节段时，为 2.1 MPa；底板应力普遍偏差在 2.0 MPa 左右，最大偏差出现在跨中预应力张拉完成时，为 2.9 MPa。图中所示各节段测试工况为混凝土浇筑后；浇筑节段 15～31 号对应实际的浇筑节段号，第 32 号表示跨中张拉合龙预应力(12 对)结束后。

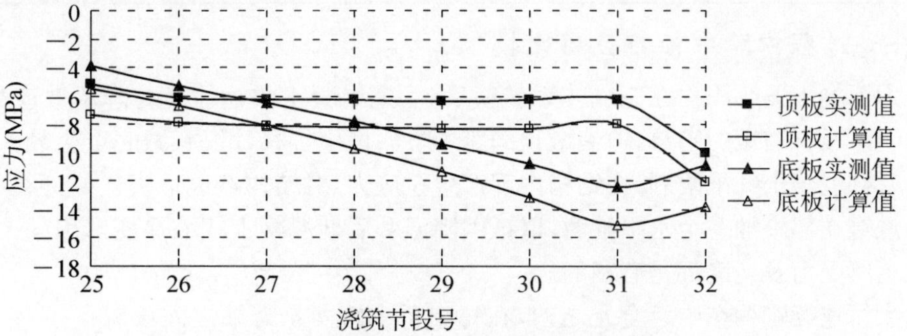

图 3.38　中跨 18＃块后端截面应力比较

(5) 78＃墩右幅边跨侧 19＃块后端截面应力测试结果比较

比较结果如图 3.39 所示。顶底板的应力发展变化趋势与实测结果吻合。顶板应力普遍偏差在 2.2 MPa 左右，最大应力差值出现在浇筑第 31 节段时，为 2.7 MPa；底板应力普遍偏差在 1.7 MPa 左右，最大偏差出现在浇筑第 31 节段时，为 2.4 MPa。图中所示各节段测试工况为混凝土浇筑后；浇筑节段 15～31 号对应实际的浇筑节段号，第 32 号表示跨中张拉合龙预应力(12 对)结束后。

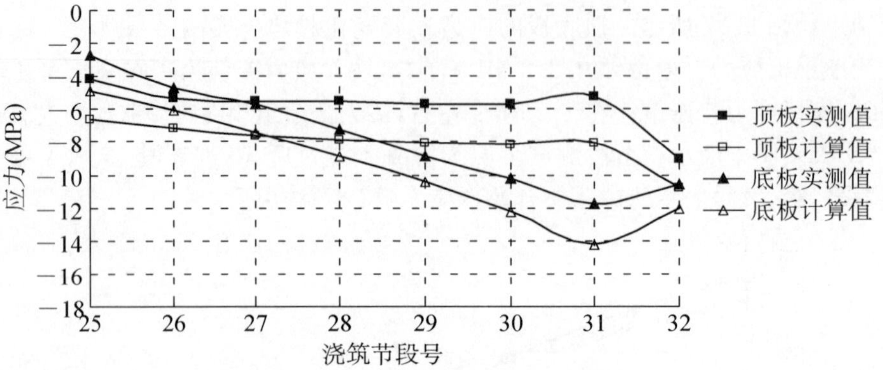

图 3.39　边跨 19♯块后端截面应力比较

(6) 中跨第一批合龙预应力张拉后跨中截面与墩底截面应力测试结果比较

表 3.10 为 78♯墩中跨侧墩底截面及中跨跨中截面下缘应力比较。从表 3.10 可以看出,主墩南通侧计算应力比实测值偏差略大;跨中下缘应力计算值与实测值吻合较好,在 1 MPa以内。

表 3.10　墩底截面应力和跨中下缘应力比较　(MPa)

测试截面	计算应力	实测应力	差值
右幅跨中	−16.70	−17.42	0.67
左幅跨中	−16.70	−16.67	−0.08
主墩中跨侧苏州侧	−2.92	−3.61	1.11
主墩中跨侧南通侧	−12.20	−8.63	−3.97

2) 合龙过程中跨中顶推位移比较

预应力混凝土连续刚构在完成体系转换后,后期混凝土收缩徐变与降温效应相组合使两主墩之间主梁有缩短的趋势,迫使墩顶向跨中方向发生位移,墩顶、墩底产生较大的弯矩,同时主梁受到混凝土纤维限制,在结构内部产生拉应力,对结构造成危害。如能在中跨合龙前在中跨悬臂端部施加一个水平推力,以抵消降温和后期混凝土收缩徐变产生的位移,对改善墩身和主梁受力及挠度都是有利的。

苏通大桥连续刚构在中跨合龙之前,在每幅桥中跨两悬臂端之间设置了 4 台千斤顶对两悬臂端进行对顶,将合龙口两端顶开一段距离,然后焊接合龙段性骨架,再拆除顶推千斤顶,这样即可将顶推轴力存储于梁内,顶推工艺类似于预应力作用。中跨合龙前的对顶装置如图 3.40 所示。

实桥施工时,在跨中合龙段两侧施加了 720 t 的顶推力,实测的合龙口水平位移为 10 cm。在本计算模型中,对合龙段两侧施加 720 t 顶推力后,计算的合龙口水平位移为 10.7 cm,与实测结果吻合较好。

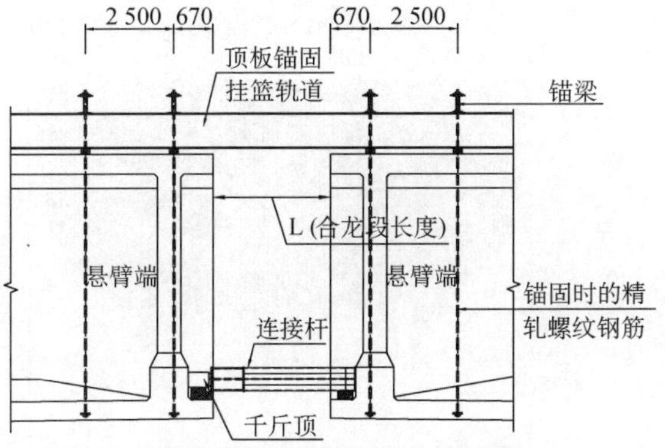

图 3.40　合龙前的对顶示意图

3.7.4　箱梁长期行为的预测

1）主梁的上缘应力

主梁上缘正应力的分布在成桥后的发展如图 3.41～图 3.45 所示，图中负值表示受压。以主跨根部截面和跨中截面为例，成桥时，主跨根部截面的上缘正应力为 15.2 MPa，1 年后为 14.6 MPa，补张后期束后为 14.9 MPa，30 年后的上缘正应力为 13.4 MPa。跨中截面箱梁的上缘正应力为 6.9 MPa，1 年后为 7.7 MPa，补张剩余束后为 8.5 MPa，30 年后的上缘正应力为 9.5 MPa。

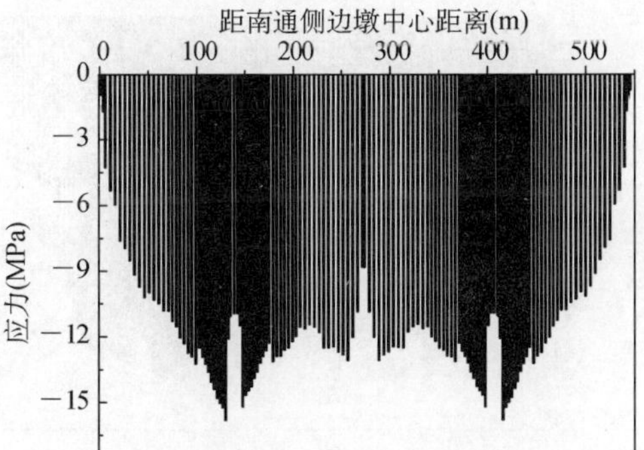

图 3.41　成桥时主梁的上缘应力

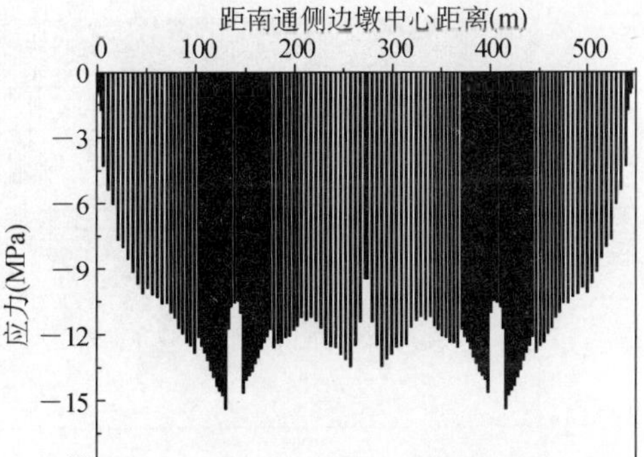

图 3.42　成桥 1 年后主梁的上缘应力

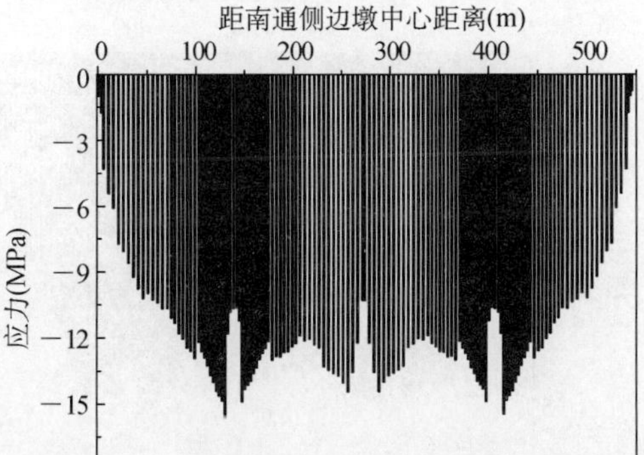

图 3.43　补张第二批合龙束之后主梁的上缘应力

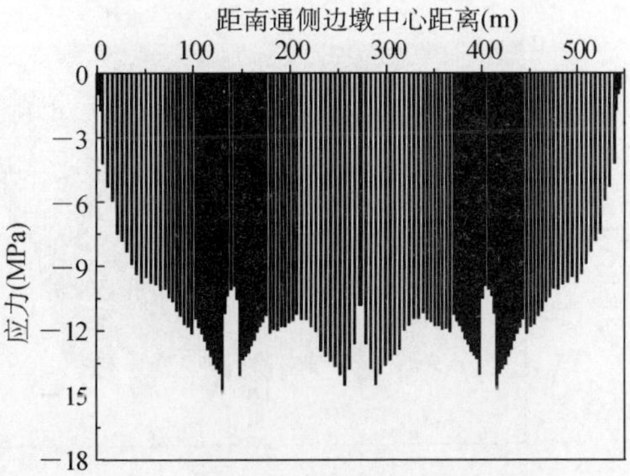

图 3.44　成桥 10 年后主梁的上缘应力

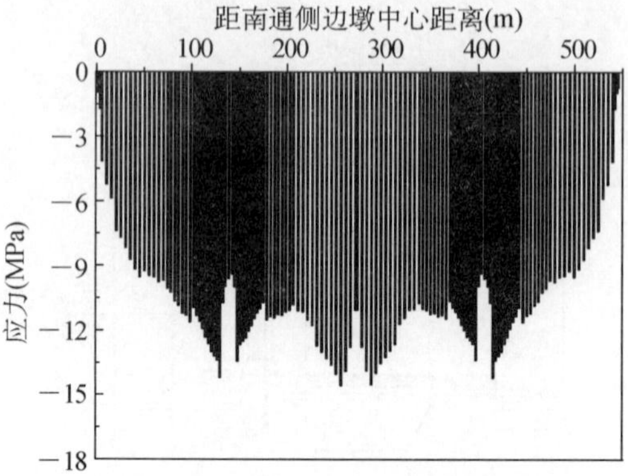

图 3.45　成桥 30 年后主梁的上缘应力

2）主梁的下缘应力

主梁下缘正应力的分布在成桥后的发展如图 3.46～图 3.50 所示，图中负值表示受压。以主跨根部截面和跨中截面为例，成桥时，主跨根部截面的下缘正应力为 15.7 MPa，1 年后为 16.0 MPa，补张后期束后为 15.8 MPa，30 年后的上缘正应力为 16.0 MPa。跨中截面箱梁的上缘正应力为 14.1 MPa，1 年后为 12.2 MPa，补张剩余束后为 16.7 MPa，30 年后的上缘正应力为 12.5 MPa。

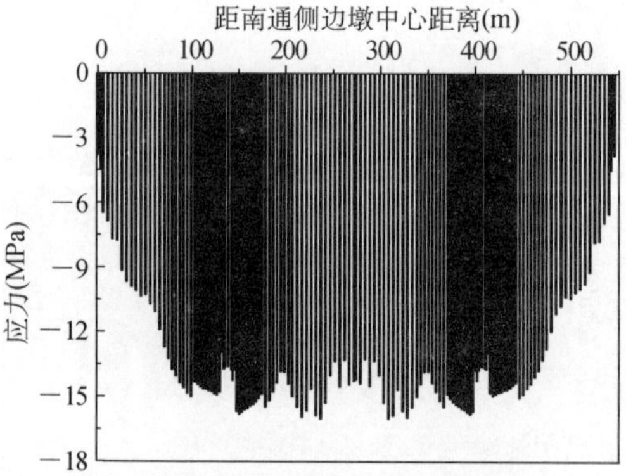

图 3.46　成桥时主梁的上缘应力

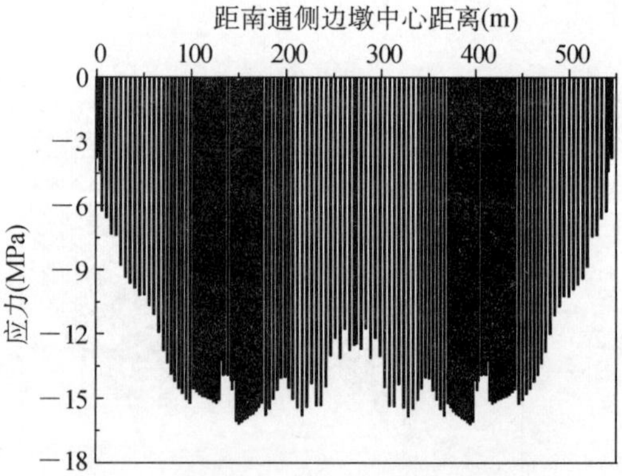

图 3.47　成桥 1 年后主梁的上缘应力

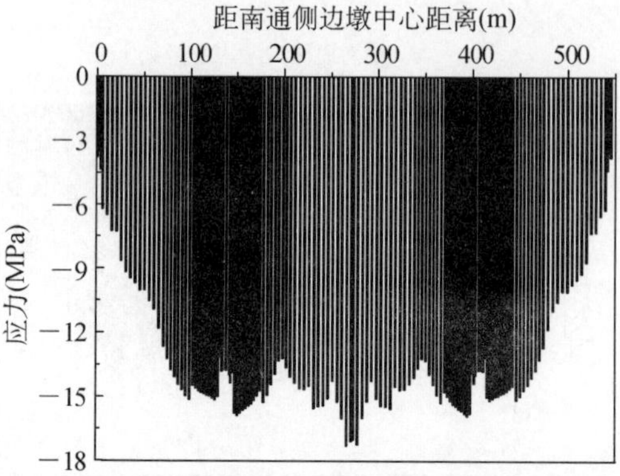

图 3.48　补张第二批合龙束之后主梁的上缘应力

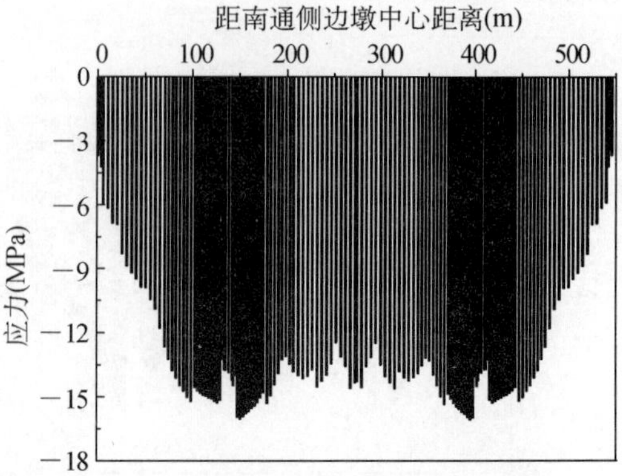

图 3.49　成桥 10 年后主梁的上缘应力

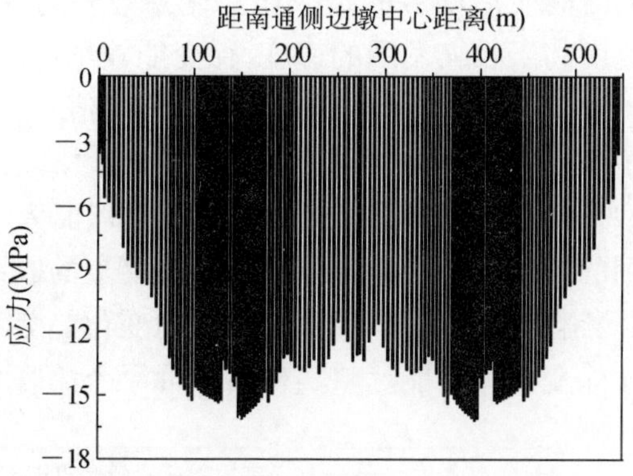

图 3.50　成桥 30 年后主梁的上缘应力

3）长期变形

（1）主梁长期变形预测

基于三层次试验得到的修正收缩徐变模型，主梁成桥后各点的变形相对成桥时的增量如图 3.51 所示。

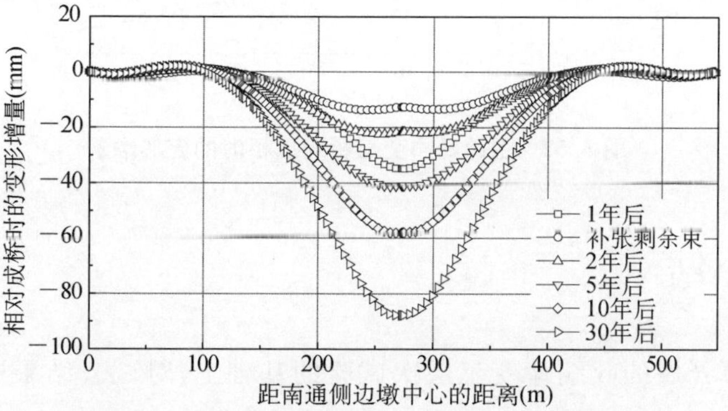

图 3.51　各阶段主梁相对成桥时的变形增量

从图 3.51 可以看出，成桥 1 年后跨中挠度相对成桥状态时增加了 34.8 mm，补张剩余束（合龙束共 15 对，分两批张拉，跨中合龙时张拉了 12 对合龙束，成桥 1 年后补张 3 对后期合龙束）使得跨中上拱 22.2 mm，成桥 10 年后跨中挠度相对成桥状态时下挠 58.0 m，成桥 30 年后跨中挠度相对成桥状态时下挠 87.8 mm。

（2）收缩徐变模式对跨中长期变形的影响

采用不同的收缩模型，大跨径预应力混凝土箱梁桥的长期挠度预测结果会相差较大。图 3.52 所示为分别采用三层次试验得到的修正模型、现桥规模型（CEB-FIP90）及 85 桥规模型（CEB-FIP78）对苏通大桥连续刚构跨中挠度发展趋势的一个预测。图 3.52 中三条曲线在 1 年左右的时间挠度突然上拱是补张三队跨中合龙束（设计中预定）所致。可以发现，修正模型的结果与现行桥规的预测结果较为接近，这时因为修正模型的收缩应变高于桥规模型的收缩，而修正模型预测的徐变系数低于桥规模型，两者共同作用时，对长期行为的预测比较接近。但是这两曲线在前期稍有不同，桥规模型预测的下挠稍大于修正模型，这时因为两个模型中收缩应变的时间发展函数的指数比徐变系数时间发展函数的指数值要大，所以徐变系数前期发展的速度高于收缩发展的速度，徐变能较早地进入平缓阶段，而桥规模型预测的徐变系数大于修正模型，收缩应变小于修正模型预测值，所以共同作用的结果是桥规模型前期预测的下挠大于修正模型，而后期值比较接近。此外，由于 85 桥规预测的徐变系数明显高于现行桥规模型[3-47]，所以 85 桥规预测的长期变形要大于现行桥规的预测值。利用修正收缩徐变模式得到的苏通大桥所用高强高性能混凝土的收缩徐变预测值和三层次试验的实测值吻合较好，预测精度较高，相应的徐变曲线的变化趋势和试验实测数据曲线基本相同。因此利用修正收缩徐变模式更能反映实桥所用混凝土的收缩徐变特性。

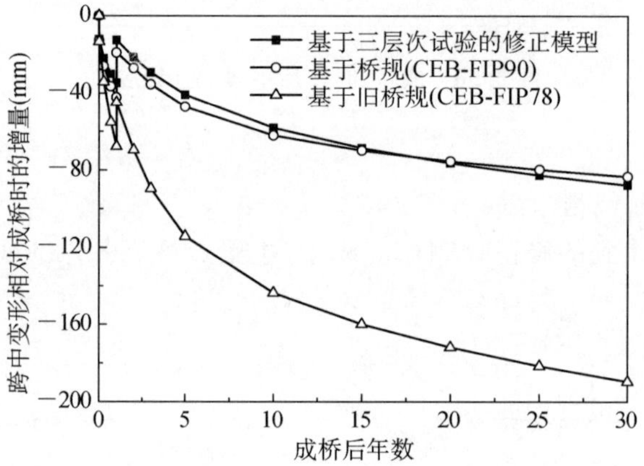

图 3.52　主跨跨中变形相对成桥时的变形增量

3.8　本章小结

本章在第二章开展的收缩徐变三层次试验的基础上，对试验结果进行了详细的理论分析。

(1) 本章对国内外常用的几种收缩徐变预测模型[CEB-FIP 系列、ACI 209(92)、B3 和 GL2000 模型]表达式、建立机理、考虑因素、适用范围等进行了较为详细的评述和比较分析，对今后合理地运用何种预测模型有一定的帮助。值得注意的是，国内外常见的一些收缩徐变模式基本上是在大量试验结果的基础上总结出来的经验公式。即使理论性较强的 B3 模型，也是半经验半理论公式(B3 模型虽然基于水泥固化理论提出，但其中参数也是建立试验基础之上的经验公式，所以从整体上来讲，B3 模式仍属于半经验半理论公式)。由于影响混凝土收缩徐变的因素十分复杂，目前无法也没有必要在预测模式中完全考虑这些影响因素，影响因素考虑的多少，并不决定一个预测模式的好坏。选择混凝土的收缩徐变模式主要应根据：该预测模型是否通过了大量的试验数据验证；是否能够方便地使用；是否能够通过少量的、有针对性的短期试验来修正模型的参数，使之成为针对某一特定混凝土的预测模式，达到“量体裁衣”的效果。

(2) 基于材料层次的收缩徐变试验，对现行桥规采用的 CEB-FIP90 模型进行了修正，用以描述苏通大桥连续刚构所用高强高性能混凝土的徐变变形规律。这里基于 CEB-FIP90

收缩徐变模型进行修正有两点原因：一是我国现行桥规中的收缩徐变基于 CEB-FIP 模型，在桥梁设计中应用较为广泛，在一些有限元程序中均有该收缩徐变模型，修正后的模型易于应用到实际桥梁分析中；二是通过和其他模型进行比较之后可知，CEB-FIP90 模型形式相对简单，易于被设计人员掌握，由名义系数(徐变系数终值或收缩应变终值)与发展曲线的乘积组成，所考虑的因素较为合理，如考虑了混凝土强度等级的影响，随强度等级的提高徐变系数减小，这和高强混凝土相比普通混凝土的徐变系数要小这一客观现象相符合；同时该模式还考虑了环境相对湿度和理论厚度对徐变系数随时间发展的影响。

(3) 将修正收缩徐变模型、ACI 209(92)模型、CEB-FIP78 模型、CEB-FIP90 模型、B3 模型以及 GL2000 模型的预测的收缩应变及徐变系数与材料层次的试验结果进行了对比分析。通过比较可以发现：

① 收缩应变：现行桥规采用的 CEB-FIP90 收缩模式及 85 桥规采用的 CEB-FIP78 收缩模型均明显低估了苏通辅桥所用高强高性能混凝土的收缩值，在实桥中应用现行桥规的收缩模式时，有低估长期变形的危险。ACI 209(92)模型的收缩应变预测值明显高于本研究试验值，GL2000 模型对于 60%相对湿度环境下的收缩试件，高估了收缩应变，而对环境湿度为 90%的试件，则稍低估收缩应变发展。B3 收缩预测模型建立在湿度扩散理论的基础之上，有较强的理论依据，并且较细致地考虑了混凝土配比对收缩应变的影响，因此，其预测值与试验结果差异相对较小，但对于工程设计人员来说，B3 模型的计算显得较为繁琐。修正收缩模型与实测值吻合较好，因此利用修正模型更能反映实桥所用高强高性能混凝土的收缩特性。

② 徐变系数：对于苏通连续刚构所用的高强高性能混凝土，总体上不同模型徐变系数预测值之间差异很大，实测值一般比常用徐变模型的预测值要低。85 桥规采用的 CEB-FIP78 模型明显高估了该混凝土的徐变系数，并且随着持荷时间的增加差异越来越大。而 CEB-FIP90 模式和 CEB-FIP78 模式相比较，无论是在数值上还是在徐变的发展趋势上和实测数据的吻合程度都有所提高。B3 模式的计算值明显高于本研究实测值，但曲线轮廓和实测曲线符合程度较高，只是在徐变终极值上有所差异。ACI 209(92)和 GL2000 徐变模型都高估该混凝土的徐变系数，但相比 CEB-FIP78 模型，精度要好。修正模型无论是在徐变系数的量值上还是发展趋势上，都和实测值吻合较好。因此，在试验研究基础上，通过短期试验来修正现有收缩徐变模型中的参数，使之成为针对某一特定混凝土的预测模型，可以提高收缩徐变效应的预测精度。

(4) 针对配筋混凝土收缩徐变试验，推导了配筋对收缩徐变的约束影响系数，并和试验数据进行了比较，理论与试验结果吻合较好，进一步验证了材料层次提出的修正收缩徐变模型。研究配筋对混凝土收缩徐变的约束影响有两个作用：一是对于预测收缩徐变效应精度要求较高的混凝土结构，考虑配筋的约束作用，可以提高收缩徐变效应的预测精度；二是可以通过配筋混凝土的收缩徐变试验，反推素混凝土的收缩徐变大小。理论及试验研究表明，配筋对混凝土收缩徐变均有约束作用，而且配筋对收缩徐变的约束影响系数和考虑的持荷时间、配筋位置及混凝土特性等影响。配筋率对混凝土收缩徐变的影响系数不是一个常量，而是随时间变化的，只有当计算时间足够长时才趋于常量。

(5) 考虑收缩、徐变和松弛三者共同影响，本书提出了预压区(或预拉区)的非预应力筋重心位置和预应力筋重心在不同层时预应力长期损失的实用计算公式。由公式可以看出，预应力长期损失的大小取决于混凝土的徐变收缩特性、预应力筋松弛损失、钢筋的位置、配筋率以及截面初始应力状态等。提出的实用计算公式和吕志涛等[3-39]开展的试验结果符合较好。对构件层次预应力损失试验的分析，发现计算的长期损失值小于实测值，对于出现此现象的原因在书中进行了阐述。

(6) 基于修正的收缩徐变模型，预测了结构层次的悬浇 T 构试验，并和现行桥规和 85 桥规的收缩模型进行了比较，结果表明，基于修正模型预测的变形发展与实测值较为接近，进一步验证了利用修正收缩徐变模型，更能反映实桥所用混凝土的收缩徐变特性。此外，桥梁长期变形的发展与成桥时的内力状态有关。通过 T 构试验可以看出，如果保持梁的上下缘应力差较小，后期的变形发展会得到控制。

(7) 基于三层次试验得到的修正收缩徐变模型，对苏通大桥连续刚构的时变效应进行了分析。计算结果同施工阶段的应力监控进行了比较，结果表明，计算的几个典型箱梁截面在各施工阶段下的应力在数值和发展趋势上，均和实测数据的吻合较好。并预测了苏通大桥连续刚构的箱梁应力的长期发展及主梁的长期变形。对主跨跨中挠度的预测表明，成桥 1 年后跨中挠度相对成桥状态时增加了 34.8 mm，补张剩余束(合龙束共 15 对，分两批张拉，跨中合龙时张拉了 12 对合龙束，成桥 1 年后补张 3 对后期合龙束)使得跨中上拱 22.2 mm，成桥 10 年后跨中挠度相对成桥状态时下挠 58.0 mm，成桥 30 年后跨中挠度相对成桥状态时下挠 87.8 mm。

本章参考文献

[3-1] Neville A M, Dilger W H, Brooks J J. Creep of plain and structural concrete[M]. London&New York, 1983

[3-2] Dilger W H. Creep analysis of prestressed concrete structures using creep-transformed section properties[J]. Journal of PCI, 1982, 27(1): 98-118

[3-3] 朱伯芳. 大体积混凝土温度应力与温度控制[M]. 北京：中国电力出版社，1998

[3-4] 胡狄. 预应力混凝土桥梁徐变效应分析[D]. 长沙：中南大学，2003

[3-5] CEB-FIP. International recommendations for the design and construction of concrete structures [A]//Cement and Concrete Association[C]. London, 1970

[3-6] 苏清洪. 加筋混凝土收缩徐变的试验研究[J]. 桥梁建设，1994(4)：11-18

[3-7] 中华人民共和国交通部. 公路钢筋混凝土及预应力混凝土桥涵设计规范(JTG D62-2004)[S]. 北京：人民交通出版社，2004

[3-8] CEB-FIP. CEB-FIP Model Code for Concrete Structures[S]. Lausanne, Switzerland, 1990

[3-9] 周履，陈永春. 收缩徐变[M]. 北京：中国铁道出版社，1994

[3-10] Bazant Z P. Prediction of concrete creep effects using age-adjusted effective modulus method [J]. ACI Proceedings, 1972, 69(4): 212-217

[3-11] Trevino J, Ghali A. Relaxation of steel in prestressed concrete [J]. Journal of the PCI, 1985, 30(5): 82-94

[3-12] Ghali A, Azarnejad A. Deflection prediction of members of any concrete strength[J]. ACI Structural Journal, 1999, 96(5): 807-816

[3-13] Branson D E. Deformation of concrete structures [M], McGraw Hill Book Company, New York, 1977

[3-14] Comité Euro International Du Béton. CEB-FIP model code for concrete structures [S]. Comité Euro-International Du Béton/Fédération International de la Précontrainte, Paris, 1978

[3-15] 周履，陈永春. 收缩徐变[M]. 北京：中国铁道出版社，1994

[3-16] 中华人民共和国交通部. 公路钢筋混凝土及预应力混凝土桥涵设计规范(JTJ 023-1985)[S]. 北京：人民交通出版社，1985

[3-17] Code Canadian sur le calcul des ponts routiers [S], CAN/CSA-S6-00, Chapitre8

[3-18] 杨美良. 徐变系数计算的实用数学表达式[J]. 湖南交通科技，2000，26(1)：42-43

[3-19] 钟正强，颜东煌.《公桥规》中徐变系数计算图表的拟合曲线及程序算法[J]. 中南公路工程，1995(4):58-63

[3-20] 段明德.《公路钢筋混凝土及预应力混凝土桥涵设计规范》徐变系数的计算和应用[J]. 中国公路学报，1998，11(4)：70-76

[3-21] 杨小兵. 混凝土收缩徐变预测模型研究[D]. 武汉：武汉大学，2004

[3-22] 石现封，梁志广，李建中. 几种常见混凝土收缩徐变模式的比较分析[J]. 石家庄铁道学院学报，1998(3)：8-13

[3-23] ACI Committee 209. Prediction of Creep Shrinkage and Temperature Effects in Concrete Structures (209R-92) [S]. America Concrete Institute, Farmington Hills, Mich, 1992

[3-24] Branson D E, Christiason M L. Time-dependent concrete properties related to design strength and elastic properties, creep and shrinkage [J]. SP-27, Designing for Creep, Shrinkage and Temperature, ACI, Detroit, 1971, 257-277

[3-25] Butcher A M. Assessment of long-term deformations of the Confederation Bridge [D]. Dalhousie University, Canada, 2009

[3-26] Gardner N J, Zhao J W. Creep and shrinkage revisited[J]. ACI Materials Journal, 1993, 90(3): 236-246

[3-27] Lam J P. Evaluation of concrete shrinkage and creep prediction models[D]. San Jose State University, USA, 2002

[3-28] Bazant Z P, Panula L. Practical prediction of time-dependent deformations of concrete, materials and structures. Research and Testing. (RILEM, Paris), 1978, 11(65): 307-328; 11(66): 415-424; 1979, 12(69): 169-183

[3-29] Bazant Z P, Baweja S. Creep and shrinkage prediction model for analysis and design of concrete structures-model B3[J]. Materials and Structures, 1995, 28(180): 357-365

[3-30] Gardner N J, Lockman M J. Design provisions for drying shrinkage and creep of normal-strength concrete[J]. ACI Materials Journal, 2001, 98(2): 159-167

[3-31] 丁文胜，吕志涛，孟少平，等. 混凝土收缩徐变预测模型的分析比较[J]. 桥梁建设，2004(6)：13-16

[3-32] 林波. 混凝土收缩徐变及其效应的计算分析和试验研究[D]. 南京：东南大学，2006

[3-33] Bazant Z P, Baweja S. Justification and refinements of model B3 for concrete creep and shrinkage. 1. statistics and sensitivity[J]. Materials and Structures, 1995, 28(181): 415-430

[3-34] 肖玉德，殷永高，何敏. 预应力混凝土桥梁收缩与徐变力学变化的数值模拟[J]. 合肥工业大学学报(自然科学版)，2003，26(1)：104-107

[3-35] 潘立本，陈蓓. 用分段逼近法计算混凝土收缩与徐变引起的构件预应力损失[J]. 工程力学，1998，14(4)：123-126

[3-36] American Association of State highway and Transportation Officials (AASHTO). AASHTO LRFD Bridge Design Specifications. 2004

[3-37] 日本土木建筑学会(1978). 预应力混凝土结构设计与施工规范及说明[M]. 华东预应力开发中心译. 南京：南京工学院出版社，1986

[3-38] 徐金声，陈永春，高红旗. 混合配筋预应力梁的截面长期应力分析[J]. 建筑结构学报，1985(5)：16-28

[3-39] 周燕勤. 预应力损失的计算及试验研究[D]. 南京：东南大学，1995

[3-40] 董哲仁. 钢筋混凝土非线性有限元法原理与应用[M]. 北京：中国铁道出版社，1998

[3-41] 刘钊. 桥梁概念设计与分析理论[M]. 北京：中国交通出版社，2010

[3-42] 王巍，薛伟辰. 高速客运专线轨道梁徐变变形研究进展[J]. 铁道科学与工程学报，2005，2(4)：39-44

[3-43]　东南大学. 苏通大桥辅桥连续刚构精细化结构分析与设计施工建议[R]，2005.7

[3-44]　邱顺冬,郑海霞. 桥梁工程软件 MIDAS Civil 常见问题解答[M]. 北京:人民交通出版社,2009

[3-45]　中交公路规划设计院，江苏省交通规划设计院，同济大学建筑设计研究院. 苏通大桥 D1 标段辅桥连续刚构桥施工图设计，2005

[3-46]　中铁大桥局集团武汉桥梁科学研究院. 苏通大桥辅桥连续刚构施工监控报告[R]. 武汉，2007

[3-47]　丁文胜，孙福全,等. 两种 CEB-FIP 混凝土徐变模型的对比分析[J]. 江苏科技大学学报，2006，20(6)：23-27

第四章　基于试验数据库的收缩徐变模型研究

4.1　引言

混凝土收缩和徐变的机理及影响因素十分复杂，各有特点，又相互关联，因而试验研究是揭示混凝土收缩徐变规律的一项基础性工作。从19世纪第一次观测到混凝土的收缩和Hatt在1907年首先发现混凝土的徐变至今，国内外一大批学者针对收缩徐变开展了大量的试验研究工作。一般来说，针对特定混凝土，开展少量的、有针对性的短期试验，研究一个或几个影响因素对收缩徐变的影响，来修正常用收缩徐变模型的参数，可以使之成为针对该特定混凝土的预测模型[4-1]，第二章提出的收缩徐变三层次试验方法就是这一思路的延伸。

但是，对每一个预应力混凝土结构都要求开展收缩徐变试验，这是不可能，也是不经济的。众所周知，我国现行桥规[4-2]中采用的收缩徐变模式是基于CEB-FIP90模型[4-3]，而目前国内学者很少采用建立收缩徐变试验数据库的方法，对其进行评估研究。由3.3.2章节内容可知，CEB-FIP90模型适用于混凝土圆柱体抗压强度20～90 MPa(即混凝土立方体抗压强度25～100 MPa，平均圆柱体抗压强度f_{cm}与平均立方体抗压强度f_{cu}之间的换算关系参考文献[4-4]，如$f_{cu} \leqslant 50$ MPa，$f_{cm}=0.8f_{cu}$；如$f_{cm}>50$ MPa，则$f_{cm}=f_{cu}-10$)的结构，环境相对湿度范围为40%～100%。我们知道，常用收缩徐变模型大都基于普通混凝土的试验数据统计回归得到，这些不同强度等级的混凝土收缩徐变试验数据在总的数据所占的比重影响了该模型对某一强度等级混凝土收缩徐变预测的精度，所以它们对高强混凝土的适用性值得进一步的研究。而我国桥规中规定预应力混凝土构件的混凝土强度不低于C40，混凝土结构设计规范[4-5]中也规定，当采用钢绞线、钢丝或热处理钢筋作为预应力筋时，混凝土强度等级也不宜低于C40，而目前大跨径混凝土桥梁建设所用的混凝土，强度等级大多也超过C50。强度等级变高后，混凝土自身组成会有差异，从而影响混凝土收缩徐变；此外，构件采用较高强度等级的混凝土后，构件截面尺寸相应变小，变形问题会更突出。所以，研究现行桥规采用的CEB-FIP90模型对于C40～C90强度等级范围的混凝土的适用性，显得十分必要。

本章广泛收集了国内外试验数据[4-6]～[4-33]，建立了混凝土收缩徐变实验数据库。相比Bazant等[4-6][4-7]和Al-Manaseer[4-9][4-10]等建立的数据库，本章数据库具有三个特点：一是增加了国内开展的收缩徐变试验；二是大量删除了相对湿度为99%、100%环境下的收缩徐变试验(原因见4.2章节)，数据库中收缩徐变试验的环境相对湿度的上限为95%；三是混凝土强度等级范围限定在C40～C90。

本章研究目的有三：一是了解现行桥规采用的CEB-FIP90模型是否适用于C40～C90

强度等级的混凝土，即基于收缩徐变试验数据库对 CEB-FIP90 收缩徐变模型进行评估；二基于建立的收缩徐变试验数据库和 CEB-FIP90 模型，修正收缩和徐变模型中的强度因子和时间发展函数；三是为第五章预应力混凝土大跨结构的时变效应的不确定性分析提供参数（如变异系数）。

4.2　收缩徐变试验数据库

本章建立了混凝土收缩徐变试验数据库，数据库中混凝土强度等级为 C40～C90，环境相对湿度的上限为 95%，相比 Bazant 等[4-6][4-7]和 Al-Manaseer[4-9]等建立的数据库，本章中大量删除了相对湿度为 99%、100%环境下的收缩徐变试验，且增加了国内收缩徐变试验的研究。这里删除相对湿度为 99%、100%环境下的收缩徐变试验的原因是，对收缩徐变较为敏感的预应力混凝土大跨结构主要用于地表或水面以上部分，环境的相对湿度一般低于 95%，而相对湿度为 99%和 100%的情况一般出现在水下结构或一些特殊结构中。因为 CEB-FIP90 模型对相对湿度为 99%和 100%的情况，收缩应变和徐变系数非常小，而文献[4－6]～[4－9]收集的很多混凝土试件在相对湿度 99%和 100%环境下测得的收缩应变及徐变系数都较大，如将这些数据放入数据库，和现桥规采用的 CEB-FIP90 模型进行比较，必然会出现模型低估实测值的情况，影响了该模型对实际预应力混凝土大跨结构的预测精度，所以本章建立的收缩徐变试验数据库中的环境相对湿度的上限为 95%。

4.2.1　收缩试验数据库

本书选取了 206 组（国外 158 组，国内 48 组）收缩试验，共 2 838 个数据点。图 4.1 为 206 组收缩试验数据库中主要影响参数（混凝土立方体抗压强度、环境相对湿度及构件理论厚度）的分布情况。由图 4.1 可知，28 d 混凝土平均立方体抗压强度 f_{cu}＝70～91 MPa 的收缩试件仅占总组数的 26.2%，绝大部分为 40～70 MPa，而实际预应力混凝土结构所用的混凝土强度等级一般也为 40～70 MPa，所以建立的数据库能够在一定程度上表征常用混凝土等级的收缩“共性”。数据库中收缩试验所处环境的相对湿度绝大部分（总组数的 91.7%）在 40%～80%，和实际结构所处的环境相近。因为收缩试验一般在室内标准环境下进行，试件的理论厚度相比于实际预应力混凝土结构，一般较小。

4.2.2　徐变试验数据库

本研究选取了 179 组（国外 144 组，国内 35 组）徐变试验，共 3 598 个数据点。图 4.2 为 179 组徐变试验数据库中主要影响参数（混凝土立方体抗压强度、环境相对湿度、构件理论厚度及加载龄期）的分布情况。

由图 4.2 可知，28 d 混凝土平均立方体抗压强度 f_{cu}＝40～70 MPa 的徐变试件占总组数的 86.0%，而实际预应力混凝土结构所用的混凝土强度等级一般也为 40～70 MPa，所以建立的数据库能够在一定程度上表征常用混凝土等级的徐变“共性”。数据库中徐变试验所处环境的相对湿度绝大部分（总组数的 96.6%）在 50%～65%，和实际结构所处的环境相

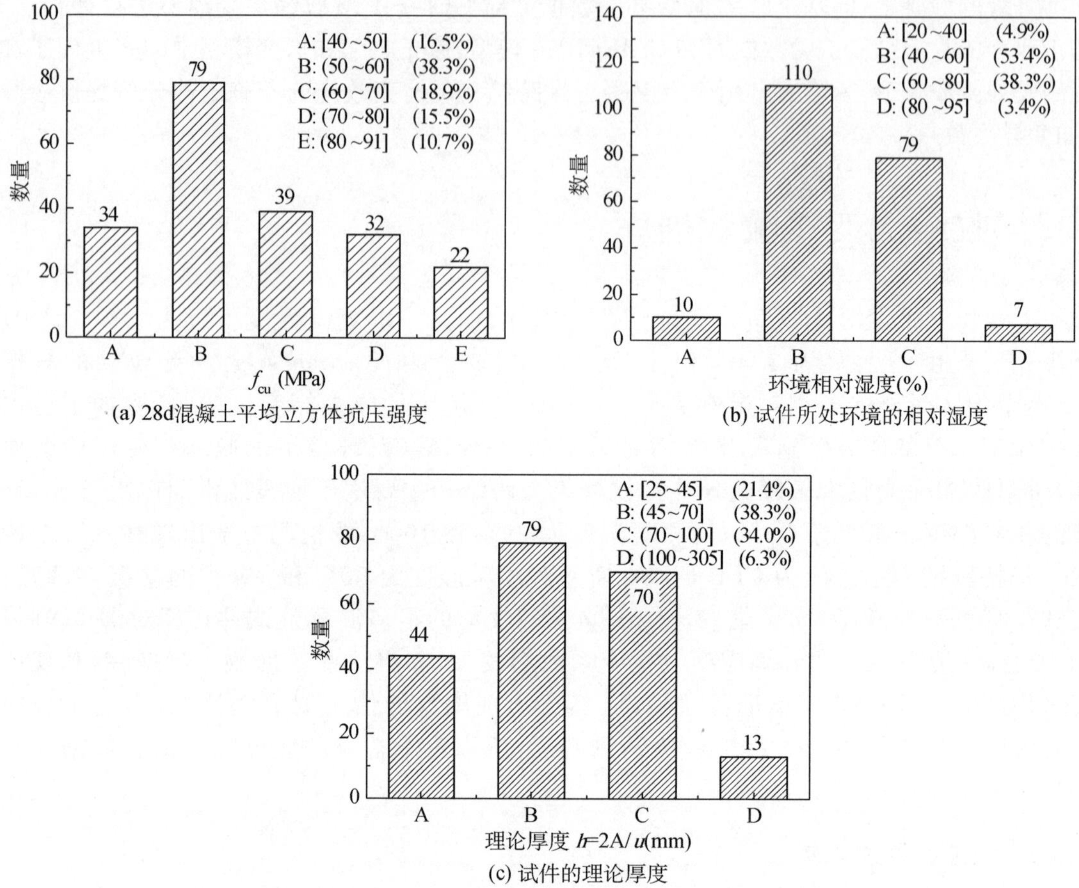

图 4.1　收缩数据库的主要参数分布情况(206 组)

近。和收缩试验类似，徐变试验一般也在室内标准环境下进行，试件的理论厚度相比于实际预应力混凝土结构，一般较小。数据库中徐变试件的加载龄期多集中在 5～28 d，占总组数的 69.3%，对于预应力混凝土梁桥中，混凝土加载龄期(预应力张拉龄期)一般超过 3 d，对于采用悬臂施工方法的大跨径预应力混凝土梁桥，混凝土的加载龄期从 5 d 至几百天不等，在张拉节段预应力、浇筑节段混凝土、张拉合龙束和二期恒载铺装等，各个节段混凝土的加载龄期各异，所以，数据库中选取的徐变试件的加载龄期也包括相当部分的超过 28 d(占 21.2%)的数据。

4.3　CEB-FIP90 模型评估

本节利用 4.2 章节建立的收缩徐变试验数据库，对现行桥规采用的 CEB-FIP90 模型的预测精度进行评估。模型预测的收缩应变和徐变函数(又称徐变柔量，指在单位应力作用下，混凝土的瞬时弹性应变与徐变应变之和)与数据库中的实测值进行了比较，采用三种评估方法(残差法、B3 变异系数法和 CEB 变异系数法)对 CEB-FIP90 模型的预测精度进行评估。

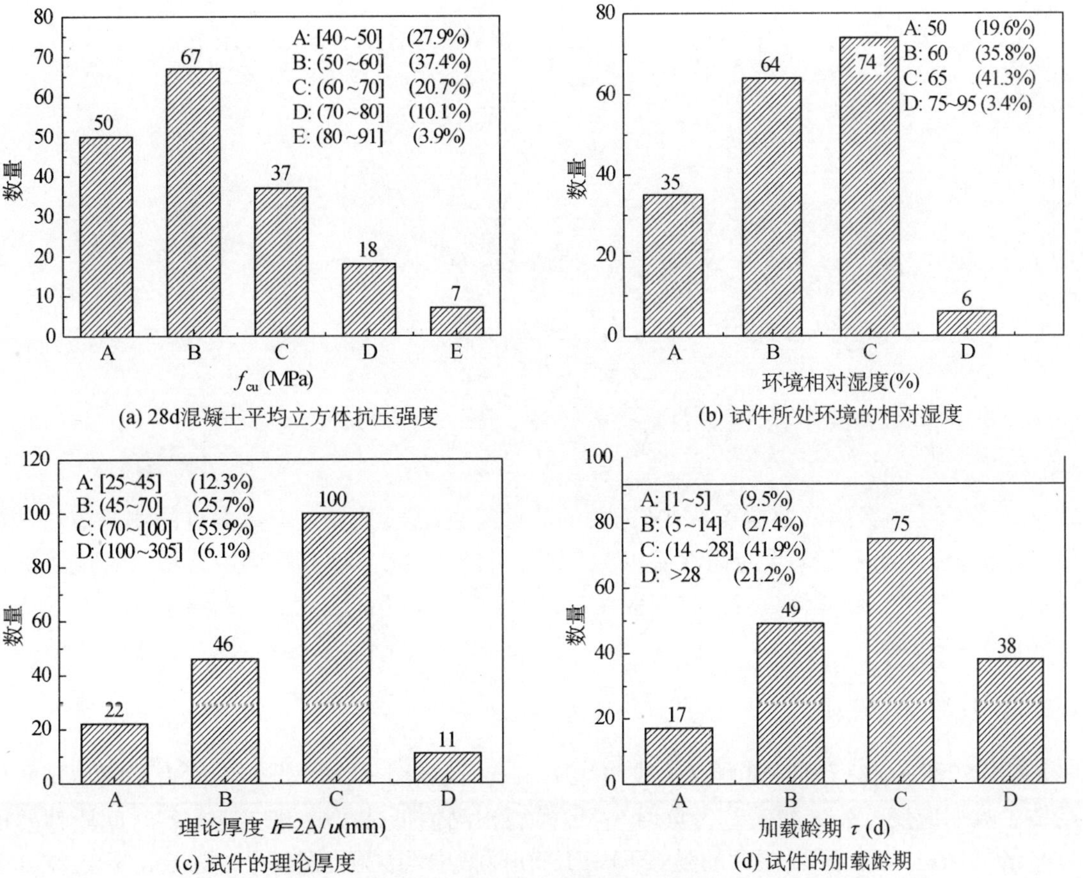

(a) 28d混凝土平均立方体抗压强度　(b) 试件所处环境的相对湿度

(c) 试件的理论厚度　(d) 试件的加载龄期

图 4.2　徐变数据库的主要参数分布情况(206 组)

4.3.1　评估方法介绍

1）残差法

残差法是所有评估方法中最简单的，残差法的基本思想是模型预测值减去试验值，然后观测该差值的大小及分布。如差值是正值，表示预测模型高估了收缩应变或徐变函数；反之，负值代表低估了收缩应变或徐变函数。根据数据点时间的对数尺度，将干燥持续时间或持荷时间划分为三个时段，分别为 0～1 000 d、1 000～9 000 d 及 0～9 000 d，进行评估。此外，残差法还根据残差值分布(收缩应变：±100 με；徐变函数：±33 με/MPa)，划分范围作进一步评估。残差值 RV(Residual Value)用下式计算：

$$RV=P-E \tag{4.1}$$

式中：P 为模型预测值；E 为实测值。

2）B3 变异系数法

该法的介绍见 3.3.5 章节。

3) CEB 变异系数法

CEB 变异系数法由 Muller 和 Hilsdorf[4-34]建议，CEB 变异系数采用下式计算：

$$Y_i = \frac{\sum_{j=1}^{n} Y_{ij}}{n} \tag{4.2}$$

$$S_i = \sqrt{\frac{1}{n-1}\sum_{j=1}^{n}(\Delta Y_{ij})^2} \tag{4.3}$$

$$V_i = \frac{S_i}{Y_i} \times 100 \tag{4.4}$$

$$V_{\mathrm{CEB}} = \sqrt{\frac{1}{N}\sum_{i=1}^{N} V_i^2} \tag{4.5}$$

式中：n 为第 j 组数据的数据点数；N 为总的数据组数；ΔY_{ij} 为第 i 个数据点的实测值与计算值的差值；S_i 为第 i 组试验的标准差；V_i 为第 i 组试验的变异系数；V_{CEB} 为总试验组数的变异系数；Y_i 为第 i 组试验的实测收缩应变或徐变函数平均值；Y_{ij} 为第 i 组试验第 j 时间点的实测值。

4.3.2 收缩模型评估

CEB-FIP90 收缩模型预测值的残差如图 4.3 所示，图 4.3 中残差正值表示模型预测值高估了收缩应变，反之，如残差为负值，表示模型预测值低估了收缩应变。各时间段残差的分布情况见表 4.1。需要注意的是，CEB-FIP90 模型中，混凝土强度 f_{cm} 是指混凝土 28 d 平均圆柱体抗压强度，这里需要对现桥规[4-2]中附录 F.1.1 中的术语解释“f_{cm}”提出质疑，桥规附录 F.1.1 中的“f_{cm}”解释为“强度等级 C20～C50 混凝土在 28 d 龄期时的平均立方体抗压强度，$f_{\mathrm{cm}}=0.8f_{\mathrm{cu,k}}+8$ MPa”，而 CEB-FIP90 模型[4-3]中 f_{cm} 指的是混凝土 28 d 平均圆柱体抗压强度，CEB-FIP 规范[4-3]中规定平均值 f_{cm} 与圆柱体抗压强度特征值 f'_{c} 之间的关系为：

$$f_{\mathrm{cm}} = f'_{\mathrm{c}} + 8\ \mathrm{MPa} \tag{4.6}$$

所以桥规中对 f_{cm} 的定义应更正为“混凝土 28 d 平均圆柱体抗压强度”，而不是“平均立方体抗压强度”，但桥规中“$f_{\mathrm{cm}}=0.8f_{\mathrm{cu,k}}+8$ MPa”关系式是正确的。我们知道，对于 C20～C50 混凝土，有 $f'_{\mathrm{c}}=0.8f_{\mathrm{cu}}$，再由式(4.6)可知，所以“$f_{\mathrm{cm}}=0.8f_{\mathrm{cu,k}}+8$ MPa”关系式是正确的。

从图 4.3 中和表 4.1 中可以看出，不管是短期还是长期试验结果，绝大部分收缩应变残差值均在负值一侧，说明现桥规采用的 CEB-FIP90 收缩模型存在低估收缩应变的危险。从总的数据点分布来看，73%的残差分布在负值一侧，而 27%的残差分布在正值一侧。

根据式(3.42)和式(4.5)计算得到 CEB-FIP90 收缩模型预测的收缩应变的 B3 变异系数和 CEB 系数分别为 47.6%和 44.3%，其中 B3 变异系数和 Bazant[4-35]统计的 CEB-FIP90 收缩模型的 B3 变异系数(46%)较为接近。CEB-FIP90 收缩模型主要考虑了混凝土强度、环境的相对湿度及构件的理论影响，而混凝土组成的影响没有考虑，所以模型预测值的变异系数相对来说还是较大的，但方便设计人员应用。

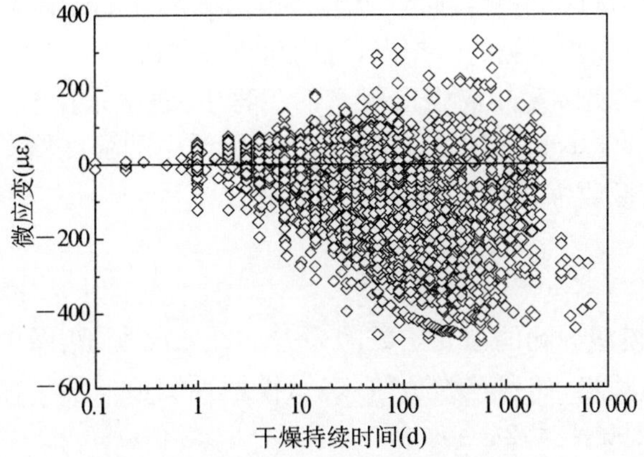

图 4.3　CEB-FIP90 模型的收缩应变残差

表 4.1　CEB-FIP**90 收缩模型残差分布**

时间划分段		0～1 000 d	1 000～9 000 d	0～9 000 d
残差	数据点数	2 660	178	2 838
	模型高估"+"	728(27%)	35(20%)	833(27%)
	模型低估"-"	1 932(73%)	143(80%)	2 085(73%)
	0～±100 με	1 553(58%)	101(57%)	1 654(58%)
	超出±100 με	1 107(42%)	77(43%)	1 184(42%)

注:表中括号内百分比表示某一时间段内数据点的模型高估(或低估)值所占的比重。

前面已经讲到,目前常用收缩徐变模型大都基于普通混凝土的试验数据统计回归得到,即用于统计的试验中,普通混凝土试件数量所占比重较大,这样带来的后果是,预测模型对普通强度混凝土的适用性可能较好,而对强度等级较高的混凝土预测精度会较差。这里比较了 CEB-FIP90 模型的收缩应变残差随混凝土立方体抗压强度的变化,如图 4.4 所示。

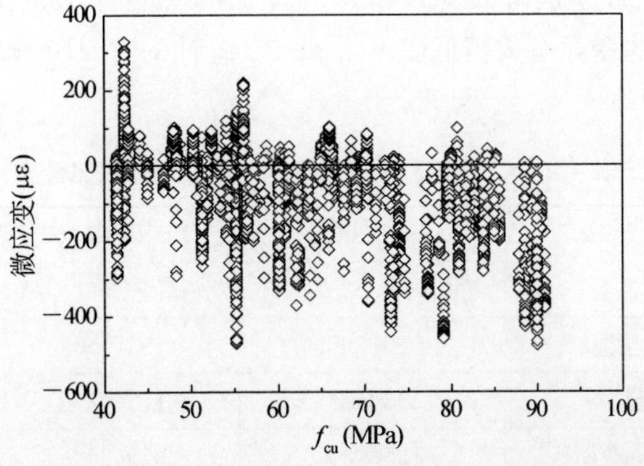

图 4.4　收缩应变残差随混凝土立方体强度变化(CEB-FIP90 模型)

由图 4.4 可见,对于 40 MPa≤f_{cu}≤50 MPa 的混凝土试件,CEB-FIP90 模型收缩应变的

残差值在正负两侧的数量近似相等，而对于 $f_{cu}>50$ MPa 的混凝土试件，残差值在负号侧的数据点量明显大大超过在正号侧的数据点，说明对于高强混凝土，CEB-FIP90 模型低估了混凝土的收缩应变。如在实际采用高强混凝土的工程中，直接采用 CEB-FIP90 收缩模型，对保证结构的正常使用性能不利。所以，CEB-FIP90 模型中的强度修正系数需根据试验结果进行修正，以提高对实际收缩规律的描述能力。

4.3.3　徐变模型评估

CEB-FIP90 徐变模型预测的徐变函数的残差如图 4.5 所示，图中残差正值表示模型预测值高估了徐变变形，反之，如残差为负值，表示模型预测值低估了徐变徐变。各时间段徐变函数残差的分布情况见表 4.2。

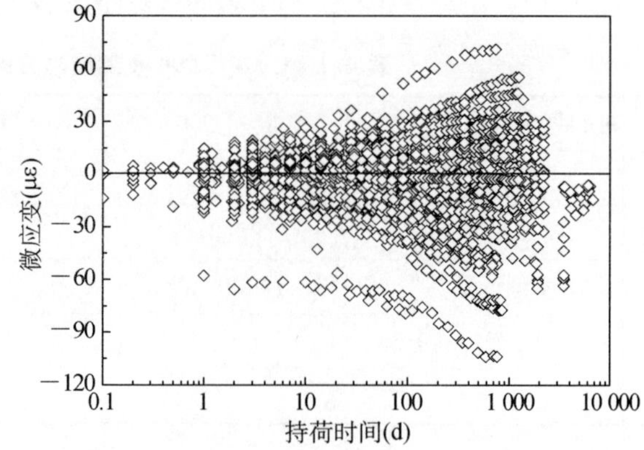

图 4.5　CEB-FIP90 模型的徐变函数残差

由图 4.5 和表 4.2 可见，不管是短期还是长期试验结果，徐变函数残差在正负两侧的数据点基本相等，且大约 90%的数据点的残差值在±33 με/MPa 以内。从总的数据点分布来看，58%的残差分布在正值一侧，而 42%的残差分布在负值一侧，所以 CEB-FIP90 模型略高估了徐变变形。根据式(3.42)和式(4.5)计算得到 CEB-FIP90 徐变模型预测的徐变函数的 B3 变异系数和 CEB 系数分别为 28.0%和 27.5%，由于删除了大量在 RH=99%和 100%下的徐变试件，得到的 B3 变异系数稍低于 Bazant[4-35]统计的 CEB-FIP90 收缩模型的 B3 变异系数(35%)。

表 4.2　CEB-FIP90 模型预测的徐变函数残差分布

时间划分段		0～1 000 d	1 000～9 000 d	0～9 000 d
残差	数据点数	3 353	245	3 598
	模型高估“+”	1 960(58%)	135(55%)	2 095(58%)
	模型低估“-”	1 393(42%)	110(45%)	1 503(42%)
	0～±33 με/MPa	3 125(93%)	220(90%)	3 345(93%)
	超出±33 με/MPa	228(7%)	25(10%)	253(7%)

注：表中括号内百分比表示某一时间段内数据点的模型高估(或低估)值所占的比重。

表 4.2 结果和文献[4-10]分析结果有所差异，文献认为 CEB-FIP90 模型低估了徐变变形，这里有两方面的原因：一是文献统计了 C25～C100 混凝土强度等级之间的混凝土，且低强度等级混凝土数量较多，CEB-FIP90 徐变模型可能低估了普通混凝土，特别是低强度等级混凝土徐变变形的可能；二是文献[4-10]中数据库包括大量 RH=99%和 100%环境下的徐变试件，而 CEB-FIP90 模型一般低估了构件在 RH=99%和 100%下的徐变变形。如在本章徐变试验数据库的基础上加上 166 组(3 235 个数据点)RH=99%和 100%下的徐变试件后，CEB-FIP90 模型的徐变函数残差如图 4.6 所示。

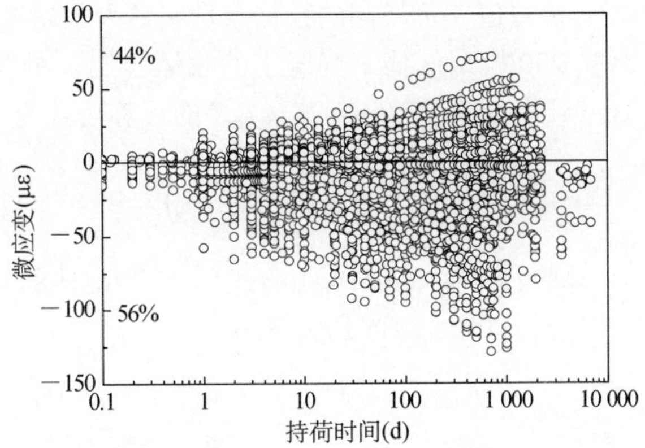

图 4.6　CEB-FIP90 模型的徐变函数残差(共 345 组，包括 RH=99%和 RH=100%试件)

从图 4.6 中可以看出，44%的残差分布在正值一侧，而 56%的残差分布在负值一侧，说明 CEB-FIP90 徐变模型低估了徐变变形，这和图 4.5 结果相悖。而实际对收缩徐变较为敏感的预应力混凝土结构中，一般很少出现环境相对湿度为 99%和 100%的情形，本章建立的徐变数据库，删除 RH=99%和 100%下的徐变时间，更能说明实际混凝土结构的徐变问题。

图 4.7 揭示了残差值随 28 d 混凝土立方体抗压强度 f_{cu}变化关系。由图 4.7 可见，残差值沿 f_{cu}在正负两侧的分布较均匀，说明 CEB-FIP90 徐变模型中的强度因子能够反映徐变系数随强度等级的变化。

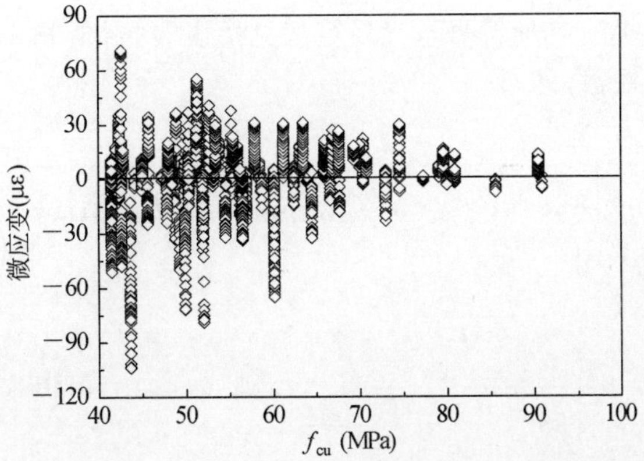

图 4.7　徐变函数残差随 28 d 混凝土立方体强度变化(CEB-FIP90 模型)

4.4 修正收缩徐变模型及评估

4.4.1 修正收缩模型及评估

1）修正收缩模型

由图 4.4 可知，CEB-FIP90 模型的收缩应变残差沿着混凝土强度 f_{cu} 在正负两侧的分布很不均匀，对 $f_{cu}>50$ MPa，残差值在负号侧的数据点量明显大大超过在正号侧的数据点，说明对于高强混凝土，CEB-FIP90 模型低估了混凝土的收缩应变。所以收缩模型中的强度因子 $\varepsilon_s(f_{cm})$ 需要修正，CEB-FIP90 收缩模型中的 $\varepsilon_s(f_{cm})$ 的计算公式为

$$\varepsilon_s(f_{cm})=\left[160+10\beta_{sc}\left(9-\frac{f_{cm}}{f_{cm0}}\right)\right]\times10^{-6} \tag{4.7}$$

式中：f_{cm} 为 28 d 平均圆柱体抗压强度（MPa），结合式(4.6)和前述的圆柱体抗压强度和立方体抗压强度之间的关系[4-4]，f_{cm} 和 $f_{cu,k}$ 之间的关系为

$$f_{cm}=\begin{cases}0.8f_{cu,k}+8\text{ MPa} & f_{cu,k}\leqslant 50\text{ MPa}\\ f_{cu,k}+2\text{ MPa} & f_{cu,k}>50\text{ MPa}\end{cases} \tag{4.8}$$

式中：$f_{cu,k}$ 的定义和桥规[4-2]一样，为龄期为 28 d，具有 95%保证率的混凝土立方体抗压强度标准值。

采用 CEB-FIP90 收缩模型形式，提出的修正收缩预测模型表达式如下：

$$\varepsilon_e s(t,t_s)=[160+10\beta_{se}\cdot\gamma(f_{cm})]\beta_{RH}\left[\frac{\frac{(t-t_s)}{t_1}}{350\left(\frac{h}{h_0}\right)^2+\frac{t-t_s}{t_1}}\right]^{\alpha(f_{cm})} \tag{4.9}$$

其中：$\gamma(f_{cm})$ 为强度因子的修正系数，以修正名义收缩系数，在现行桥规模型中，有 $\gamma(f_{cm})=9-f_{cm}$；$\alpha(f_{cm})$ 为时间发展函数的修正系数，用来修正收缩应变随时间的发展速度，在现行桥规模型中，有 $\alpha(f_{cm})=0.5$，其他符号意义及算法见桥规[4-2]附录 F.1。

对式(4.9)两边取对数，即有

$$\ln[\varepsilon_{cs}(t,t_s)]=\ln\{[160+10\beta_{sc}\cdot\gamma(f_{cm})]\beta_{RH}\}+\alpha(f_{cm})\ln\left[\frac{\frac{(t-t_s)}{t_1}}{350\left(\frac{h}{h_0}\right)^2+\frac{(t-t_s)}{t_1}}\right] \tag{4.10}$$

令 $y=\ln[\varepsilon_{cs}(t,t_s)]$，$x=\ln\left[\frac{\frac{(t-t_s)}{t_1}}{350\left(\frac{h}{h_0}\right)^2+\frac{(t-t_s)}{t_1}}\right]$，则式(4.10)可以变形为 $y=A+Bx$ 形式，应用线性最小二乘方法，通过对每组试验回归分析，可以得到该组试验的强度因子的修正系数 $\gamma(f_{cm})$ 和时间发展函数的修正系数 $\alpha(f_{cm})$。对 206 组收缩试验进行回归分析后，可以分

别得到各组的 $\gamma(f_{cm})$ 和 $\alpha(f_{cm})$ 与 f_{cm} 的关系，再进行线性拟合，如图 4.8 和图 4.9 所示。

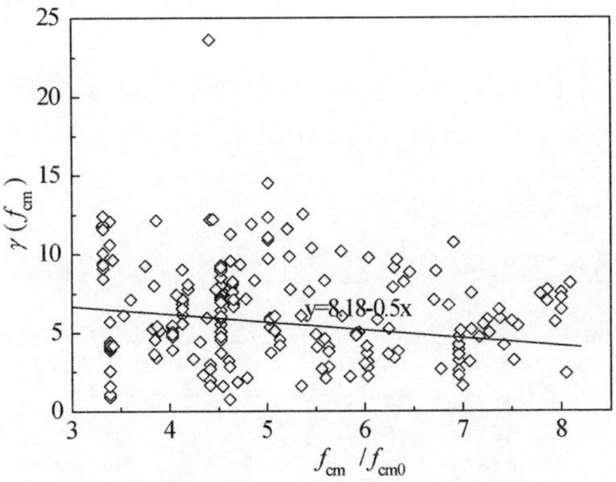

图 4.8　$\gamma(f_{cm})$ 沿不同 f_{cm} 分布图

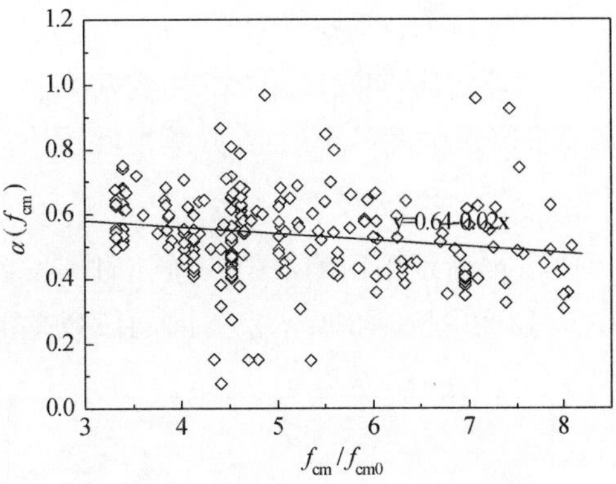

图 4.9　$\alpha(f_{cm})$ 沿不同 f_{cm} 分布图

对回归系数适当简化后，参考桥规中用 f_{cm}/f_{cm0} 形式考虑混凝土强度影响，得到修正后收缩模型为：

$$\varepsilon_{cs}(t,t_s)=\varepsilon_{cs0}\beta_s(t-t_s)=\varepsilon'_s(f_{cm})\beta_{RH}\beta'_s(t-t_s) \tag{4.11}$$

$$\varepsilon_s'(f_{cm})=\left[160+10\beta_{sc}\left(8.2-0.5\frac{f_{cm}}{f_{cm0}}\right)\right]\times10^{-6} \tag{4.12}$$

$$\beta_{RH}=1.55\left[1-\left(\frac{RH}{RH_0}\right)^3\right] \tag{4.13}$$

$$\beta_s'(t-t_s)=\left[\frac{\frac{(t-t_s)}{t_1}}{350\left(\frac{h}{h_0}\right)^2+\frac{(t-t_s)}{t_1}}\right]^{\left(0.64-0.02\frac{f_{cm}}{f_{cm0}}\right)} \tag{4.14}$$

修正后 $\varepsilon_s'(f_{cm})$ 和桥规中原 $\varepsilon_s(f_{cm})$ 的比较如图 4.10 所示，令水泥种类为一般的硅酸盐水泥或块硬水泥，即 $\beta_{sc}=5.0$。由图 4.10 可见，修正后模型计算得到的收缩应变高于原模型的预测值。从 $\varepsilon_s'(f_{cm})$ 和 $\varepsilon_s(f_{cm})$ 表达式来看，收缩应变都随着混凝土强度的增加，收缩终极值逐渐减小。但图 4.4 表明，随着混凝土抗压强度的提高，CEB-FIP90 收缩模式预测精度有降低的趋势，这表明 CEB-FIP90 收缩模式中的强度调整系数对收缩应变的折减超过了实际抗压强度的增加对收缩变形降低的程度。而经修正后，该折减调整系数有所放大，能较好地描述收缩应变终极值随强度发展的规律。

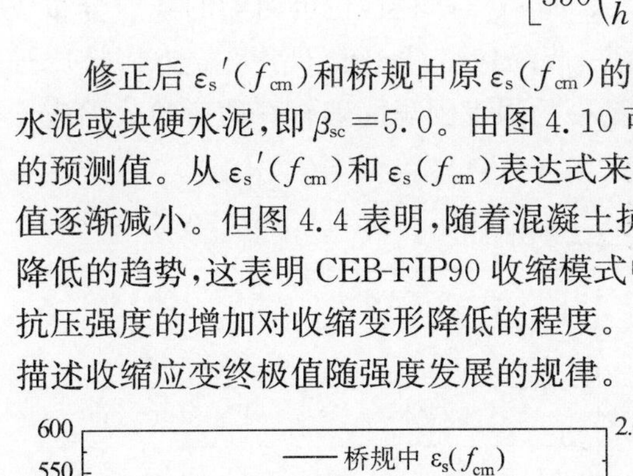

图 4.10　修正后 $\varepsilon_s'(f_{cm})$ 和桥规中原 $\varepsilon_s(f_{cm})$ 比较

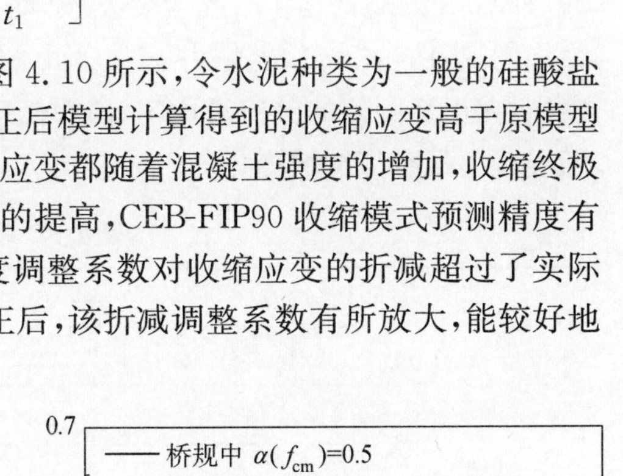

图 4.11　修正后 $\alpha(f_{cm})$ 和桥规中原 $\alpha(f_{cm})$ 比较

修正后 $\alpha(f_{cm})$ 和桥规中原 $\alpha(f_{cm})$ 的比较如图 4.11 所示。我们知道,收缩应变时间发展函数中的指数 $\alpha(f_{cm})$ 主要影响收缩应变的发展速度,而对收缩终极值没有影响。指数 $\alpha(f_{cm})$ 值越小,说明收缩早期发展越快。由图 4.11 可见,修正的 $\alpha(f_{cm})$ 随混凝土强度的增加,其值减小,即随着混凝土强度等级增大,收缩发展越快,这和文献[4-36]的分析结果是一致的。

2) 修正收缩模型评估

修正收缩模型预测值的残差随时间发展变化及残差随 28 d 混凝土平均立方体强度变化如图 4.12 和图 4.13 所示。各时间段残差的分布情况见表 4.3。

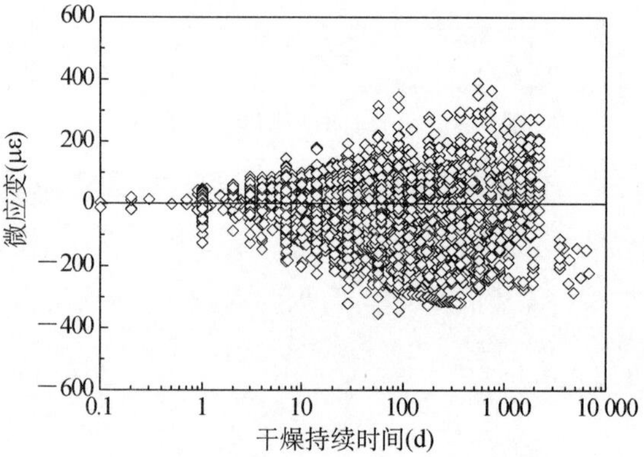

图 4.12 修正模型的收缩应变残差

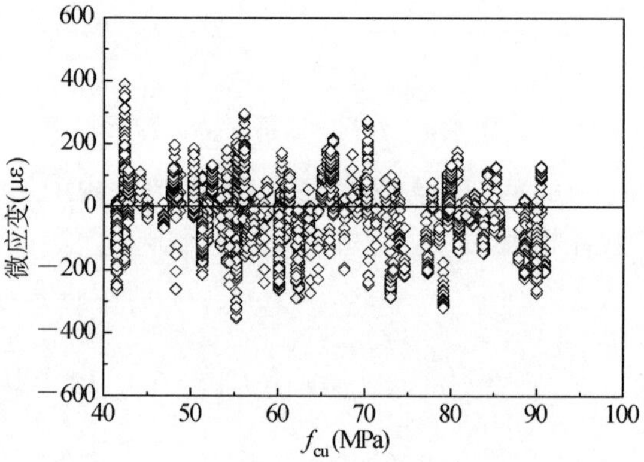

图 4.13 修正模型的收缩应变残差随 f_{cu} 变化

从图 4.12 中和表 4.3 中可以看出,从整个时间段(0～9 000 d)的残差值分布来看,60%的残差分布在负值一侧,而 40%的残差分布在正值一侧说明整体还略低估收缩应变,特别在 0～1 000 d 内略低估了收缩应变发展,而在 1 000～9 000 d 时间段,正负两侧的残差分布较为均匀,高估占 53%,低估占 47%。由图 4.13 可见,收缩应变残差值沿平均立方体抗压强度 f_{cu} 在正负两侧的分布较均匀,说明修正收缩模型中的强度因子能够较好地反映收缩应变随混凝土强度等级的变化。

表 4.3 修正收缩模型残差分布

时间划分段		0～1 000 d	1 000～9 000 d	0～9 000 d
残差	数据点数	2 660	178	2 838
	模型高估"+"	1 043(39%)	95(53%)	1 138(40%)
	模型低估"-"	1 617(61%)	83(47%)	1 700(60%)
	0～±100 με	1 729(65%)	99(56%)	1 828(64%)
	超出±100 με	931(35%)	79(44%)	1 010(36%)

注:表中括号内百分比表示某一时间段内数据点的模型高估(或低估)值所占的比重。

根据式(3.44)和式(4.5)计算得到修正收缩模型预测的收缩应变的 B3 变异系数 $\bar{\varepsilon}_{B3}$ 和 CEB 变异系数 V_{CEB} 分别为 45.1%和 43.0%。因为修正收缩模型只考虑了混凝土强度、环境相对湿度及构件理论厚度对收缩的影响,所以预测结果的变异系数相对来说还是较大的,但方便工程设计人员应用。

4.1.1　修正徐变模型及评估

1）修正徐变模型

由表 4.2 和图 4.7 可知，CEB-FIP90 模型的徐变函数残差沿着混凝土立方体强度 f_{cu}在正负两侧的分布较为均匀，从总的数据点分布来看，58%的残差分布在正值一侧，而 42%的残差分布在负值一侧，所以 CEB-FIP90 模型略高估了徐变变形。采用和修正收缩模型类似的方法，修正徐变模型中的强度因子 $\beta(f_{cm})$和时间发展函数，CEB-FIP90 徐变模型中的 $\beta(f_{cm})$的计算公式为

$$\beta(f_{cm})=\frac{5.3}{\left(\frac{f_{cm}}{f_{cm0}}\right)^{0.5}} \tag{4.15}$$

这里采用 CEB-FIP90 徐变模型形式，提出的修正收缩预测模型表达式如下：

$$\varphi(t,\tau)=\phi_{RH}\beta(\tau)\beta'(f_{cm})\left[\frac{\frac{(t-\tau)}{t_1}}{\beta_H+\frac{(t-\tau)}{t_1}}\right]^{\lambda(f_{cm})} \tag{4.16}$$

式中：$\beta'(f_{cm})$为强度因子的修正系数，以修正名义徐变系数；$\lambda(f_{cm})$为时间发展函数的修正系数，用来修正徐变系数随时间的发展速度，在现行桥规模型[4-2]中，有 $\lambda(f_{cm})=0.3$，其他符号意义及算法见桥规附录 F.1。

对式(4.16)两边取对数，即有

$$\ln[\phi(t,\tau)]=\ln[\varphi_{RH}\beta(\tau)\beta'(f_{cm})]+\lambda(f_{cm})\ln\left[\frac{\frac{(t-\tau)}{t_1}}{\beta_H+\frac{(t-\tau)}{t_1}}\right] \tag{4.17}$$

令 $y=\ln[\phi(t,\tau)]$，$x=\ln\left[\frac{\frac{(t-\tau)}{t_1}}{\beta_H+\frac{(t-\tau)}{t_1}}\right]$，则式(4.17)可变形为 $y=A+Bx$ 形式，应用线性最小二乘方法，通过对每组试验回归分析，可以得到该组试验的强度因子的修正系数 $\beta'(f_{cm})$和时间发展函数的修正系数 $\lambda(f_{cm})$。对 179 组收缩试验进行回归分析后，可以分别得到各组的 $\beta'(f_{cm})$和 $\lambda(f_{cm})$与 f_{cm}的关系，再进行线性拟合，如图 4.14 和图 4.15 所示。

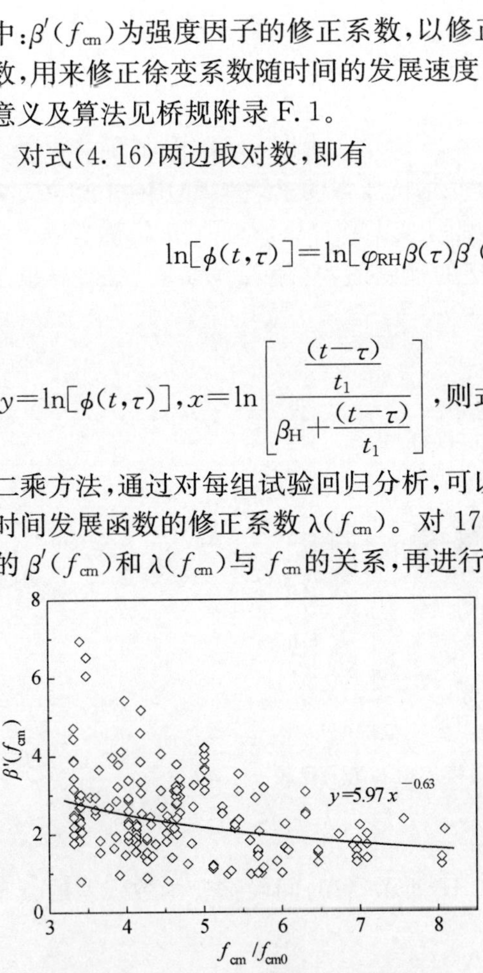

图 4.14　$\beta'(f_{cm})$沿不同 f_{cm}分布图

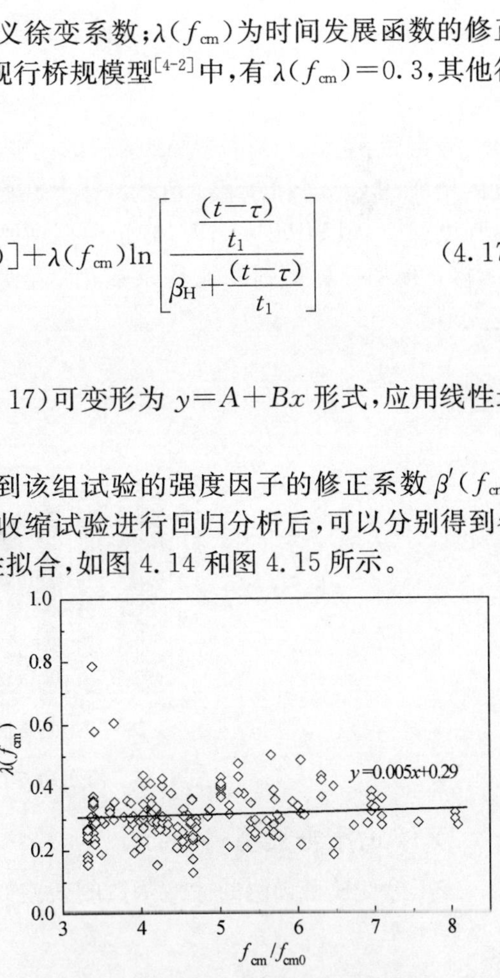

图 4.15　$\lambda(f_{cm})$沿不同 f_{cm}分布图

由图 4.15 可见，时间发展函数的指数 $\lambda(f_{cm})$ 随 f_{cm} 大小基本不变，故这里取均值简化为 0.32（比原模型[4-2]中的指数 0.30 稍大），对回归系数适当简化后，参考桥规中用 f_{cm}/f_{cm0} 形式考虑混凝土强度影响，得到修正后徐变模型为：

$$\phi(t,\tau)=\phi_0\beta_c(t,\tau)=\phi_{RH}\beta'(f_{cm})\beta(\tau)\beta_c'(t-\tau) \tag{4.18}$$

$$\phi_{RH}=1+\frac{1-\dfrac{RH}{RH_0}}{0.46\left(\dfrac{h}{h_0}\right)^{\frac{1}{3}}} \tag{4.19}$$

$$\beta'(f_{cm})=\frac{6}{\left(\dfrac{f_{cm}}{f_{cm0}}\right)^{0.6}} \tag{4.20}$$

$$\beta(\tau)=\frac{1}{0.1+\left(\dfrac{\tau}{t_1}\right)^{0.2}} \tag{4.21}$$

$$\beta_c'(t-\tau)=\left[\frac{\dfrac{(t-\tau)}{t_1}}{\beta_H+\dfrac{(t-\tau)}{t_1}}\right]^{0.32} \tag{4.22}$$

修正后 $\beta'(f_{cm})$ 和桥规中 $\beta(f_{cm})$ 的比较如图 4.16 所示。由图 4.16 可见，随着混凝土强度的增加，$\beta'(f_{cm})$ 和 $\beta(f_{cm})$ 值均减小。在圆柱体平均抗压强度 $f_{cm}=32$ MPa（平均立方体抗压强度 $f_{cu}=40$ MPa）左右时，修正模型和原模型的徐变系数计算值近似相等，随着强度的增加，修正模型计算得到的徐变系数稍低于原模型的预测值，且随着强度增大，差异也越来越大。

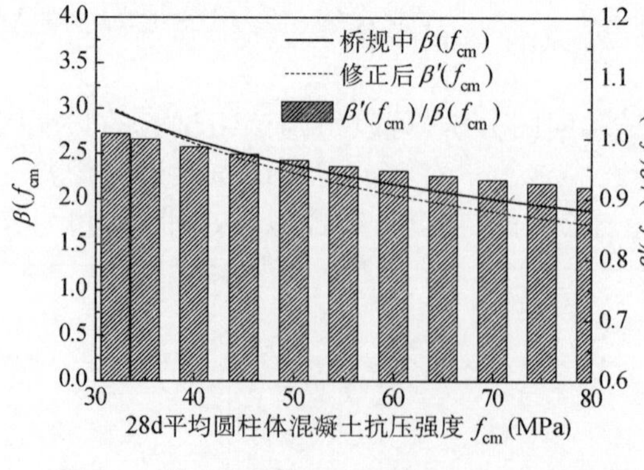

图 4.16　修正后 $\beta'(f_{cm})$ 和桥规中 $\beta(f_{cm})$ 比较

2）修正徐变模型评估

修正徐变模型预测的徐变函数的残差如图 4.17 所示，各时间段徐变函数残差的分布情况见表 4.4。

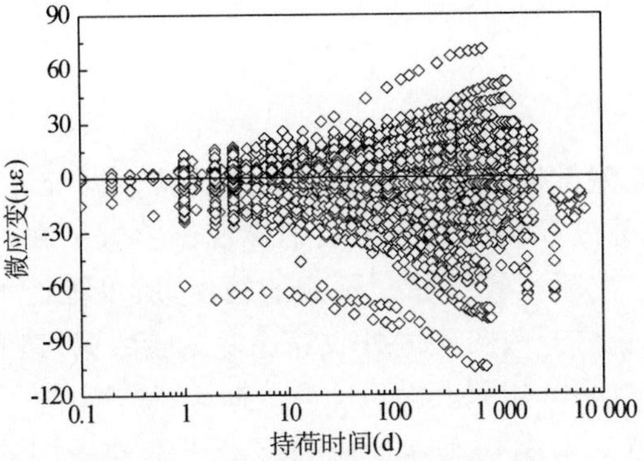

图 4.17　修正模型的徐变函数残差

由图 4.17 和表 4.4 可见，不管是短期还是长期试验结果，徐变函数残差在正负两侧的数据点基本相等，且大约 92%的数据点的残差值在±33 με/MPa 以内。从总的数据点分布来看，52%的残差分布在正值一侧，而 48%的残差分布在负值一侧，所以修正模型能较好地反映徐变变形。根据式(3.44)和式(4.5)计算得到修正徐变模型预测的徐变函数的 B3 变异系数 $\bar{\varepsilon}_{B3}$ 和 CEB 变异系数 V_{CEB} 分别为 26.6%和 26.9%。

表 4.4　修正模型预测的徐变函数残差分布

时间划分段		0～1 000 d	1 000～9 000 d	0～9 000 d
残差	数据点数	3 353	245	3 598
	模型高估"+"	1 756(52%)	124(51%)	1 880(52%)
	模型低估"-"	1 597(48%)	121(49%)	1 718(48%)
	0～±33 με/MPa	3 111(93%)	214(87%)	3 325(92%)
	超出±33 με/MPa	242(7%)	31(13%)	273(8%)

注：表中括号内百分比表示某一时间段内数据点的模型高估(或低估)值所占的比重。

图 4.18 揭示了残差值随 28 d 混凝土平均立方体抗压强度 f_{cu} 变化关系。由图 4.7 可见，残差值沿 f_{cu} 在正负两侧的分布较均匀，说明修正徐变模型中的强度因子能够反映徐变系数随强度等级的变化。

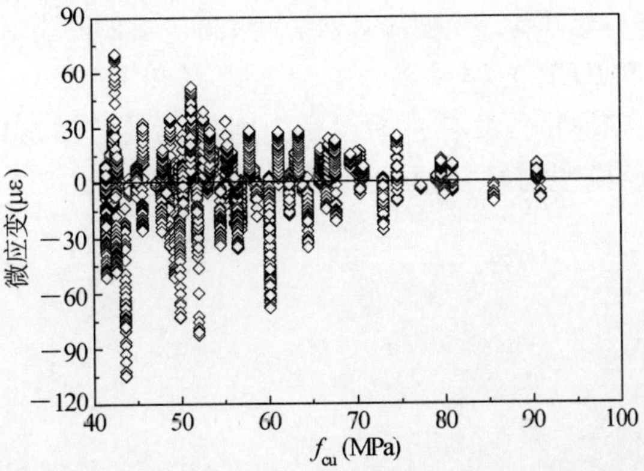

图 4.18　徐变函数残差随 28 d 混凝土平均立方体强度变化(修正模型)

4.2 本章小结

目前常用收缩徐变模型大都基于普通混凝土的试验数据统计回归得到，而在进行试验数据统时，数据库中不同强度等级的混凝土收缩徐变试验数据在总的数据所占的比重影响了该模型对某一强度等级混凝土收缩徐变预测的精度，所以统计得到的模型是否对高强混凝土适用，值得研究。本章广泛收集国内外收缩徐变试验数据，建立了数据库，其中，收缩试验 206 组(国外 158 组，国内 48 组)，共 2 838 个数据点；徐变试验 179 组(国外 144 组，国内 35 组)，共 3 598 个数据点。考虑到实际预应力混凝土结构采用的混凝土强度等级不小于 C40 及所处环境的相对湿度很少达到 99%，相比以往国外学者建立的数据库，本数据库有三个显著特点：一是增加了国内开展的收缩徐变试验；二是数据库中混凝土强度等级范围为 C40～C90；三是选取试件的试验环境的相对湿度上限值为 95%。

基于建立的收缩徐变数据库，采用残差法、B3 变异系数法及 CEB 变异系数法，对现行桥规采用的 CEB-FIP90 模型进行评估。残差分析结构表明：CEB-FIP90 收缩模型整体上低估了收缩应变，低估点与高估点的百分比分别为 73%和 27%，特别是对于 $f_{cu}>50$ MPa 的混凝土试件，残差值在负号侧的数据点量明显大大超过在正号侧的数据点，说明对于高强混凝土，CEB-FIP90 模型低估了混凝土的收缩应变；CEB-FIP90 徐变模型稍高估徐变变形，低估点与高估点的百分比分别为 42%和 58%。收缩模型的 B3 变异系数和 CEB 变异系数分别为 47.6%和 44.3%；徐变模型的 B3 变异系数和 CEB 变异系数分别为 28.0%和 27.5%。变异系数较大的原因是 CEB-FIP90 模型考虑因素有限，主要有混凝土强度、环境的相对湿度、构件的理论及加载龄期，而混凝土组成的影响没有考虑，特别是各种外加剂的使用，使得高强高性能混凝土的收缩徐变特性更为复杂，变异性加大，所以模型预测值的变异系数相对来说还是较大的，但方便设计人员应用。

基于对收缩徐变数据库的统计回归分析，本章对桥规的 CEB-FIP90 模型进行了修正，主要修正了强度因子和时间发展函数，并用残差法、B3 变异系数法及 CEB 变异系数法，对修正模型进行了评估。残差分析结构表明：修正收缩模型稍低估收缩应变，低估点与高估点的百分比分别为 60%和 40%，修正模型的收缩应变残差沿混凝土强度分布两侧分布较为均匀，说明修正收缩模型适用于高强度等级混凝土，收缩模型的 B3 变异系数和 CEB 变异系数分别为 45.1%和 43.0%；修正徐变模型的低估点与高估点的百分比分别为 48%和 52%，徐变模型的 B3 变异系数和 CEB 变异系数分别为 26.6%和 26.9%。修正模型考虑的主要影响因素和 CEB-FIP90 模型相同，没有考虑混凝土组成及其他因素影响，所以修正模型的变异系数也相对较大，比原模型稍好，也方便工程设计人员应用。

本章参考文献

[4-1] Bazant Z P, Baweja S. Justification and refinements of model B3 for concrete creep and shrinkage. 2. up dating and theoretical basis [J]. Materials and Structures, 1995, 28(182): 488-495

[4-2] 中华人民共和国交通部. 公路钢筋混凝土及预应力混凝土桥涵设计规范(JTG D62-2004)[S]. 北京：人民交通出版社，2004

[4-3] CEB-FIP. CEB-FIP Model Code for Concrete Structures[S]. Lausanne, Switzerland, 1990

[4-4] 陈肇元，朱金铨，吴佩刚. 高强混凝土及其应用[M]. 北京：清华大学出版社，1992

[4-5] 中华人民共和国建设部. 混凝土结构设计规范(GB 50010—2002)[S]. 北京：中国建筑工业出版社，2002

[4-6] Bazant Z P, Li G. Unbiased statistical comparison of creep and shrinkage prediction models[R]. Structural Engineering Report No. 07-12/A210u, Department of Civil and Environmental Engineering, Northwestern University, 2007

[4-7] Bazant Z P, Li G. Comprehensive database on concrete creep and shrinkage[R]. Structural Engineering Report No. 08-3/A210c, McCormick School of Engineering and Applied Science, Northwestern University, 2008

[4-8] Bazant Z P, Baweja S. Creep and shrinkage prediction model for analysis and design of concrete structures—Model B3[R]. Structural Engineering Report 94-10/603c, Northwestern University, 1994

[4-9] Lam J P. Evaluation of concrete shrinkage and creep prediction models[D]. San Jose State University, USA, May 2002

[4-10] Al-Manaseer A, Lam J P. Statistical evaluation of shrinkage and creep models[J]. ACI Materials Journal, 2005, 102(3): 170-176

[4-11] Bazant Z P, Panula L. Practical prediction of time-dependent deformation of concrete[J]. Materials and Structures, 1978, Parts I-VI, (11): 307-316, 317-328, 425-434, and 1979, (12): 169-183

[4-12] Bazant Z P, Kim J K. Improved prediction model for time-dependent deformations of concrete, Part I—shrinkage[J]. Materials and Structures, 1991, 24, 327-345

[4-13] Bazant Z P, Kim J K. Improved prediction model for time-dependent deformations of concrete, Part II—basic creep[J]. Materials and Structures, 1991, 24, 409-442

[4-14] Bazant Z P, Kim J K. Improved prediction model for time-dependent deformations of concrete, Part III—creep at drying[J]. Materials and Structures, 1992, 25, 21-28

[4-15] Bazant Z P, Kim J K. Improved prediction model for time-dependent deformations of concrete, Part IV—temperature effects[J]. Materials and Structures, 1992, 25(2): 84-94

[4-16] Bazant Z P, Kim J K. Improved prediction model for time-dependent deformations of concrete, Part V—cyclic load and cyclic humidity[J]. Materials and Structures, 1992, 25, 63-169

[4-17] Hansen T C, Mattock A H. Influence of size and shape of member on the shrinkage and creep of

concrete[J]. ACI Journal, 1966, 63(2): 267 - 290

[4 - 18] Neville A M, Dilger W H, Brooks J J. Creep of plain and structural concrete[M]. London&New York, 1983

[4 - 19] Brooks J J. Influence of mix proportions, plasticizers and super plasticizers on creep and drying shrinkage of concrete[J]. Magazine of Concrete Research, 1989, 41(148): 145 - 153

[4 - 20] Brooks J J. Preliminary state of the art report: Elasticity, creep and shrinkage of concretes containing admixtures, slag, y-ash and silica-fume [R]. Preliminary Report ACI Committee 209, 1992

[4 - 21] Ngab A S, Nilson A H, Slate F O. Shrinkage and creep of high strength concrete[J]. ACI Journal, 1981, 78(4): 255 - 261

[4 - 22] 王根清. 孟加拉 Paksey 桥收缩徐变对比试验综合报告[R]. 武汉：中铁大桥局集团武汉桥梁科学研究院有限公司，2003

[4 - 23] 欧阳华林，苏祖平，徐明. 大掺量磨细矿渣粉高性能混凝土的试验研究[J]. 世界桥梁，2006(1)：56 - 58

[4 - 24] 周建山. C60 高性能混凝土在杜步 3 号桥中的应用研究[D]. 重庆：重庆交通大学，2009

[4 - 25] 秦鸿根，潘刚华，等. 桥用高性能粉煤灰混凝土变形性能研究[A]//第十一届全国混凝土及预应力混凝土学术交流会论文集[C]. 贵阳，2001：187 - 193

[4 - 26] 陈灿明，黄卫兰，等. 桥用高性能混凝土的徐变与应用[J]. 水利水运工程学报，2007(2)：1 - 9

[4 - 27] 李晶. 石灰石粉掺量对混凝土性能影响的试验研究[D]. 大连：大连理工大学，2007

[4 - 28] 欧阳华林，白山云. 高性能混凝土收缩徐变性能的试验研究[J]. 桥梁建设，2006(2)：4 - 6

[4 - 29] 尹健，李益进，郑克仁，等. C60 高性能混凝土徐变性能研究[A]//超高层混凝土泵送与超高性能混凝土技术的研究与应用国际研讨会论文集[C]. 广州，2008：452 - 456

[4 - 30] 陈雷. C60 低徐变混凝土性能研究[D]. 长沙：湖南大学，2008

[4 - 31] 谢春辉. 大跨度无碴轨道桥梁的混凝土徐变试验研究[J]. 中国西部科技，2009，8(7)：26 - 27

[4 - 32] 徐锦. 连续梁桥的混凝土收缩徐变试验研究及效应分析[D]. 重庆：重庆交通大学，2009

[4 - 33] 许世展. 大跨径 PC 连续体系箱梁桥时变效应仿真分析与试验研究[D]. 西安：长安大学，2007

[4 - 34] H S Muller, H K Hilsdorf. Evaluation of the time-dependent behavior of concrete, summary report on the work of general task group 9[R]. CEB Bulletin d' Information, No. 199, 1990

[4 - 35] Z P Bazant, S Baweja. Justification and refinements of model B3 for concrete creep and shrinkage. 1. statistics and sensitivity[J]. Materials and Structures, 1995, 28(181): 415 - 430

[4 - 36] X Huo. Time-dependent analysis and application of high performance concrete in bridges[D]. University of Nebraska, USA, 1997

第五章　大跨径预应力混凝土箱梁桥时变效应的不确定性和敏感性分析

5.1　引言

混凝土的收缩、徐变对大跨梁桥的长期变形和内力发展影响很大，而影响混凝土收缩徐变的因素众多，变化规律复杂，具有时变性，收缩和徐变是混凝土的最不确定的力学特性之一。迄今为止，国内外学者通过开展大量的混凝土收缩徐变试验，提出了数十种收缩徐变预测模型，这些模型由于考虑影响因素及时间发展函数选取的不同，造成了各自模型在适用范围和预测精度上均有所差异。虽然对收缩徐变的研究已有百年历史，正如 Bazant 所言，混凝土的收缩徐变现象还远没有被完全掌握，准备预测混凝土结构的收缩徐变仍然是一个世界性的难题。因此，各种收缩徐变模型必然存在一定的不完善，即采用这些模型预测结构的收缩效应存在不确定性。

以往研究大都通过输入这些影响因素的确定性参数来获得输出响应，Madsen 和 Bazant[5-1]指出在混凝土结构收缩徐变效应分析是，要考虑不确定性，近年来，混凝土收缩徐变的不确定性分析受到了关注[5-2]~[5-5]，这也很正常，因为设计的混凝土强度和弹模都已经考虑了随机性，而它们的随机性没有混凝土收缩徐变特性的随机性大。由于在计算结构的收缩徐变效应时，所选用的收缩徐变模式存在着拟合误差，而且输入的参数，也不同程度地存在参数统计模型的误差，另外，大跨度的预应力混凝土梁桥对收缩徐变效应较为敏感，某些参数的误差可能对结构的分析结果给出较大的影响，所以计算这种结构的收缩徐变效应时，应考虑这些因素的随机性，收缩徐变引起的变形和内力响应应当具有一定的置信水平，而不是简单的取均值。

预应力混凝土结构的工作状况在很大程度上取决于结构的有效预应力值，预应力损失改变了结构的应力分布，同时又影响到混凝土的徐变变形。在大跨度梁桥中，有效预应力的准确预测还有待进一步研究，特别是在混凝土收缩徐变引起的预应力损失计算、管道摩阻和孔道偏差系数取值等方面，其计算方法虽然有规范[5-6][5-7]可循，但在实际工程中，张拉控制应力及各项预应力损失也存在变异，目前针对各项预应力损失的变异对结构状况的影响研究很少。在分析苏通大桥辅桥连续刚构时变效应时，有效预应力的大小对成桥状态影响也很大，并且预应力大小与混凝土收缩徐变效应相耦合。由于施工时的误差，预应力张拉控制值也呈现不确定性，本书基于文献调查分析，也考虑了预应力张拉值的变异及摩阻损失的变异对结构长期变形和内力发展的影响。

对影响大跨度预应力梁桥的长期变形的因素很多，但是哪些设计参数对长期挠度的影响程度较大,需要通过参数的敏感性分析来解决。敏感性分析就是确定系统单个参数对系统输出中不确定性贡献的重要程度,分析的结果就是得到各个基本参数对响应影响的影响因子的重要度排序,从而将设计参数分为主要设计参数和次要设计参数。

第四章通过建立收缩徐变试验数据库,对现行桥规采用的 CEB-FIP90 模型[5-8]进行了评估,提出了修正的收缩徐变模型,并给出了两种模型的变异系数。本章在第四章研究的基础上,考虑收缩徐变预测模型的不确定性和影响收缩徐变因素的随机性,并考虑预应力张拉值和摩阻损失的变异,预测了苏通大桥连续刚构带有一定置信水平的长期变形和长期内力发展区间。在不确定性分析的基础上,对影响大跨径预应力混凝土箱梁桥长期变形的影响因素,进行了敏感性分析。

5.2 收缩徐变计算模型的不确定性研究

混凝土收缩徐变与自身材料构成及外界环境均存在相对复杂的关系,一般认为,收缩徐变预测的不确定性来自于三个方面[5-1][5-9]:一是内部不确定性,这部分主要来自于微观的收缩徐变过程或收缩徐变力学机理;二是外部不确定性,这部分不确定性主要来自于相关计算参数的不确定性,如构件所处的环境及混凝土组成等;三是收缩徐变预测模型的不完善带来的不确定性(以下简称为模型不确定性)。在对混凝土收缩和徐变模型的不确定性分析中,不确定性的大小可用不确定性系数的均值(一般均值为 1)及其变异系数来描述。Ang 和 Tang[5-9]建议下列公式,用于模型不确定性的计算。

$$\psi_i^* = \psi_i \psi_\alpha \psi_\beta \qquad (i=1,2) \tag{5.1}$$

式中:系数 ψ_1^* 表示由于内在的收缩理论模式的不确定性和收缩微观力学性能中被忽视的部分导致的不确定性;系数 ψ_2^* 表示由于内在的徐变理论模式的不确定性和徐变微观力学性能中被忽视的部分导致的不确定性,它们可以由预测模型的计算值与试验分析的观测值比较中得出。系数 ψ_1 和 ψ_2 分别表示收缩和徐变模式的不完善(或者不精确)导致的不确定性;系数 ψ_α 表示内部参数变化引起的不确定性;系数 ψ_β 表示测量误差和环境条件导致的不确定性。

5.2.1 收缩徐变模型预测值的变异系数

目前国内外常用的混凝土收缩徐变模式均是建立在大量试验和工程数据库基础上的统计模式。因此从数理统计角度来讲,其徐变系数和收缩应变都是统计变量,相对于均值而言,其离散程度也是对预测精度进行评价的一个重要参数。

Fanourak 等[5-10]采用 B3 变异系数法,通过徐变试验数据库对 SABS 0100(1992)、BS 8110、ACI 209R(92)、AS 3600、CEB-FIP70、CEB-FIP78、CEB-FIP90 和 B3 等 8 种徐变预测模型进行了评估,发现对徐变预测最为准确的是 B3 模型(总体特征 B3 变异系数 $\bar{\varepsilon}_{B3}=26\%$),预测最差的是 CEB-FIP78($\bar{\varepsilon}_{B3}=67.4\%$),ACI 209R(92)和 CEB-FIP90 徐变模型的总体特征 B3 变异系数分别为 48.1%和 36.2%。Bazant 和 Baweja[5-11]对 B3、ACI 209(82)及 CEB-FIP90 收缩徐变预测模型的不确定系数进行了研究,得到的这三种常用收缩徐变模型

的不确定性系数的变异系数取值如表 5.1 所示。

表 5.1　收缩徐变模型的预测误差变异系数

变异系数分类	Bazant 等[5-11]			本研究数据库统计	
	ACI 209(82)	CEB-FIP90	B3	CEB-FIP90	基于数据库的修正收缩徐变模型
收缩应变	55.3%	46.3%	34.3%	47.6%	45.1%
干燥徐变	46.8%	35.5%	23.1%	28.0%	26.6%

本书第四章建立了 C40～C90 混凝土的收缩徐变试验数据库，并对 CEB-FIP90 收缩徐变模型进行了评估，得到 CEB-FIP90 预测的收缩应变的 B3 变异系数为 47.6%，徐变柔度的变异系数为 28.0%。由于 CEB-FIP90 模型对高强混凝土适用性较差，本书第四章提出了修正收缩徐变模型，见式(4.11)和式(4.18)，基于试验数据库，得到修正收缩徐变模型预测的收缩应变的 B3 变异系数为 45.1%，徐变柔度的 B3 变异系数为 26.6%，见表 5.1。

5.2.2　收缩徐变模型的不完善导致的不确定系数

Ang 和 Tang[5-9]认为收缩徐变模型的不完善导致的不确定性系数 ψ_i($i=1$ 表示收缩模型的不完善导致的不确定性；$i=2$ 表示徐变模型的不完善导致的不确定性)的变异系数 $V(\psi_i)$可以通过式(5.2)进行计算。

$$[1+V^2(\psi_i^*)]=[1+V^2(\psi_i)][1+V^2(\psi_\alpha)][1+V^2(\psi_\beta)] \qquad (i=1,2) \tag{5.2}$$

式中：V 表示变异系数，如 $V(\psi_i^*)$表示 ψ_i^* 的变异系数，其余同。

Reinhardt 等[5-13]研究表明，内部不确定因子的变异系数 $V(\psi_\alpha)$值在 0.06～0.10 之间变化，这里取均值约为 0.08。Madsen 和 Bazant[5-1]研究表明，外部不确定因子的变异系数 $V(\psi_\beta)$可取为 0.05。三种常用收缩徐变模型预测误差项的变异系数 $V(\psi_i^*)$可以从表 5.1 中查得，第四章提出的修正模型预测误差项的变异系数 $V(\psi_i^*)$上面也给了出来。这样我们就可以根据式(5.2)计算出收缩徐变模型的不完善导致的不确定性系数 ψ_i(简称收缩徐变模型的不确定性系数)的变异系数 $V(\psi_i)$。

基于第四章建立的收缩徐变试验数据库及对提出的修正收缩徐变模型的评估可知，修正收缩徐变模型的 $V(\psi_1^*)=45.1\%$，$V(\psi_2^*)=26.6\%$。由式(5.2)可计算得到修正收缩徐变模型的不完善导致的不确定系数的变异系数为

$$V(\psi_1)=0.439 \tag{5.3}$$

$$V(\psi_2)=0.248 \tag{5.4}$$

5.2.3　收缩徐变不确定性分析方法

如果我们对各种变量 $x_1, x_2, \cdots, x_n$ 的统计特征已经知道，求函数 $y=f(x_1, x_2, \cdots, x_n)$的统计特征，常用的有解析方法和随机模拟方法。对于大型复杂的预应力混凝土结构，结构反应与基本变量之间无法用显式表达式来联系，必须通过数值模拟计算得到，因此，将不确定性分析方法与确定性的有限元分析工具相结合是当前的研究热点之一。

为了反映预测模型的不确定性和影响收缩徐变因素的随机性，最易想到的方法自然是 Monte Carlo 直接抽样法[5-14]，Monte Carlo 法是一种采用统计抽样理论近似地求解数学问题的方法，是随计算机的广泛应用而逐步发展起来的一种数值方法，所以 Monte Carlo 法又称之为统计试验法和随机模拟法。该法优点是模拟的收敛速度与基本随机变量的维数无关，极限状态函数的复杂程度与模拟过程也无关，克服了结构分析中建立输入参数与输出响应之间关系的困难，具有直接解决实际复杂问题的能力。但 Monte Carlo 法缺点也是显著的，计算量非常大，特别是对于复杂结构的数值分析，耗时长。随后，重要性抽样、缩减方差等技术[5-15][5-16]的发展改进了 Monte Carlo 法，可以大幅减少抽样数量。

拉丁超立方抽样(Latin Hypercube Sampling，LHS)技术是一种有效提高 Monte Carlo 法计算效率的均匀抽样方法。LHS 是由 Mckay 等[5-17]提出，是对分层抽样法的改进。LHS 包含两个步骤：假定有 N 个随机变量，第一步是将每个变量 x_i 分为等概率的 K 个区间，每个区间的概率为 $1/K$，在每一次确定性计算中严格保证每一等分抽样一次。如果抽样次数 K 大于随机变量的个数 N，可取每个区间的中点作为变量的一个样本代表值 x_i^k，如图 5.1 所示，即：

$$F(x_i^k)=\frac{\left(k-\frac{1}{2}\right)}{K}\qquad (k=1,2,\cdots,K) \tag{5.5}$$

第二步，从每个变量 x_i 提取一个样本代表 x_i^k 按照随机编号排列，对所有变量 x_i^k 的样本都按照随机编号进行排列，从而形成 N 个随机排列，每个排列均包含全部变量的一个样本代表值 x_i^k，形成 $K\times N$ 矩阵。将 $K\times N$ 矩阵的每一行代入模型中进行计算，从而得到一系列的输出响应，对这些响应进行统计评估，可以得到输出响应的统计特征均值和均方差。

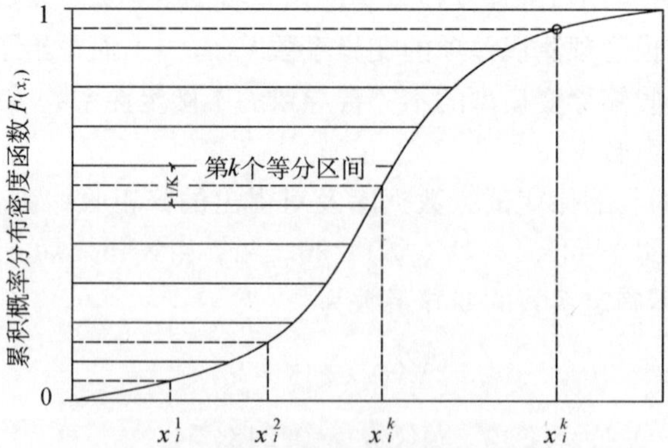

图 5.1　统计变量的等概率区间划分

LHS 较其他抽样方法一个显著的优点就是，达到同等水准的抽样精度，LHS 能够相当大的减少抽样次数。Mckay 等[5-17]指出并证明了在估算函数的精度方面，如果结构的输出响应是关于其基本变量的单调函数时，LHS 优越于直接随机抽样和分层抽样。该条件对于时效分析(收缩徐变及预应力损失方面)是满足的。1985 年，Bazant 等[5-18]在进行混凝土框架结构的时效分析时，通过比较分析，认为 LHS 的效率明显高于点估计法，并且指出当抽样

次数 $K=2N\sim3N$(N 为随机变量的个数)时,即可满足相当高的精度要求。需要注意的是,随着抽样次数的增大,等分随机变量定义域的第一点 $F_i^{-1}(1/K)$值将不断减小,抽样次数大到一定程度后,$F_i^{-1}(1/K)$可能会小于零(当然在一般分析中不会出现此情形),如果小于零,对于收缩徐变,与事实不符,因为一般情况下收缩徐变不会出现反向的,这时可以采用文献[5-5]建议的改进样本点生成策略的 LHS。

5.3 苏通大桥连续刚构时变效应的不确定性分析

5.3.1 随机变量的选取

对于大跨径箱梁桥来说,其变形主要是两部分总体效应相反的作用综合平衡的结果:一是桥梁自身恒载及活载作用,另一个就是预应力作用。预应力总损失一般占张拉控制应力的 25%~30%,而摩阻损失一般占总损失的一半以上[5-19],所以在大跨径预应力混凝土箱梁桥中,和摩阻损失相关的系数(管道每米局部偏差 k 和预应力筋与波纹管道的摩擦系数μ)取值很重要。文献[5-20]~[5-23]等均指出,很多大跨径箱梁桥的病害原因之一就是预应力损失估计不足。

基于当前国内的施工水平,在大跨径箱梁桥中,由于波纹管逐节段拼装定位、平直度误差及局部漏浆等因素造成预应力钢束被卡住,使得实桥中的预应力摩阻损失比规范取值计算结果较大,特别是钢束与塑料波纹管道的摩擦损失,对于预应力的摩阻损失,目前的研究相对偏少。所以本章对实际桥梁的摩阻损失试验进行了调研,对管道每米局部偏差 k 和预应力筋与塑料波纹管道的摩擦系数 μ 取值进行了统计分析。由于目前塑料波纹管道在大跨径预应力混凝土箱梁桥中应用普遍,所以这里针对预应力筋与塑料波纹管道的摩擦系数 μ 取值进行调研。对文献[5-24]~[5-37]结果进行统计后,得出 k 均值为 0.003,变异系数为 0.553;μ 均值为 0.18,变异系数为 0.299。和现行桥规中 k 和 μ 值比较,桥规中对于预埋塑料波纹管,$k=0.001\,5$,$\mu=0.14\sim0.17$,所以现场实测的 k 和 μ 值比桥规中取值要稍大,即实际的预应力损失可能大于按桥规的计算值。

本章计算苏通大桥连续刚构的时变效应时,采用了第四章基于收缩徐变试验数据库得到的修正收缩徐变模型,即式(4.11)~(4.14)和式(4.18)~(4.22)。选取了收缩模型的不确定性系数 φ_1、徐变模型的不确定性系数 φ_2、环境相对湿度 RH、混凝土强度 f_{cu}、自重 k_{G1}、二期恒载 k_{G2}、预应力张拉控制应力 σ_{con}、管道每米局部偏差 k 和预应力筋与塑料波纹管道的摩擦系数μ,共 9 个随机变量进行不确定分析,各随机变量的统计参数见表 5.2,并假定它们均服从正态分布。各统计参数的来源见表 5.2。对于张拉控制应力 σ_{con},在《公路桥涵施工技术规范》[5-38]中,预应力筋张拉时,应以伸长值进行校核,实际伸长值与理论伸长值的差值控制在 6%之内,据此假定张拉控制应力的误差在 6%之内,考虑 95%的置信概率,则有效预应力的变异系数为 0.036 5。由于在大跨径预应力混凝土箱梁桥的施工过程中,理论厚度的变异相对箱梁的截面来说不是很大,对收缩徐变效应影响很小,所以没有考虑箱梁理论厚度的随机性。

表 5.2　基本变量的统计特征

基本变量	均值	变异系数	数据来源
ψ_1	1	0.439	式(5.3)
ψ_2	1	0.248	式(5.4)
RH(%)	70	0.2	均值、变异系数来自于设计方
f_{cu}(MPa)	60	0.101	均值来自设计方,变异系数参考文献[5-39]
k_{G1}	1.021 2	0.046 2	文献[5-40]
k_{G2}	0.989 1	0.111 4	文献[5-40]
σ_{con}(MPa)	1 395	0.036 5	文献[5-38]
k	0.003	0.553	对文献[5-24]～[5-37]统计
μ	0.18	0.299	对文献[5-24]～[5-37]统计

为了适当地提高计算精度,本研究中选取的抽样次数[5-18]为 $K=3N=3\times9=27$。采用上述拉丁超立方抽样方法,在每一次计算中把上述抽样的参数作为确定性的数值代入有限元模型进行计算,求出输出响应,然后进行统计,得到各个响应的统计特征。

5.3.2　苏通大桥连续刚构时变效应的不确定性分析

基于第三章建立的有限元模型,按照上面介绍的拉丁超立方抽样方法,在每一次计算中把上述抽样的参数作为确定性的数值代入有限元模型进行计算,求出输出参数的响应,然后进行统计抽样统计,得到响应的数值特征。在工程实际领域中常常引入置信界限的概念,它是置信区间的界限值。置信区间是在一定的概率水平下,统计参数分布的有效区域,工程中常常取 95%的置信区间,它意味着统计变量落入置信区间的概率为 95%,本研究基于 27 次 LHS 抽样,计算结构的输出响应,下面给出输出响应具有 95%置信率的置信界限。

1) 施工阶段箱梁的应力分析

考虑预应力束的张拉控制应力和摩阻损失的变异,结构本身自重的变异,采用了第四章基于收缩徐变试验数据库得到的修正收缩徐变模型,并考虑收缩徐变模型的不确定系数的变异等,计算了箱梁不同施工阶段的应力状况,并和实测值进行了比较,限于篇幅,这里给出几个具有代表性箱梁截面的应力计算结果,选取的主梁截面为 78＃墩(苏州侧)右幅中跨 2＃块后端截面、78＃墩右幅边跨侧 10＃块后端截面、78＃墩右幅中跨侧 10＃块后端截面、78＃墩右幅中跨侧 18＃块后端截面、78＃墩右幅边跨侧 19＃块后端截面,如图 5.2～图 5.6。

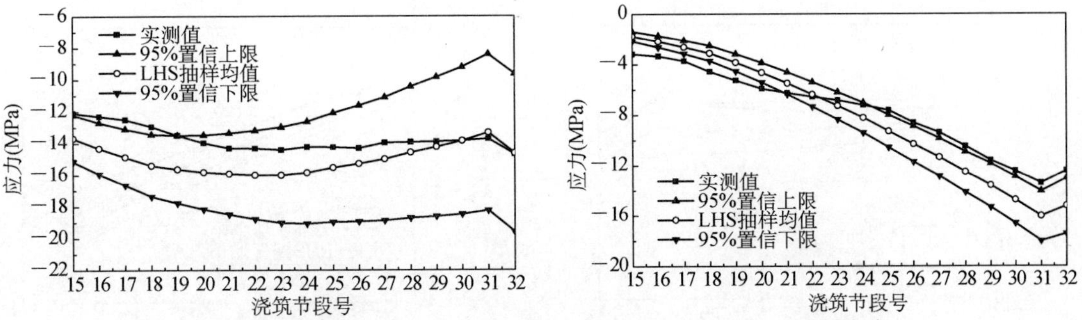

(a) 顶板应力　　(b) 底板应力

图 5.2　中跨 2＃块后端截面应力比较

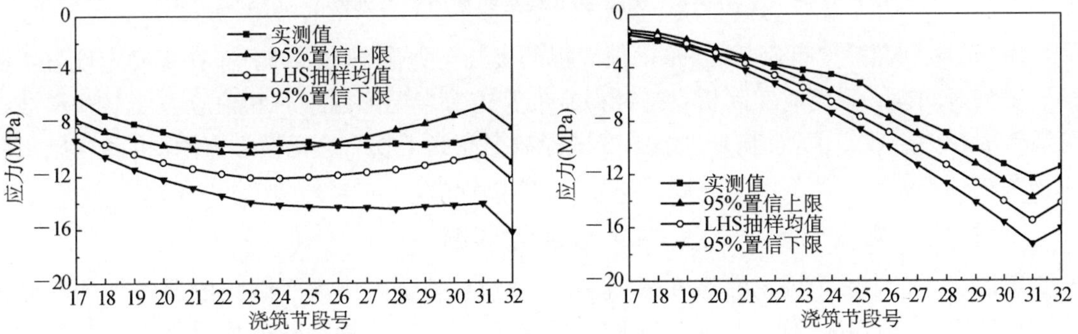

(a) 顶板应力　　(b) 底板应力

图 5.3　边跨 10＃块后端截面应力比较

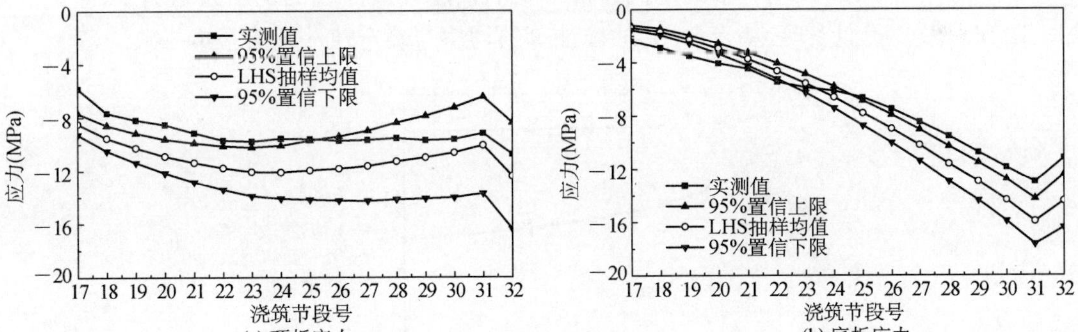

(a) 顶板应力　　(b) 底板应力

图 5.4　中跨 10＃块后端截面应力比较

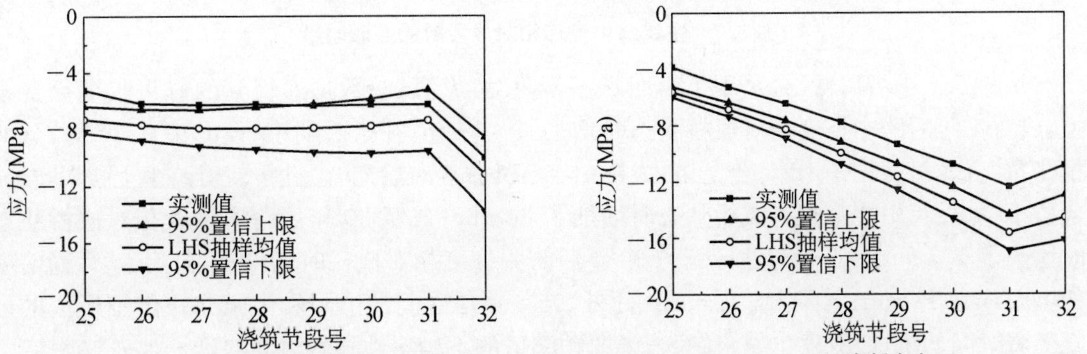

(a) 顶板应力　　(b) 底板应力

图 5.5　中跨 18＃块后端截面应力比较

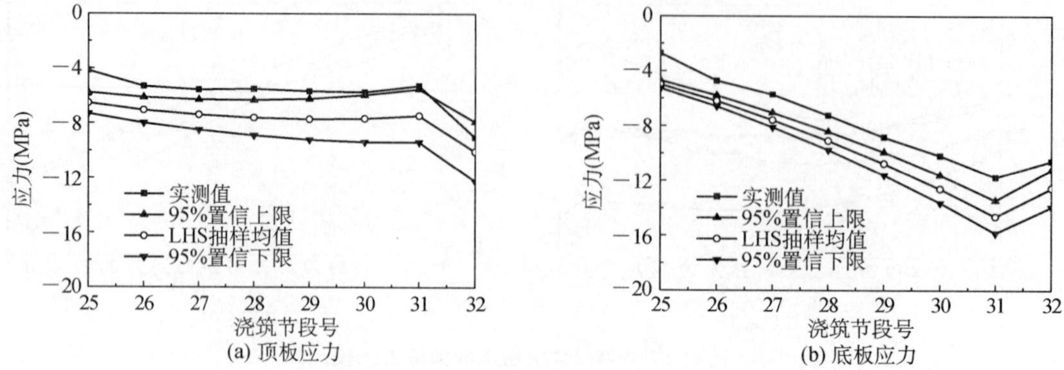

图 5.6　边跨 19＃块后端截面应力比较

由图 5.2～图 5.6 可以看出，箱梁顶底板的实测应力值绝大多数分布在不确定性分析的 95％置信区间内。采用对实际桥梁统计得到的管道每米局部偏差 k 和预应力筋与塑料波纹管道壁的摩擦系数 μ 值，及基于收缩徐变试验数据库修正收缩徐变模型，计算得到各施工阶段箱梁的应力值和实测值的发展趋势一致，误差也较小。

2）带有一定置信水平的长期变形区间预测

考虑表 5.2 中 9 个因素的随机性，采用了第四章基于收缩徐变试验数据库得到的修正收缩徐变模型，即式(4.11)～(4.14)和式(4.18)～(4.22)。计算的成桥后跨中挠度相对成桥时的增量如图 5.7 所示。图 5.7 中描述了 4 条曲线，分别基于修正收缩徐变模型确定性计算的挠度发展曲线，及基于不确定性分析得到的挠度发展曲线的均值及带有 95％置信率的上限和下限。我们发现，基于 LHS 抽样计算的均值与确定性计算值基本一致。

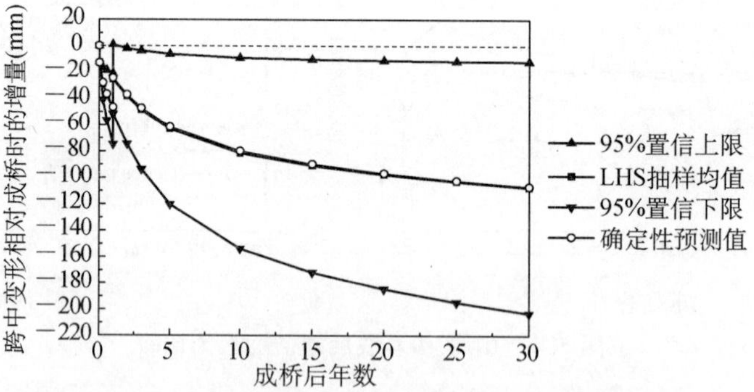

图 5.7　主跨跨中变形相对成桥时的变形增量

从图 5.7 中可以看出，采用了第四章基于收缩徐变试验数据库得到的修正收缩徐变模型，成桥 1 年后跨中挠度相对成桥状态时增加了 46 mm；补张后期束（合龙束共 15 对，分两批张拉，合龙时张拉了 12 对合龙束，成桥 1 年后补张 3 对后期合龙束）使得跨中上挠22 mm；成桥 10 年后跨中挠度相对成桥状态时增加了 80 mm；成桥 30 年后跨中挠度相对成桥状态时增加了 107 mm。不确定性计算的 30 年后跨中挠度相对成桥时的增量，具有 95％置信率的上限约为 12 mm，下限为 203 mm。此外，95％置信区间的上限和下限曲线包围形成的带宽随着时间的增加，宽度也越来越大，说明预测值的不确定性随着时间的延长越来越大。

5.4　苏通大桥连续刚构时变效应的敏感性分析

影响大跨度预应力梁桥的长期变形的因素很多，但是哪些设计参数对长期挠度的影响程度较大，需要通过参数的敏感性分析来解决。敏感性分析就是确定系统单个参数对系统输出中不确定性贡献的重要程度，分析的结果就是得到各个基本参数对响应的影响因子的重要度排序，从而将设计参数可以分为主要设计参数和次要设计参数。敏感性分析其实是一种不确定性分析方法，只不过一般的不确定性分析是讨论所有底层的不确定性对结果的影响，而敏感性分析讨论的是某一个特定的底层事件的不确定性对结果的影响。

5.4.1　时变效应的敏感性分析

采用统计中的相关分析方法来考察随机变量的变异对输出响应的影响，这里利用上述拉丁超立方抽样计算结果来决定模式中的哪个参数对不确定性分析的结果最为敏感。可以用线性相关分析和偏相关分析来检验每个输入变量对输出结果的影响程度。线性相关分析的指标采用 Spearman 秩相关系数 r_i(SRCC)来表示，而偏相关分析一般采用偏相关系数(PRCC)。相关系数是处于区间[−1,1]之间的一个量，相关系数为 0，表示两变量不相关；接近于 1，表示正相关；接近于−1，表示负相关。这里采用的是 PRCC，该方法对于大量的输入数据而只有几个输出结果的特别合适，此外在收缩徐变函数中，环境相对湿度和混凝土强度是输入参数，所以它们的变化趋势与收缩徐变模型的随机因素相混杂，PRCC 是更合理的评价指标[5-3][5-5]。

连同抽样计算的敏感性分析和构建的计算结果回归模型密切相关。假定一个模型有输入变量 θ_1，θ_2，…，θ_k 和响应 Y。对模型进行 N 次计算之后，多重矢量观察数据(θ_{1i}，…，θ_{ki}，Y_i；$i=1$，…，N)可以用来建立一个近似的回归模型的形式：

$$\bar{Y} = b_0 + \sum_{j=1}^{k} b_j\theta_j \tag{5.6}$$

式中，常数 b_0 和普通回归系数 b_j 从传统的最小二乘法获得，回归系数是关于输入变量回归模型的偏导数，但是，这些回归系数受变量单位的影响很大。这个由于模型中含有很多不同单位的变量引起的问题，可以通过在回归模型中将变量标准化来解决，即 $\theta^* = (\theta-\bar{\theta})/s_\theta$，$\bar{\theta}$ 和 s_θ 代表的是抽样的平均值和标准差。前面的回归模型可以写成下面的形式：

$$Y^* = \sum_{j=1}^{k} b_j^*\ \theta_j^* \tag{5.7}$$

标准化模型中的系数 b_j^* 称为标准回归系数，它是一个无量纲的量，这些系数非常有用。因为它们可以反应输入变量的重要性一个直接的方法。b_j^* 的绝对值越大，变量 θ_j 影响越大，而 b_j^* 的值越接近于零就反应 θ_j 影响很小。根据变量的变化进行 N 次计算之后，一个变量和响应的相关矩阵可以根据如下的步骤给出。相关矩阵如下式所示：

$$C=\begin{bmatrix} 1 & r_{12} & \cdots & r_{1k} & r_{1y} \\ r_{21} & 1 & \cdots & r_{2k} & r_{2y} \\ \cdots & \cdots & \cdots & \cdots & \cdots \\ r_{k1} & r_{k2} & \cdots & 1 & r_{ky} \\ r_{y1} & r_{y2} & \cdots & r_{yk} & 1 \end{bmatrix} \tag{5.8}$$

式中，r_{ij}，$1\leqslant i,j\leqslant k$ 是样本的变量之间的相关系数，r_{yj} 是样本的 Y 和 θ_j 之间的相关系数。值 r_{yj} 可以通过下面的方法计算得到：

$$r_{yj}=\frac{\sum_{i=1}^{n}\theta_{ij}y_i-\sum_{i=1}^{n}\theta_{ij}\sum_{i=1}^{n}\frac{y_i}{n}}{\sqrt{\left[\sum_{i=1}^{n}\theta_{ij}^2-\frac{\left(\sum_{i=1}^{n}\theta_{ij}\right)^2}{n}\right]\left[\sum_{i=1}^{n}y_i^2-\frac{\left(\sum_{i=1}^{n}y_i\right)^2}{n}\right]}} \tag{5.9}$$

逆矩阵 C^{-1} 可以扩展成以下的形式：

$$C^{-1}=\begin{bmatrix} \frac{1}{(1-R_{\theta_1}^2)} & c_{12} & \cdots & c_{1k} & -\frac{b_1}{(1-R_y^2)} \\ c_{21} & \frac{1}{(1-R_{\theta_2}^2)} & \cdots & c_{2k} & -\frac{b_2}{(1-R_y^2)} \\ \cdots & \cdots & \cdots & \cdots & \cdots \\ c_{k1} & c_{k2} & \cdots & \frac{1}{(1-R_{\theta_k}^2)} & -\frac{b_k}{(1-R_y^2)} \\ -\frac{b_1}{(1-R_y^2)} & -\frac{b_2}{(1-R_y^2)} & \cdots & -\frac{b_k}{(1-R_y^2)} & \frac{1}{(1-R_y^2)} \end{bmatrix} \tag{5.10}$$

逆矩阵中的 b_j 即为式(5.7)中的标准化回归系数，R_y^2 值是由 Y 在 $\theta_1,\cdots,\theta_n$ 回归决定值。$R_{\theta j}^2$ 是 θ_j 在 $Y,\theta_1,\cdots,\theta_{j-1},\theta_{j+1},\cdots,\theta_k$。$\theta_j$ 和 Y 的偏相关系数可以从逆矩阵 C^{-1} 中得到：

$$P_{\theta_{j,y}}=-\frac{c_{yj}}{\sqrt{c_{jj}c_{yy}}} \tag{5.11}$$

所以偏相关系数可以写成：

$$P_{\theta_{j,y}}=\frac{\frac{b_j}{(1-R_y^2)}}{\sqrt{\left[\frac{1}{(1-R_{\theta j}^2)}\right]\left[\frac{1}{(1-R_y^2)}\right]}}=b_j\sqrt{\frac{1-R_{\theta j}^2}{1-R_y^2}} \tag{5.12}$$

5.4.2 苏通大桥连续刚构时变效应的敏感性分析

考虑表 5.2 中 9 个因素的随机性，采用了第四章基于收缩徐变试验数据库得到的修正收缩徐变模型，利用上述 LHS 抽样的计算结果，本书分析了主跨跨中相对成桥时的长期变形增量相对表 5.2 中 9 个因素的敏感性，确定影响大跨径箱梁桥的长期变形的主要影响因素。图 5.8 反映了主跨跨中相对成桥时的长期变形增量表 5.2 中各因素的敏感性。图 5.8 中每条曲线在 1 年处有两点，代表成桥 1 年后补张主跨底板剩余束前后。

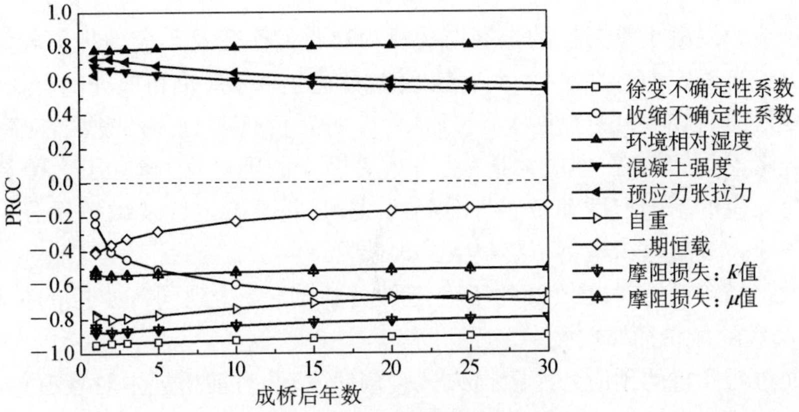

图 5.8　跨中挠度增量的敏感性

由图 5.8 可知，在成桥后 5 年内的跨中挠度发展，用 PRCC 方法得到最相关的因素是徐变模型的不确定系数，达到－0.934，徐变模型不确定系数计算的 PRCC 为负值，表示随着徐变系数的增大，响应越小，由于跨中挠度发展采用的负值，也就是说随着徐变系数的增大，挠度发展也就越大。二期恒载对挠度的发展影响最小，我们知道二期恒载相对箱梁自重来说，效应很小，所以得到的二期恒载的 PRCC 值明显小于自重的 PRCC 值。在成桥后 5 年，环境相对湿度、预应力张拉控制力、摩阻损失的 k 值对跨中挠度发展影响较大。计算的环境相对湿度、预应力张拉控制力的 PRCC 值为正，表示随着环境相对湿度和预应力张拉控制力的增大，响应也就越大，由于挠度发展采用的负值，也就是说挠度发展也就越小。成桥后 30 年，用 PRCC 方法得到的最相关因素仍然是徐变模型的不确定系，其次依次是环境的相对湿度、摩阻损失的 k 值及收缩模型的不确定系数，二期恒载对挠度发展影响最小。

从图 5.8 也可以看出，随着时间的增长，二期恒载、环境的相对湿度和混凝土强度随着成桥后时间的增长，它们的 PRCC 绝对值不断减小，说明它们对跨中挠度发展的影响程度随着时间的推移而减弱。收缩模型不确定系数的 PRCC 绝对值随着时间的增长而增大，其对跨中挠度发展的影响也越来越大。

很多文献[5-20]～[5-23]均指出，预应力损失是大跨径箱梁桥病害的主要原因之一，从图 5.8 中，我们也可看出，和预应力相关的张拉控制应力、摩阻损失的 k 值和 μ 值，对跨中挠度发展的 PRCC 绝对值均超过 0.5，成桥 30 年后，它们的 PRCC 值分别为 0.57、－0.79 和－0.51，说明它们对跨中挠度发展均有一定程度的影响，其中摩阻损失的 k 值对跨中挠度发展影响最大。预应力效应对大跨度预应力混凝土梁桥的力学特征和变形有着重要影响，预应力张拉力的准确控制及摩阻损失 k 值和 μ 值的准确估算，对正确分析混凝土收缩徐变效应和减少对应的不确定性具有重要的意义，所以预应力损失的准确估计应受到足够的重视。

5.5 本章小结

大跨径预应力混凝土箱梁桥的长期结构行为对收缩徐变及预应力损失较为敏感，收缩、徐变是混凝土最不确定的特性之一，而有效预应力值也存在张拉和损失的随机性，在计算分析实桥的时变效应时，应考虑这些因素的随机性，对实桥长期行为的预测，应带有一定的保证率。本研究考虑收缩徐变、预应力损失、自重等因素的随机性，建立了大跨径预应力混凝土箱梁桥时变效应的不确定性和敏感性分析方法，开展不确定性及敏感性分析的目的就是降低大跨径预应力混凝土箱梁桥下挠过大的风险。

在进行大跨径箱梁桥时变效应的不确定性分析时，为达到同等水准的抽样精度，采用LHS能够相当大的减少抽样次数。

本研究通过对实桥的预应力摩阻损失试验调研发现，目前桥规中对管道每米局部偏差k和预应力筋与波纹管道的摩擦系数μ取值偏低，对于大跨径箱梁桥中常用塑料波纹管成孔，调研得到k均值为0.003，变异系数为0.553；μ均值为0.18，变异系数为0.299。而桥规中对于预埋塑料波纹管，$k=0.0015$，$\mu=0.14\sim0.17$，所以现场实测的k和μ值比桥规中取值要稍大，即实际的预应力损失可能大于按桥规的计算值。

采用第四章基于收缩徐变试验数据库得到的修正收缩徐变模型及调研得到的k和μ值，考虑环境相对湿度、自重等9个因素的随机性，对苏通大桥连续刚构的时变效应进行了不确定性和敏感性分析，得到以下结论：

（1）箱梁在施工阶段的顶、底板应力的实测值绝大部分在不确定性计算得到的95%置信区间内，且不确定性计算的均值和实测值较为吻合。采用了第四章基于收缩徐变试验数据库得到的修正收缩徐变模型，成桥30年后跨中挠度相对成桥状态时增加了107 mm。不确定性计算的30年后跨中挠度相对成桥时的增量，具有95%置信率的上限约为12 mm，下限为203 mm。此外，95%置信区间的上限和下限曲线包围形成的带宽随着时间的增加宽度也越来越大，说明预测值的不确定性随着时间的延长越来越大。

（2）敏感性分析就是确定系统单个参数对系统输出中不确定性贡献的重要程度，分析的结果就是得到各个基本参数对响应的影响因子的重要度排序，从而将影响参数分为主要影响参数和次要影响参数。通过对大跨径箱梁桥时变侠效应的敏感性分析可知，对跨中长期变形影响较大的是收缩徐变不确定性系数、环境的相对湿度及摩阻损失的k值，而二期恒载对跨中长期变形的影响最小。预应力张拉控制力、摩阻损失的μ值、自重及混凝土强度对跨中长期变形均有一定程度的影响。

本章参考文献

[5-1]　Madsen H O, Bazant Z P. Uncertainty analysis of creep and shrinkage effects in concrete structures [J]. ACI Journal, 1983, 82(2): 116-127

[5-2]　潘钻峰，吕志涛，孟少平，等. 苏通大桥连续刚构收缩徐变效应的不确定性分析[J]. 工程力学，2009，26(9)：67-73

[5-3]　In Hwan Yanga. Uncertainty and sensitivity analysis of time-dependent effects in concrete structures[J]. Engineering Structures, 2007, 29(7): 1366-1374

[5-4]　张建仁，汪维安，余钱华. 高墩大跨连续刚构桥收缩徐变效应的概率分析[J]. 长沙交通学院学报，2006，22(2)：1-7

[5-5]　顾炜. 超长预应力混凝土结构时变分析关键问题研究[D]. 上海：同济大学，2009

[5-6]　中华人民共和国建设部. 混凝土结构设计规范(GB 50010—2002)[S]. 北京：中国建筑工业出版社，2002

[5-7]　中华人民共和国交通部. 公路钢筋混凝土及预应力混凝土桥涵设计规范(JTG D62—2004)[S]. 北京：人民交通出版社，2004

[5-8]　CEB-FIP. CEB-FIP Model Code for Concrete Structures[S]. Lausanne, Switzerland, 1990

[5-9]　Ang H S, Tang W H. Probability concepts in engineering planning and design[M]. Wiley, New York, 1975

[5-10]　Fanourak G C, Ballim Y. Predicting creep deformation of concrete: a comparison of results from different investigations[A]//Proceedings, 11th FIG Symposium on Deformation Measurements [C]. Santorini, Greece, 2003

[5-11]　Bazant Z P, Baweja S. Justification and refinements of model B3 for concrete creep and shrinkage. 1. statistics and sensitivity[J]. Materials and Structures, 1995, 28(181): 415-430

[5-12]　Gardner N J, Zhao J W. Creep and shrinkage revisited[J]. ACI Materials Journal, 1993, 90(3): 236-246

[5-13]　Reinhardt H W, Pat M G M, Wittmann F H. Variability of creep and shrinkage of concrete [A]//Symposium on fundamental research on creep and shrinkage of concrete[C]. The Hague: M. Nijhoff, 1982: 75-94

[5-14]　肖刚，李天柁，等. 系统可靠性分析中的蒙特卡罗方法[M]. 北京：科学出版社，2003

[5-15]　Kay S M, Saha S. Design of sparse linear array by Monte Carlo importance sampling[A]//Proc Oceans 2000 MTS/IEEE[C]. Rhode Island, USA: IEEE, 2000: 1501-1507

[5-16]　吴斌，欧进萍，等. 结构动力可靠度的重要抽样法[J]. 计算力学学报，2001，18(4)：478-482

[5-17]　McKay M D, Beckman R J, Conover W J. A comparison of three methods for selecting values of input variables in the analysis of output from a computer code[J]. Technometrics, 1979, 21(2): 239-245

[5-18]　Bazant Z P, Liu K L. Random creep and shrinksge in structures: sampling. J. of Struct. Engrg., ASCE, 1985, 111(5): 1113-1134

[5-19] 林同炎，Burns N H. 预应力混凝土结构设计[M]. 路湛沁，黄棠，马誉美，译. 北京：中国铁道出版社，1983

[5-20] Bazant Z P，Li G，et al.. Explanation of excessive long-time deflections of collapsed record-span box girder bridge in Palau. 8th International Conference on Creep and Shrinkage of Concrete，Ise-Shima，Japan，2008

[5-21] 谢峻，王国亮，郑晓华. 大跨径预应力混凝土箱梁桥长期下挠问题的研究现状[J]. 公路交通科技，2007，24(1)：47-50

[5-22] 陈宇峰，徐君兰，余武军. 大跨 PC 连续刚构桥跨中持续下挠成因及预防措施[J]. 重庆交通大学学报，2007，26(4)：6-8

[5-23] 黄海东，向中富. 基于预应力损失识别的连续刚构桥内力计算方法[J]. 公路交通科技，2008，25(6)：71-75

[5-24] 曾有艺. 预应力摩阻损失及其对预应力混凝土连续刚构桥受力性能影响的研究[D]. 湖南：长沙理工大学，2009

[5-25] 吴建军. 预应力混凝土箱梁长预应力束孔道摩阻损失的测试[J]. 福建建材，2007(03)：49-51

[5-26] 李忠献，吴沛峰，陈培奇. 预应力摩擦损失的试验研究[J]. 天津城市建设学院学报，2003，9(1)：28-31

[5-27] 涂杨志，张开银，等. 大跨度 PC 桥孔道摩阻偏差系数试验研究[J]. 公路交通科技，2003，20(6)：45-48

[5-28] 赵国藩；宋玉普，等. 大连市疏港路 S 形曲线连续箱梁桥预应力摩擦损失试验研究[J]. 预应力技术，2004(4)：4-12

[5-29] 胡光祥，陈东杰，等. 空间曲线预应力力束摩擦损失的测试和摩擦系数反演[J]. 建筑科学，2004，20(5)：26-29

[5-30] 宋玉普，车铁，等. 空间多曲线型预应力钢索的预应力摩擦损失研究[J]. 土木工程学报，2002，35(6)：105-108

[5-31] 汪剑. 大跨预应力混凝土箱梁桥非荷载效应及预应力损失研究[D]. 长沙：湖南大学，2006

[5-32] 贺国京，邹永旺，易锦. 石梅湾大桥 32 m 箱梁预应力孔道摩阻试验研究[J]. 中南林业科技大学学报，2010，30(1)：69-72

[5-33] 蒋东宇. 桥梁工程中预应力孔道摩阻损失试验研究[A]//第五届全国预应力结构理论与工程应用学术会议论文集[C]，2008

[5-34] 李永斌. 大跨径刚构-连续组合梁桥结构计算与预应力损失研究[D]. 武汉：武汉理工大学，2005

[5-35] 刘纯平. 威胜利塑料波纹管的应用与其摩阻系数的测定[J]. 城市道桥与防洪，2004(3)：101-103

[5-36] 张秋陵，肖光宏. 塑料波纹管曲线预应力束摩阻损失系数的试验研究[J]. 重庆交通学院学报，2004，23 增刊：7-8

[5-37] 徐敬淼，艾建强. 青岛海湾大桥 60m 预应力混凝土箱梁整体预制施工质量控制要点[J]. 公路，2009(9)：135-141

[5-38] 公路桥涵施工技术规范(JTJ 041—2000)[S]，2000

[5-39] 刘红梁，宋罕宇，陆钦年. 高强混凝土立方体强度变异系数的商榷[J]. 哈尔滨商业大学学报(自然科学版)，2004，20(5)：604-607

[5-40] 公路工程结构可靠度设计统一标准(GB/T 50283—1999)[S]，1999

第六章　钢筋混凝土梁的剪切变形影响研究

6.1　引言

近二十年来，一些大跨径预应力混凝土箱梁桥在运营一段时间后，不同程度地出现了箱梁腹板开裂和跨中挠度过大问题，而且裂缝和挠度均随时间延续而不断发展，直接影响着结构的正常使用性能，对结构的耐久性和安全性造成很大危害，这些问题一直困扰着桥梁设计工程师和工程管理人员。影响大跨径混凝土桥梁开裂和长期变形的因素比较复杂，变形与开裂常常是"并发症"。我们感到，不能老用"综合"因素来分析跨中挠度过大的问题，同时，对待此类质量通病，仅从反复计算箱梁空间作用、混凝土收缩徐变、预应力损失、日照、温差作用等以及施工工艺方面去分析是远远不够的，还应从结构设计方面去分析。混凝土梁开裂后，结构下挠变化的机理变得异常复杂，下挠现象也会逐步恶化。另一方面，主梁刚度由弯曲刚度和剪切刚度组成，通常，梁的挠度主要由弯曲刚度及弯矩控制，但是，对于薄腹箱梁，剪切变形及其引起的下挠是不可忽略的，特别是在斜裂缝出现及发展之后，剪切变形对薄腹箱梁的挠度影响会更大。混凝土开裂前，梁处于弹性工作阶段，其剪切刚度可以根据弹性力学的方法计算。

$$K_{ve}=GA_v\approx 0.417E_cA_v \tag{6.1}$$

式中：G 为剪切模量；A_v 为抗剪面积，对于矩形梁，A_v 取 0.83 A，对于 T 梁，近似取腹板面积。然而，当混凝土出现斜裂缝后，剪切变形的影响不能再用式(6.1)计算，因为开裂后的混凝土泊松比对第二应力方向已失去作用，横向作用到剪切裂缝上的力由抗剪钢筋来承担。目前国内外已有混凝土梁的抗剪性能试验数以千计，但均偏重于抗剪强度的研究，而对于斜裂缝出现之后混凝土梁的剪切变形影响关注较少。我国混凝土结构设计规范[6-1]及桥规[6-2]均未考虑斜向开裂后混凝土梁的剪切刚度对总变形的影响。Timoshenko[6-3]认为，对于 $l/h\geqslant 10$ 的梁，在弹性阶段可以忽略剪切变形对挠度的影响，但出现斜裂缝后，剪切刚度对总挠度的影响不可忽略，且随时间推移，影响将不断增加。笔者导师早在 20 世纪 60 年代中期一批抗剪性能试验研究[6-4]中，就曾有过这种定性的认识。德国著名学者 Leonhardt[6-5]也曾指出，当梁的跨高比 $l/h\leqslant 12$ 时，混凝土开裂后，在跨高比不同，截面及配筋不同的梁中，由剪切变形产生的挠度可为弯曲变形的 0.2～3.0 倍。如果忽略混凝土梁斜向开裂后的剪切变形对跨中挠度的影响，可能导致设计的混凝土梁在使用阶段出现较大的变形。

钢筋混凝土梁，对其抗剪性能的认识远没有比对受弯性能的理解充分，抗剪机理相对复杂。Ritter 首次引用 45°角桁架模型来模拟开裂混凝土梁的剪力流传递，混凝土梁开裂后可理想化为具有平行弦杆和斜压杆的桁架结构：受压区混凝土为受压上弦杆，纵向受力钢筋为受拉下弦杆，而受拉箍筋和斜裂缝间的受压混凝土构成腹杆。后来逐步发展为定角桁架模型、变角桁架模型[6-6]、压力场理论（CFT）[6-7]、修正压力场理论（MCFT）[6-8]、软化桁架模型[6-6]等，这些方法多用于混凝土构件的抗剪强度计算。当然通过 MCFT，也能计算混凝土构件的荷载—位移曲线，但计算过程复杂，需假定一个变量的初始值，经反复迭代计算，才能得到结果，基于 MCFT 的计算程序可参见 Toronto 大学开发的 VecTor2[6-9] 及 Response 2000[6-10]。Park 和 Paulay[6-11] 基于定角桁架模型，给出了钢筋混凝土梁斜向开裂后计算瞬时剪切变形的方法。Paulay[6-12] 采用变角桁架模型分析了剪力墙连梁开裂后的刚度。Kim[6-13][6-14] 利用变角桁架模型分析了开裂混凝土柱的剪切刚度。Zhu、Hsu[6-15] 基于定角软化桁架模型分析了开裂混凝土薄膜元的剪切模量。Nie[6-16][6-17] 开展了钢筋混凝土梁的长期变形试验，并采用桁架模型计算了长期剪切变形，Nie[6-17] 在桁架模型中对箍筋承受的剪力乘以折减系数 0.5 后，计算结果与其试验较为吻合。Li[6-18] 也建议了图 6.1 所示的桁架模型分析了混凝土梁的抗剪性能，他假定将剪跨区四等分，建立变角度的桁架模型，由于该桁架为超静定结构，在剪力作用下，需要借助于简单的力学程序，计算各腹杆所承担的剪力大小，从而确定整个桁架模型的受剪行为。

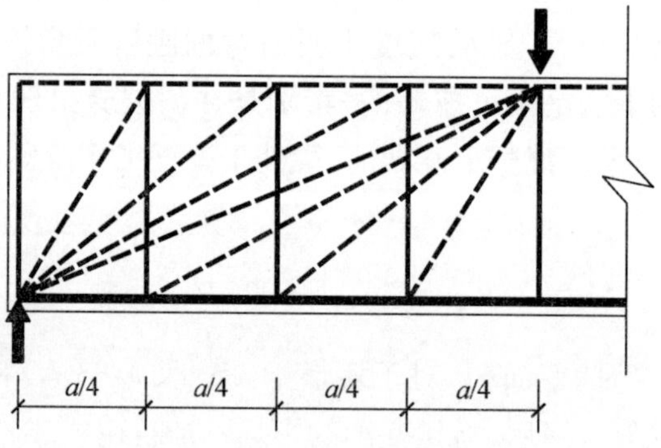

图 6.1　Li 建议的桁架模型

本章开展了 5 根钢筋混凝土梁（3 根薄腹 T 梁和 2 根矩形梁）的剪切性能试验，比较了试验梁的挠度与计算弯曲变形（不考虑剪切变形影响）之间的差异。根据斜裂缝的分布形态，提出采用变角桁架模型（Variable Angle Truss Model）或定角桁架模型（Constant Angle Truss Model）分析梁的受剪行为；根据梁的基本信息（剪跨比、纵筋配筋率、配箍率等），基于最小能量原理，建立了辨别采用何种桁架对该梁进行分析的方法，并推导了斜裂缝出现之后梁的剪切刚度计算公式，以考虑斜向开裂后，剪切变形对总变形的影响，并与本研究试验及收集的他人试验结果进行了比较；在得到上述剪切刚度公式基础上，考虑混凝土收缩徐变，建立了长期剪切变形的计算公式。试验及理论分析结果均表明，斜裂缝出现之后，混凝土梁的剪切变形对总挠度的影响较大，不可忽略。

6.2　钢筋混凝土梁剪切变形的理论研究

6.2.1　混凝土梁基于 B 区和 D 区划分的受剪性能分析

从以往大量的钢筋混凝土梁抗剪性能试验可以看出，斜裂缝的分布一般呈现以下形态：对于简支梁，随着距加载点位置越来越远，斜裂缝角度呈减小的趋势，达到最小值后，斜裂缝基本平行；对于连续梁，斜裂缝角度随着至加载点或支座距离的增加，斜裂缝角度也越来越小，且在达到最小值后，斜裂缝大致平行。此现象在本研究的试验中也得到了验证。

Schlaich 等[6-19]提出将混凝土结构分为 B 区和 D 区分别对待，目前该理念也纳入了一些国家的混凝土结构设计规范中[6-20～6-22]。B 区是指截面应变分布基本符合平截面假定的结构区域，B 表示 Beam 或 Bernoulli(伯努利平截面假定)，它们的截面应力状态可以通过内力平衡(弯矩、扭矩、剪力和轴力)得到。D 区是指截面应变分布呈现明显非线性的结构区域，这些部位具有几何构造上的不连续(Discontinuity)或力流受扰动(Disturbance)的特点，从弹性阶段开始，平截面应变假定在这些区域就已经不再成立，随着荷载的增加，梁截面的抗弯塑性发展模型不能揭示其破坏机理。混凝土结构中常见的 D 区有：承受集中力作用的区域、跨高比较小的深梁、剪跨比较小的区域、锚固区以及构造上有几何突变的区域等[6-19]。

在钢筋混凝土梁的抗剪性能分析中，也可引入基于 B 区和 D 区的设计理念，图 6.2 为混凝土梁随斜裂缝分布形态的不同(即斜压杆角度的变化)，可将梁的剪跨区分为 B 区和 D 区，B 区可采用定角桁架模型(CATM)分析，而 D 区斜裂缝角度大小不一，可借助于变角桁架模型(VATM)，图 6.2 中 θ 为斜裂缝的最小角度。如一根梁采用图 6.2(a)示的混合桁架模型计算的话，较为复杂，我们可根据桁架模型中的最小斜裂缝角度，采用简化的方法，将一种桁架模型(定角或变角)用于某根梁开裂后剪切性能的计算。采用变角桁架模型计算出的最小斜裂缝角度 θ 满足 $d_v\cot\theta < a$ 关系时，梁的受剪行为接近于定角桁架模型的分析结果，故可采用定角桁架模型分析该梁的受剪行为，即采用 C 区的受剪性能分析方法；当 $d_v\cot\theta \geq a$ 时，则采用变角桁架模型。a 为剪跨区长度；d_v 为桁架模型的抗剪高度，d_v 可近似取 max($0.9h_0$，$072h$)[6-20][6-21][6-23]。所以分析混凝土梁斜向开裂后的剪切性能，重点之一是最小斜裂缝角度 θ 的确定。

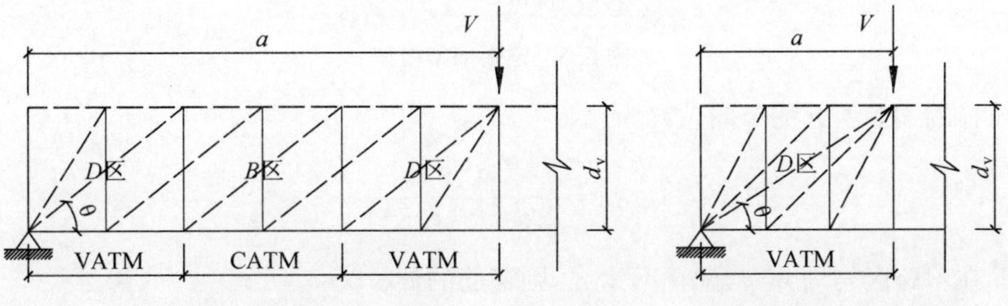

(a) 剪跨比较大的桁架模型　　(b) 剪跨比较小的桁架模型

图 6.2　变角桁架模型

6.2.2 两种剪切刚度

在分析有腹筋混凝土梁的受剪行为过程中，这里定义两种剪切刚度，即弹性剪切刚度和开裂后剪切刚度（其实还存在屈服剪切刚度，即箍筋屈服后梁的受剪行为，但一般在抗剪设计中，是不允许箍筋屈服的，所以本书没有研究屈服剪切刚度），以计算混凝土梁在正常使用阶段的剪切变形。

混凝土梁在斜裂缝出现之前，梁的工作处于弹性阶段，其剪切刚度可以根据弹性力学的方法计算，即式(6.1)，此时剪切变形占总变形比例较小，一般可忽略剪切变形的影响。式(6.1)计算得到的剪切刚度成为弹性剪切刚度(K_{ve})。

混凝土梁斜向开裂后，混凝土泊松比对第二应力方向已失去作用，原来由混凝土承受的拉力转由与斜裂缝相交的箍筋承受，在箍筋尚未屈服前，由于箍筋的受力作用，延缓或限制了斜裂缝的开展和延伸，荷载尚能有较大的增长。斜向开裂后，剪切变形对梁的总变形影响较大，这时的剪切刚度称之为开裂后剪切刚度(K_{vc})。开裂后剪切刚度可借助于上述的定角(或变角)桁架模型求得。下面针对开裂后剪切刚度 K_{vc}，进行详细的推导说明。

6.2.3 定角桁架模型(CATM)

在剪切变形的 B 区，斜裂缝之间大致平行，即斜压杆角度近似相等。采用图 6.3 所示的定角桁架模型计算剪切变形，基于定角桁架模型的腹杆变形，腹杆的变形包括混凝土的压杆缩短和箍筋拉杆的伸长引起的竖向位移。

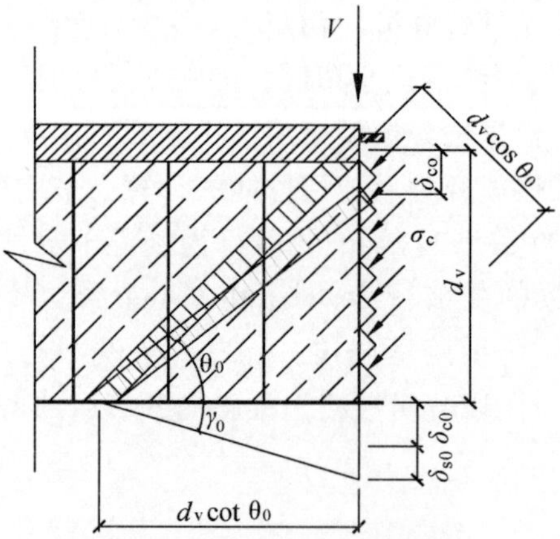

图 6.3 定角桁架模型

斜压杆的缩短引起的竖向位移为：

$$\delta_{c0}=\frac{V_s}{E_c b\sin^3\theta_0\cos\theta_0} \tag{6.2}$$

假定箍筋在剪跨区均匀分布，配箍率为 ρ_v，则箍筋的伸长为：

$$\delta_{s0}=\frac{V_s}{E_s\rho_v b\cot\theta_0} \tag{6.3}$$

则腹杆变形引起的剪切角变化为：

$$\gamma_0=\frac{(\delta_{c0}+\delta_{s0})}{(d_v\cot\theta_0)} \tag{6.4}$$

定角桁架模型的剪切刚度为：

$$K_{vc0}=\frac{V_s}{\gamma_0}=\frac{n_v\rho_v E_c A_v\cot^2\theta_0}{1+n\rho_v\csc^4\theta_0} \tag{6.5}$$

式中：V_s 为桁架模型承受的剪力；E_c 为混凝土弹模；b 为腹板厚度；θ_0 为定角桁架模型中斜压杆与水平纵筋之间的夹角；ρ_v 为配箍率；n 为箍筋弹模与混凝土弹模的比值；A_v 为抗剪面积，等于 bd_v；d_v 为桁架模型的抗剪高度，d_v 可近似取 max(0.9 h_0，072 h)[6-20][6-21][6-23]。

6.2.4　变角桁架模型(VATM)

图 6.4 所示的变角桁架模型[6-13]能够近似反映钢筋混凝土梁 D 区的剪切行为。

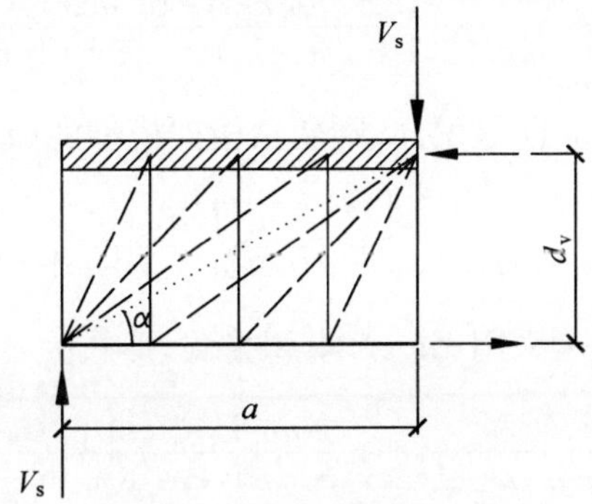

图 6.4　变角桁架模型

取一微分变角桁架单元(图 6.5 所示)进行分析，

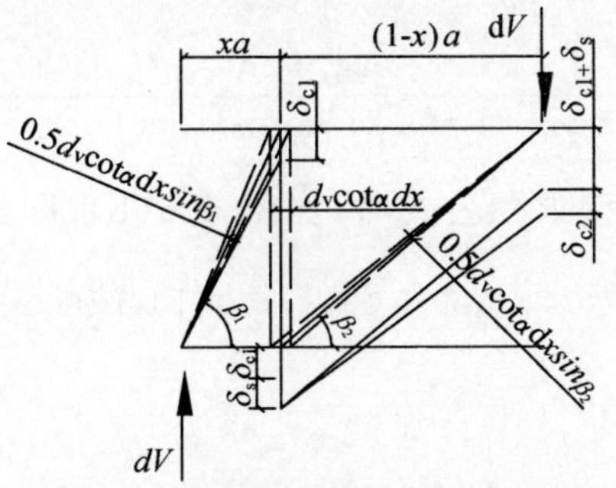

图 6.5　变角桁架模型的微分单元

将图 6.5 中混凝土斜压杆理想化为一个棱柱体，其宽度为锥柱体的平均宽度。则左边微分斜压杆的竖向变形为：

$$\delta_{c1}=\frac{dV}{0.5E_c b\cot\alpha\sin^4\beta_1 dx} \tag{6.6}$$

箍筋变形为：

$$\delta_s=\frac{\mathrm{d}V}{E_s\rho_v b\cot\alpha\mathrm{d}x} \tag{6.7}$$

右侧微分斜压杆的竖向变形为：

$$\delta_{cs}=\frac{\mathrm{d}V}{0.5E_c b\cot\alpha\sin^4\beta_2\mathrm{d}x} \tag{6.8}$$

总的剪切变形为：

$$\delta_v=\delta_{c1}+\delta_s+\delta_{c2} \tag{6.9}$$

则剪切角为：

$$\mathrm{d}\gamma=\frac{\delta_v}{d_v\cot\alpha} \tag{6.10}$$

开裂后剪切刚度为：

$$\mathrm{d}K_{vc}=\frac{\mathrm{d}V}{\mathrm{d}\gamma}=\frac{n\rho_v E_c A_v\cot^2\alpha\mathrm{d}x}{1+2n\rho_v\{(1+x^2\cot^2\alpha)^2+[1+(1-x)^2\cot^2\alpha]^2\}} \tag{6.11}$$

式(6.11)中 $0\leqslant x\leqslant 1$，对 x 进行积分，则变角桁架模型的剪切刚度为：

$$K_{vc}=\int\mathrm{d}D_{vc}=\int_0^1\frac{n\rho_v E_c A_v\cot^2\alpha}{1+2n\rho_v\{(1+x^2\cot^2\alpha)^2+[1+(1-x)^2\cot^2\alpha]^2\}}\mathrm{d}x \tag{6.12}$$

由于式(6.12)不能完全积分，可采用 Gauss 求积公式，形式为：

$$K_{vcm}=\sum_1^n\frac{k_i n\rho_v E_c A_v\cot^2\alpha}{1+2n\rho_v\{(1+x_i^2\cot^2\alpha)^2+[1+(1-x_i)^2\cot^2\alpha]^2\}} \tag{6.13}$$

当采用两点 Gauss 插值型求积公式[6-13][6-24]时，如图 6.6(a)，即式(6.13)中 $m=2$，此时 $x_1=0.21, k_1=0.5$；$x_2=0.21, k_2=0.5$；截断误差为$\frac{1}{135}f^{(4)}(\xi)$，得到开裂后剪切刚度为：

$$K_{vc2}=\frac{n\rho_v E_c A_v\cot^2\alpha}{1+2n\rho_v[(1+0.21^2\cot^2\alpha)^2+(1+0.79^2\cot^2\alpha)^2]} \tag{6.14}$$

当采用三点 Gauss 插值型求积公式时，如图 6.6(b)，即式(6.13)中 $m=3$，此时 $x_1=0.11, k_1=5/18$；$x_2=0.5, k_2=5/9$；$x_3=0.89, k_3=5/18$；截断误差为$\frac{1}{15\,750}f^{(6)}(\xi)$，这时的开裂后剪切刚度为：

$$K_{vc3}=\frac{2\times\frac{5}{18}n\rho_v E_c A_v\cot^2\alpha}{1+2n\rho_v[(1+0.11^2\cot^2\alpha)^2+(1+0.89^2\cot^2\alpha)^2]}+\frac{\frac{5}{9}n\rho_v E_c A_v\cot^2\alpha}{1+4n\rho_v(1+0.25\cot^2\alpha)^2} \tag{6.15}$$

当采用五点 Gauss 插值型求积公式时，得到“精确”解为：

$$K_{vc5}=\frac{0.237n\rho_v E_c A_v \cot^2\alpha}{1+2n\rho_v[(1+0.05^2\cot^2\alpha)^2+(1+0.95^2\cot^2\alpha)^2]}+\frac{0.478n\rho_v E_c A_v \cot^2\alpha}{1+2n\rho_v[(1+0.23^2\cot^2\alpha)^2+(1+0.77^2\cot^2\alpha)^2]}+\frac{0.284n\rho_v E_c A_v \cot^2\alpha}{1+4n\rho_v(1+0.25\cot^2\alpha)^2} \tag{6.16}$$

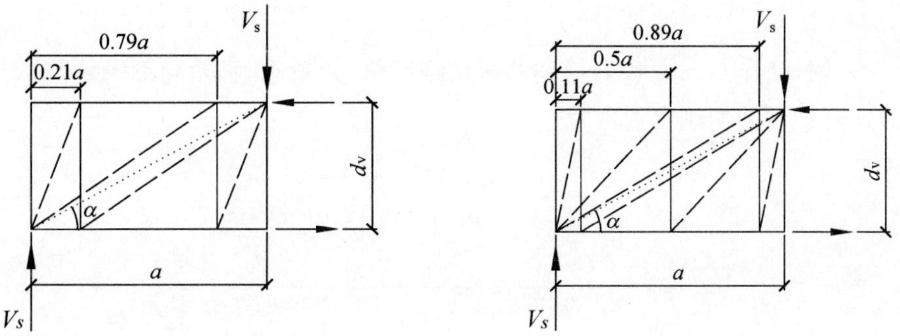

(a) 两点Gauss积分模型　　(b) 三点Gauss积分模型

图 6.6　变角桁架模型

图 6.7 比较了采用式(6.14)和式(6.15)计算出的开裂后剪切刚度的差异，并和式(6.16)计算得到的“精确”值进行了比较，“精确”值是采用 5 点 Gauss 插值型求积公式。取最小斜裂缝角度 θ 等于图 6.6 中的 α。从式(6.14)可以看出，配箍率 $\rho_v=A_{sv}/(bs)$ 对剪切刚度影响较大，这里也选取了四种不同配箍率 $\rho_v=0.1\%$、$\rho_v=0.5\%$、$\rho_v=1.0\%$ 和 $\rho_v=1.5\%$，最小斜裂缝角度一般在 25°～45°之间变化，令 $n=6$，分析比较了公式(6.14)和公式(6.15)计算出的开裂后剪切刚度的差异。

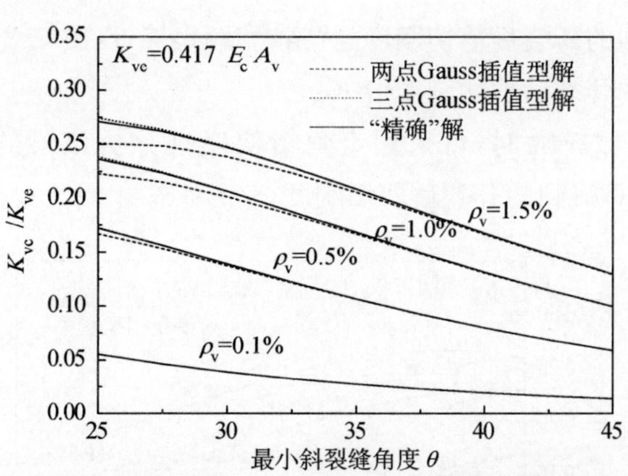

图 6.7　不同数量 Gauss 积分点剪切刚度值的比较

从图 6.7 可以看出，式(6.14)、式(6.15)和式(6.16)三个公式给出的剪切刚度的计算结果均比较接近，三点 Gauss 插值型求积时，其剪切刚度结果与“精确”解更为接近。随着配箍率的增加，两点 Gauss 插值型求积和三点 Gauss 插值型求积得到的结果与“精确”解的差异越来越大。此外，随着最小斜裂缝角度 θ 的增加，式(6.14)、式(6.15)和式(6.16)三个公式计算得到的剪切刚度的差异越来越小。

采用两点 Gauss 和三点 Gauss 插值型积分公式的区别，在于箍筋受力的不均匀性。通过三点 Gauss 插值型积分公式得到的变角桁架模型，中间箍筋处的受力较大，而靠近加载点处的箍筋受力较小，这是由于对式(6.13)积分时，采用三点 Gauss 插值型积分公式的 k_i 值不一样，导致中间箍筋和两侧箍筋分配的剪力值不一样，这和文献[6-18]分析结果一致。

图 6.7 表明，两点 Gauss 积分得到的剪切刚度值与“精确”解差异不大，可对式(6.14)进行简化，得到开裂后剪切刚度为：

$$K_{vc} \approx \frac{n_v \rho_v E_c A_v \cot^2\alpha}{1+4n_v\rho_v(1+0.39\cot^2\alpha)^2} \tag{6.17}$$

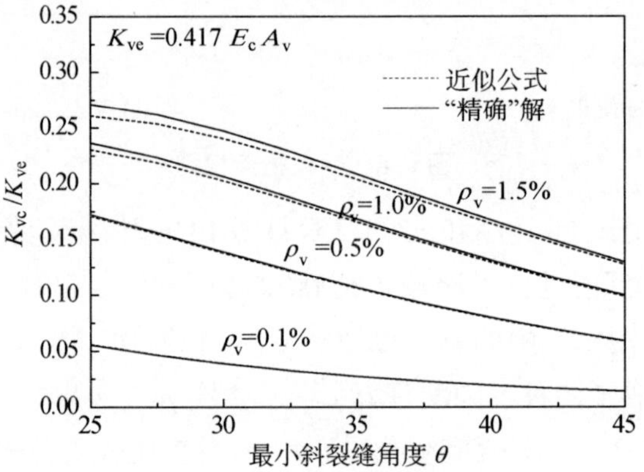

图 6.8 近似公式与“精确”解得比较

近似公式计算得到的开裂后剪切刚度与“精确”解很接近(图 6.8)，所以可用式(6.17)近似计算变角桁架模型的开裂后剪切刚度值 K_{vc}。

如前所述，当剪跨比较大时，可采用定角桁架模型分析该梁的剪切变形。这里比较式(6.5)和式(6.17)计算得到的开裂后剪切刚度，令 $n=6$。

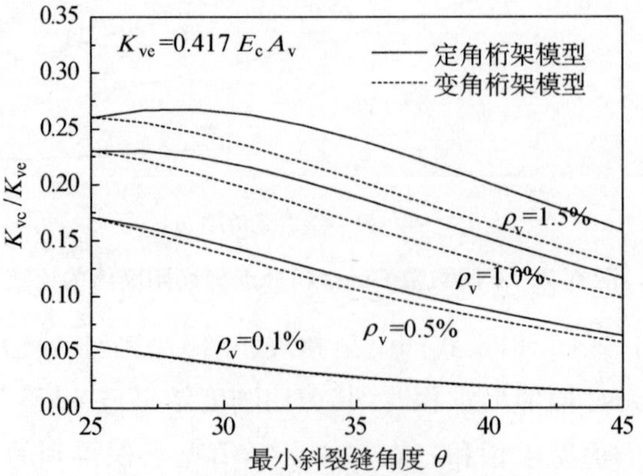

图 6.9 定角桁架模型与变角桁架模型剪切刚度比较

从图 6.9 可看出，当配箍率在 0.5%以下时，两种桁架模型得到的剪切刚度差异不大；当配箍率超过了 0.5%后，两种模型的计算结果差异逐步增加。

如上所述，如一根梁采用图 6.2(a)示的混合桁架模型计算的话，较为复杂，我们可根据桁架模型中的最小斜裂缝角度，采用简化的方法，将一种桁架模型（定角或变角）用于某根梁开裂后剪切性能的计算。采用变角桁架模型计算出的最小斜裂缝角度 θ 满足 $d_v\cot\theta < a$ 关系时，梁的受剪行为接近于定角桁架模型的分析结果，故可采用定角桁架模型分析该梁的受剪行为，即采用 B 区的受剪性能分析方法；当 $d_v\cot\theta \geqslant a$ 时，则采用变角桁架模型。下面着重阐述如何确定最小斜裂缝角度 θ。

6.2.5　最小斜裂缝角度 θ 的确定

采用桁架模型计算斜向开裂后混凝土梁的剪切变形，非常依赖于混凝土斜压杆的角度，即斜裂缝的呈现形态。如前所述，分析混凝土梁的剪切性能，需要知道该梁是基于 B 区还是 D 区进行受剪性能分析，所以首先要确定斜压杆的最小角度 θ。确定 θ 之后，比较 $\cot\theta$ 和 d_v/a的大小，从而确定采用何种桁架模型分析该梁的剪切性能。我们可以首先采用变角桁架模型，计算出变角度斜压杆的最小角度 θ，如果 $\theta > \mathrm{arccot}(d_v/a)$，则采用定角桁架模型进行分析；如果 $\theta \leqslant \mathrm{arccot}(d_v/a)$，采用变角桁架模型进行分析。

Kupfer[6-25]提出采用最小能量原理确定桁架模型的角度，后来在各种构件的 D 区(Discontinuity or Disturbance)拉压杆模型设计中得到了推广应用，Kim[6-13]也据此确定了混凝土柱的变角桁架模型的角度。这里根据图 6.10 所示的两点变角桁架在单位剪力作用下，所做的剪切功及弯曲功总和最小，从而确定斜压杆角度。

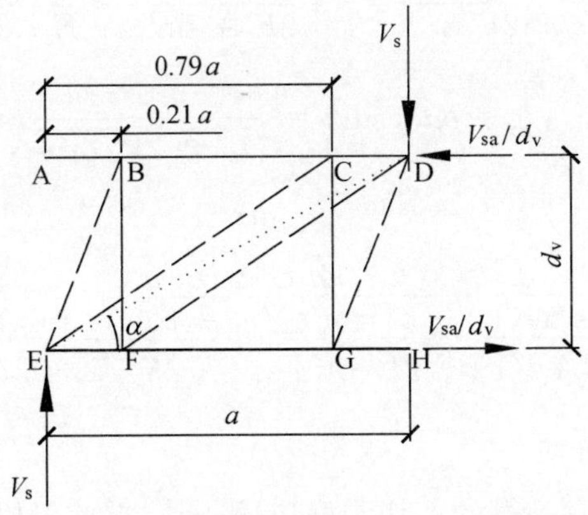

图 6.10　受剪作用下的两点 Gauss 积分变角桁架模型

1) 剪切角计算

假定箍筋在剪跨区均匀分布，该变角桁架模型承担的剪力为 V_s，由于该模型为静定结构，可求出各杆件的轴力和变形，剪力的传递主要依赖于斜压杆和箍筋。在变角桁架模型中，腹杆变形引起的剪切变形计算见表 6.1。

表 6.1 变角桁架模型中腹杆变形引起的剪切变形

杆件	受力	单位力	长度	刚度	变形
	F	f	l	EA	$Ffl/(EA)$
BE、DG	$\frac{-V_s}{2\sin\beta_1}$	$\frac{-1}{2\sin\beta_1}$	$\frac{d_v}{\sin\beta_1}$	E_cA_1	$\frac{V_sd_v}{4E_cA_1\sin^3\beta_1}$
CE、DF	$\frac{-V_s}{2\sin\beta_2}$	$\frac{-1}{2\sin\beta_2}$	$\frac{d_v}{\sin\beta_2}$	E_cA_2	$\frac{V_sd_v}{4E_cA_2\sin^3\beta_2}$
BF、CG	$V_s/2$	$1/2$	d_v	$\frac{E_sA_{sv}d_v\cot\alpha}{2s}$	$\frac{V_ss}{2E_sA_{sv}\cot\alpha}$

注：表中 $\sin\beta_1=\frac{1}{\sqrt{1+0.21^2\cot^2\alpha}}$，$\sin\beta_2=\frac{1}{\sqrt{1+0.79^2\cot^2\alpha}}$

该变角桁架模型的剪切变形为各腹杆变形引起的竖向变形之和，即

$$\delta_v=\sum_{i=1}^{6}\left(\frac{Ffl}{EA}\right)_i=\frac{V_sd_v}{2E_cA_1\sin^3\beta_1}+\frac{V_sd_v}{2E_cA_2\sin^3\beta_2}+\frac{V_ss}{E_sA_{sv}\cot\alpha} \tag{6.18}$$

则剪切角为

$$\gamma=\frac{\delta_v}{d_v\cot\alpha}=\frac{V_s}{2E_cA_1\sin^3\beta_1\cot\alpha}+\frac{V_s}{2E_cA_2\sin^3\beta_2\cot\alpha}+\frac{V_ss}{E_sA_{sv}d_v\cot^2\alpha} \tag{6.19}$$

可知其剪切刚度为

$$K_v=\frac{V_s}{\gamma}=\frac{\cot\alpha}{\frac{1}{2E_cA_1\sin^3\beta_1}+\frac{1}{2E_cA_2\sin^3\beta_2}+\frac{s}{E_sA_{sv}d_v\cot\alpha}} \tag{6.20}$$

将 $A_{sv}=bs\rho_v$，$n=E_s/E_c$，$A_v=bd_v$，$\sin\beta_1=\frac{1}{\sqrt{1+0.21^2\cot^2\alpha}}$，$\sin\beta_2=\frac{1}{\sqrt{1+0.79^2\cot^2\alpha}}$代入式(6.20)，得到

$$K_v=\frac{n\rho_vE_cA_v\cot^2\alpha}{2n\rho_v\left(\frac{A_v\cot\alpha(1+0.21^2\cot^2\alpha)^2}{4A_1\sqrt{1+0.21^2\cot^2\alpha}}+\frac{A_v\cot\alpha(1+0.79^2\cot^2\alpha)^2}{4A_2\sqrt{1+0.79^2\cot^2\alpha}}\right)+1} \tag{6.21}$$

2) 斜压杆宽度的确定

由式(6.14)和式(6.21)计算的剪切刚度应该一致，据此可以确定出混凝土斜压杆的宽度，将混凝土斜压杆理想化为一个棱柱体，其宽度为锥柱体的平均宽度。对比式(6.14)和式(6.21)，可知混凝土斜压杆的截面尺寸为：

$$A_1=bw_1=\frac{\cot\alpha}{4\sqrt{1+0.21^2\cot^2\alpha}}\times A_v=\frac{d_v\cot\alpha}{4\sqrt{1+0.21^2\cot^2\alpha}}\times b \tag{6.22}$$

$$A_2=bw_2=\frac{\cot\alpha}{4\sqrt{1+0.79^2\cot^2\alpha}}\times A_v=\frac{d_v\cot\alpha}{4\sqrt{1+0.79^2\cot^2\alpha}}\times b \tag{6.23}$$

从而得到斜压杆的平均计算宽度为：

$$w_1=\frac{d_{\mathrm{v}}\cot\alpha}{4\sqrt{1+0.21^2\cot^2\alpha}} \tag{6.24}$$

$$w_2=\frac{d_{\mathrm{v}}\cot\alpha}{4\sqrt{1+0.79^2\cot^2\alpha}} \tag{6.25}$$

此外，也可通过图 6.11 较为方便地查出斜压杆宽度 w_1 和 w_2 的值。

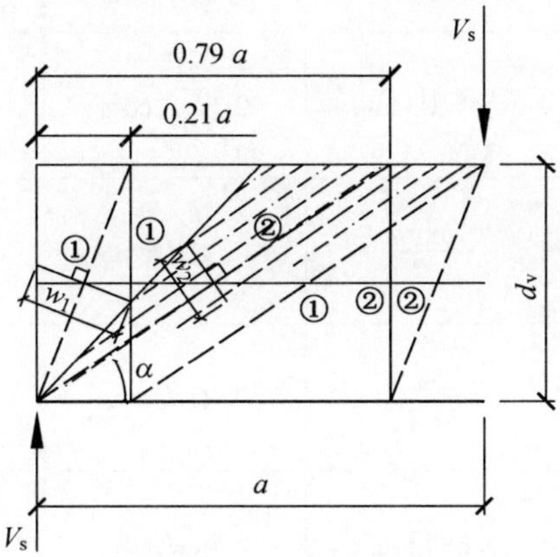

图 6.11　两点变角桁架模型的斜压杆宽度

3）弯曲变形计算

图 6.10 所示的变角桁架模型的弯曲变形主要由上下弦杆的变形引起，各弦杆在剪力作用下的竖向变形计算见表 6.2，剪跨区长度 $a=d_{\mathrm{v}}\cot\alpha$。

将表 6.2 中最后一列相加，可得图 6.10 所示变角桁架模型在剪力 V_{s} 作用下的弯曲变形为：

$$\delta_{\mathrm{f}}=V_{\mathrm{s}}d_{\mathrm{v}}\cot^3\alpha\left(\frac{0.06}{E_{\mathrm{c}}A_{\mathrm{cm}}}+\frac{0.73}{E_{\mathrm{s}}A_{\mathrm{s}}}\right) \tag{6.26}$$

则在剪力 V_{s} 作用下，弯曲转角为：

$$\theta_{\mathrm{f}}=\frac{\delta_{\mathrm{f}}}{d_{\mathrm{v}}\cot\alpha}=V_{\mathrm{s}}\cot^2\alpha\left(\frac{0.06}{E_{\mathrm{c}}A_{\mathrm{cm}}}+\frac{0.73}{E_{\mathrm{s}}A_{\mathrm{s}}}\right) \tag{6.27}$$

4）能量法确定最小斜裂缝角度 θ

如前所说，在抗剪性能分析中，最小斜裂缝角度 θ 对剪切刚度及抗剪强度的计算都非常重要。存在这样的最小斜裂缝角度 θ，可使得在单位剪力作用下，所做的弯曲功和剪切功之和达到最小。图 6.10 在单位剪力作用下，产生总的转角为：

$$EWD=\theta_1=\theta_{\mathrm{f1}}+\gamma_1 \tag{6.28}$$

单位剪切角可由式(6.14)、式(6.17)得到，令 $\theta=\alpha$，

$$\gamma_1=\frac{1+2n\rho_v[(1+0.21^2\cot^2\theta)^2+(1+0.79^2\cot^2\theta)^2]}{n\rho_v E_c A_v\cot^2\theta}\approx\frac{1+4n\rho_v(1+0.39\cot^2\theta)^2}{n\rho_v E_c A_v\cot^2\theta} \tag{6.29}$$

表 6.2 变角桁架模型纵向杆件变形引起的弯曲变形

杆件	受力	单位力	长度	刚度	变形
	F	f	l	EA	$Ffl/(EA)$
AB	0	0	$0.21d_v\cot\alpha$	E_cA_{cm}	0
BC	$-0.106V_s\cot\alpha$	$-0.106\cot\alpha$	$0.58d_v\cot\alpha$	E_cA_{cm}	$\frac{0.0065V_sd_v\cot^3\alpha}{E_cA_{cm}}$
CD	$-\frac{V_s\cot\alpha}{2}$	$-\frac{\cot\alpha}{2}$	$0.21d_v\cot\alpha$	E_cA_{cm}	$\frac{0.0525V_sd_v\cot^3\alpha}{E_cA_{cm}}$
EF	$\frac{V_s\cot\alpha}{2}$	$\frac{\cot\alpha}{2}$	$0.21d_v\cot\alpha$	E_sA_s	$\frac{0.0525V_sd_v\cot^3\alpha}{E_sA_s}$
FG	$0.894V_s\cot\alpha$	$0.894\cot\alpha$	$0.58d_v\cot\alpha$	E_sA_s	$\frac{0.4636V_sd_v\cot^3\alpha}{E_sA_s}$
GH	$V_s\cot\alpha$	$V_s\cot\alpha$	$0.21d_v\cot\alpha$	E_sA_s	$\frac{0.21V_sd_v\cot^3\alpha}{E_sA_s}$

单位弯曲角可由式(6.26)得到，令纵筋与箍筋的弹性模量近似相等，$n_{ls}=E_sA_s/(E_cA_{cm})=nA_s/A_{cm}$，则单位剪力作用下弯曲转角为：

$$\theta_{f1}=\frac{(0.06n_{ls}+0.73)\cot^2\theta}{n\rho_s E_c bh_0} \tag{6.30}$$

将式(6.29)和式(6.30)代入到式(6.28)中，单位剪力作用下的所做的总功为：

$$EWD=\frac{1+4\rho_v n(1+0.39\cot^2\theta)^2}{\rho_v nE_cA_v\cot^2\theta}+\frac{(0.06n_{ls}+0.73)\cot^2\theta}{nE_c\rho_s bh_0} \tag{6.31}$$

利用最小能量原理，即使 EWD 值最小，有

$$\frac{\mathrm{d}W_1}{\mathrm{d}\theta}=0 \tag{6.32}$$

由式(6.32)可得到

$$\theta=\arctan\left[\left(\frac{\frac{0.61}{A_v}+\frac{0.06n_{ls}+0.73}{n\rho_s bh_0}}{\frac{1+4n\rho_v}{n\rho_v A_v}}\right)^{0.25}\right] \tag{6.33}$$

通过式(6.33)可得到最小斜裂缝角度 θ。当然，最小斜裂缝角度 θ 也有限制条件，当剪

跨比较小时，抗剪的拱作用明显，即一部分剪力直接通过连接加载点和支座的混凝土斜压杆传递，据此应有 $\theta \geqslant \arctan(d_v/a)$。公式(6.33)实际应用时，较为繁琐，很难反映各参数对最小斜裂缝角度的影响，可进行适当简化，文献[6-26]认为对于一般的钢筋混凝土梁，混凝土受压区高度可取为 $0.35h_0$，则将式(6.33)可简化为下式。

$$\theta = \arctan\left[\left(\frac{0.77+\dfrac{0.66}{n\rho_s}}{4+\dfrac{1}{n\rho_v}}\right)^{0.25}\right] \tag{6.34}$$

从式(6.34)中看出，辨别采用定角或者变角桁架模型分析梁的受剪性能时，最小斜裂缝角度 θ 主要与纵向配筋率、配箍率及剪跨区长度与抗剪高度比值[$\theta \geqslant \arctan(d_v/a)$]有关，当然混凝土强度对其也有影响($n$)。上面已提到，如果由式(6.34)得到的 $\theta \leqslant \arctan(d_v/a)$，采用变角桁架模型进行分析，此时取 $\theta_v = \arctan(d_v/a)$，其剪切刚度公式见式(6.17)；如果由式(6.34)得到的 $\theta > \arctan(d_v/a)$，则采用定角桁架模型进行分析，定角桁架模型中斜压杆角度 θ_0 的确定见 6.2.6 节。

6.2.6　定角桁架模型的斜裂缝角度 θ_0

当采用定角桁架模型计算剪切变形时，由公式(6.5)可得到定角桁架模型的剪切刚度，但是式(6.5)中有一未知数，即斜压杆角度 θ_0。我们可根据斜压场理论[6-7]中的应力平衡条件及应变协调条件来确定定角桁架模型的斜裂缝角度 θ_0。在推导之前，我们需要做一假定，因为在混凝土斜向开裂前，箍筋基本是不受力的，剪力主要由混凝土承担，当剪力超过斜向开裂荷载 V_{cr}后，箍筋开始受力。根据 MCFT[6-8]，开裂混凝土之间还存在混凝土拉应力，混凝土对抗剪的贡献通过开裂混凝土间的拉应力(或骨料咬合力)来传递，如考虑开裂混凝土的拉应力，计算斜压杆角度时，需要反复迭代计算，很难用公式来表征。这里参考 ACI[6-22]的方法，混凝土对抗剪的贡献即等于斜向开裂荷载 V_{cr}，箍筋承担的剪力为 $V-V_{cr}$，V_{cr}的计算可参见 ACI[6-22]的方法，将在 6.2.7 节阐述。

1）平衡方程

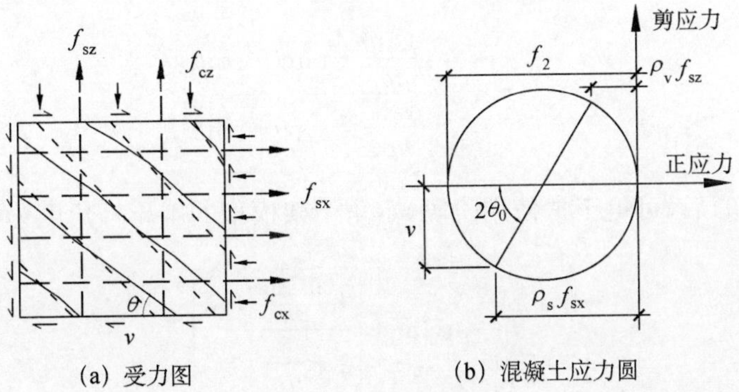

(a) 受力图　　(b) 混凝土应力圆

图 6.12　力的平衡方程

由图 6.12 所示，对混凝土梁施加剪应力 ν 后，引起纵向钢筋受拉 f_{sx}，箍筋受拉 f_{sz} 和混凝土斜压杆的受压 f_2（和纵筋的夹角为 θ）。力的平衡方程为：

$$\rho_v f_{sz}=f_{cz}=\nu\tan\theta \tag{6.35}$$

$$\rho_s f_{sx}=f_{cx}=\nu\cot\theta \tag{6.36}$$

$$f_2=\nu(\tan\theta+\cot\theta) \tag{6.37}$$

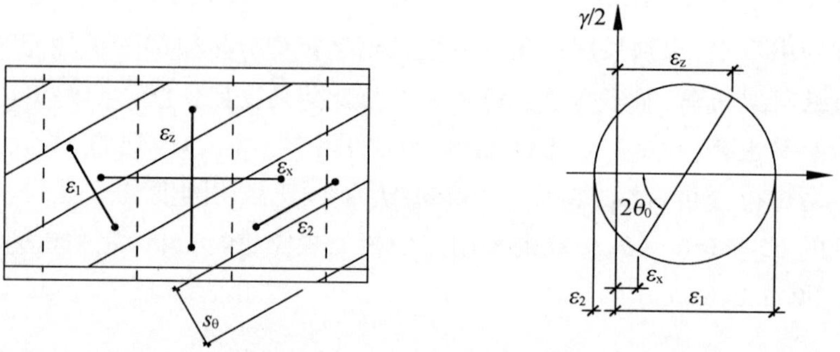

(a) 开裂混凝土的应变　　(b) 莫尔应变圆

图 6.13　应变协调条件

2）变形协调

由图 6.13(b)所示的莫尔应变圆可知，

$$\tan^2\theta=\frac{\varepsilon_x+\varepsilon_2}{\varepsilon_z+\varepsilon_2} \tag{6.38}$$

式中：ε_x 为纵筋的拉应变；ε_z 为箍筋的拉应变；ε_2 为混凝土斜压杆的主压应变。

3）斜压杆角度 θ_0

由于计算剪切变形主要针对正常使用状态，这里假定箍筋、纵筋及混凝土斜压杆均处于弹性阶段，钢筋没有进入屈服。将 $f_{sz}=nE_c\varepsilon_z$，$f_{sx}=nE_c\varepsilon_x$，$\varepsilon_2=f_2/E_c$ 代入到式(6.35)、式(6.36) 和式(6.37)后，联合变形协调条件，即式(6.38)，可得

$$\tan^2\theta=\frac{\dfrac{\cot\theta}{n\rho_s}+\tan\theta+\cot\theta}{\dfrac{\tan\theta}{n\rho_v}+\tan\theta+\cot\theta} \tag{6.39}$$

化简式(6.39)后，可得正常使用阶段，定角桁架模型的斜压杆角度为：

$$\theta_0=\arctan\left[\left(\frac{1+\dfrac{1}{n\rho_s}}{1+\dfrac{1}{n\rho_v}}\right)^{0.25}\right] \tag{6.40}$$

以截面 200 mm×600 mm 钢筋混凝土梁为例，混凝土强度等级为 C50，剪跨比为 3，分析

斜向开裂后变角桁架模型中斜压杆角度 θ_0 随配筋率的变化。

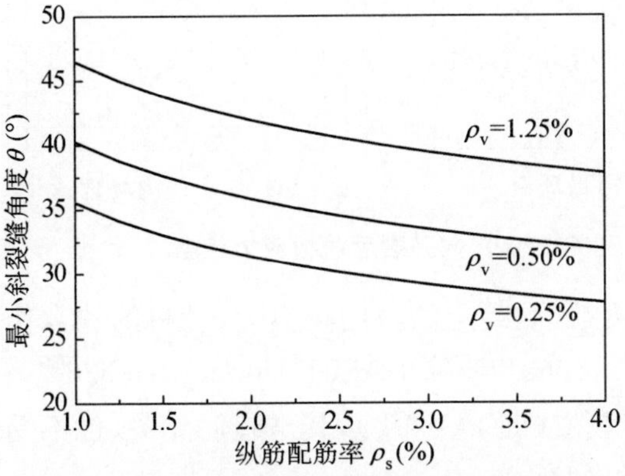

图 6.14　配筋率对斜压杆角度 θ_0 的影响

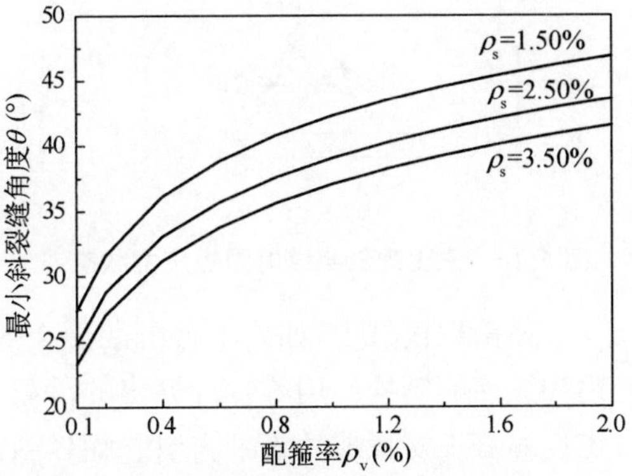

图 6.15　配箍率对斜压杆角度 θ_0 的影响

从式(6.40)、图 6.14 和图 6.15 可以看出，纵向配筋率和配箍率对斜裂缝角度影响较大，随着纵向配筋率的增加，斜压杆角度减小；随着配箍率的增加，斜压杆角度增加。这和理论上的理解一致，根据最小能量原理，为使受力系统能量最小，刚度大的单元必须承担更多的外荷载，对于钢筋混凝土梁，纵筋的配筋率一般比配箍率大，纵筋的刚度一般较箍筋大，为使能量最小，斜裂缝倾角应小于 45°。

此外，比较式(6.34)和式(6.40)，可以看出，定角桁架模型的斜压杆角度 θ_0 稍大于式(6.34)的计算值，$\dfrac{\tan\theta_0}{\tan\theta}\approx\left(\dfrac{1}{0.66}\right)^{0.25}=1.1$，由于斜裂缝角度一般在 25°～45°之间变化，故 $\theta_0/\theta\approx1.06\sim1.09$。

6.2.7　剪切变形计算

1）弹性阶段

在未出现斜裂缝之前，钢筋混凝土梁的剪切变形可以按照材料力学的方法求解，即

$$\delta_{ve}=\int_l \frac{V\bar{V}}{K_{ve}}\mathrm{d}x \tag{6.41}$$

式中：K_{ve} 按式(6.1)计算。

2）斜向开裂阶段

对于钢筋混凝土梁来说，在出现斜裂缝之前，箍筋的应力很小，这时的剪力主要由斜压应力和斜拉应力共同承担，见图 6.16；斜向开裂后，混凝土中的斜拉应力迅速减小。我们知道，在 Collins 发展的压力场理论[6-7]中，忽略拉应力对抗剪的贡献，即认为 $f_1=0$，如图 6.17(a)，而修正压力场理论[6-8]考虑了斜裂缝间混凝土拉应力对抗剪的贡献，如图6.17(b)。

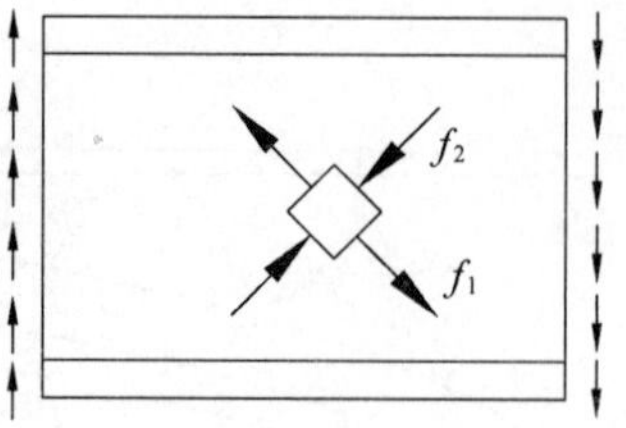

图 6.16　未出现斜裂缝时腹板应力状态

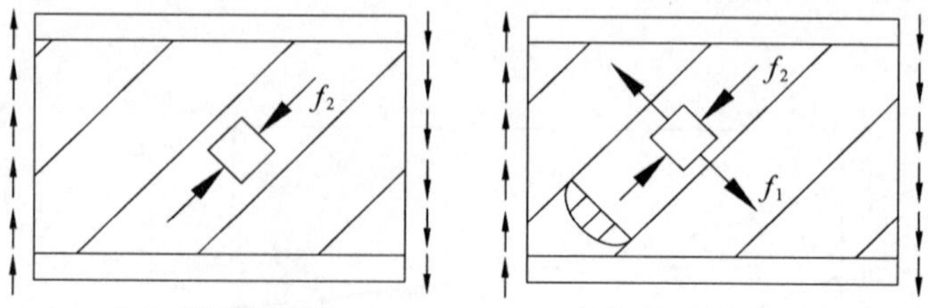

(a) 压力场理论　　(b) 修正压力场理论

图 6.17　斜向开裂后腹板应力状态

在桁架模型中，如果不考虑混凝土对抗剪的贡献(混凝土的斜向拉应力、骨料的咬合作用和纵筋的销栓作用等)，计算出的承载力偏保守。1962 年，ACI-ASCE Committee 326[6-27] 提议混凝土对抗剪的贡献为引起临界斜裂缝的荷载值(即 $V_c=V_{cr}$)，其与腹筋无关，也不受后续加载过程的影响，此概念在 ACI 规范中一直沿用至今。

对应于不同的斜裂缝形式，斜裂缝出现的剪力可按式(6.42)和式(6.43)计算，并取两者计算出的最小值。弯剪斜裂缝的开裂荷载为：

$$V_c=\left(0.16\sqrt{f_c'}+17\rho_s\frac{Vh_0}{M}\right)bh_0 \tag{6.42}$$

式中：Vh_0/M 为广义剪跨比。

腹剪斜裂缝的开裂荷载为：

$$V_c=0.29\sqrt{f_c'}\,bh_0 \tag{6.43}$$

这里，计算剪切变形的影响，假定出现斜裂缝之后总剪切变形的计算应包括两个部分：一是即将斜向开裂时，即在斜向开裂荷载 V_{cr} 作用下，混凝土承担的剪力 V_c(＝V_{cr})产生的剪切变形；二是随着剪力荷载的增加，箍筋承担剪力部分 V_s，这部分的剪切变形看通过桁架模型(定角或变角)来计算。所以，在总剪力 V(＝V_c+V_s)作用下，当采用定角桁架模型时，总的剪切变形为：

$$\delta_v^c=\int_l\frac{V_c\bar{V}}{0.417E_cA_v}\mathrm{d}x+\int_l\frac{(V-V_c)\bar{V}}{K_{vc0}}\mathrm{d}x \tag{6.44}$$

当采用变角桁架模型时，总的剪切变形为：

$$\delta_v^v=\int_l\frac{V_c\bar{V}}{0.417E_cA_v}\mathrm{d}x+\int_l\frac{(V-V_c)\bar{V}}{K_{vc}}\mathrm{d}x \tag{6.45}$$

从式(6.44)和式(6.45)看出，它们能保证计算的剪切变形从弹性阶段过渡到斜向开裂阶段的连续性。

3) 剪切变形计算步骤

运用 MATLAB[6-28] 程序编制了计算钢筋混凝土梁剪切变形的程序，程序框图如图 6.18 所示。

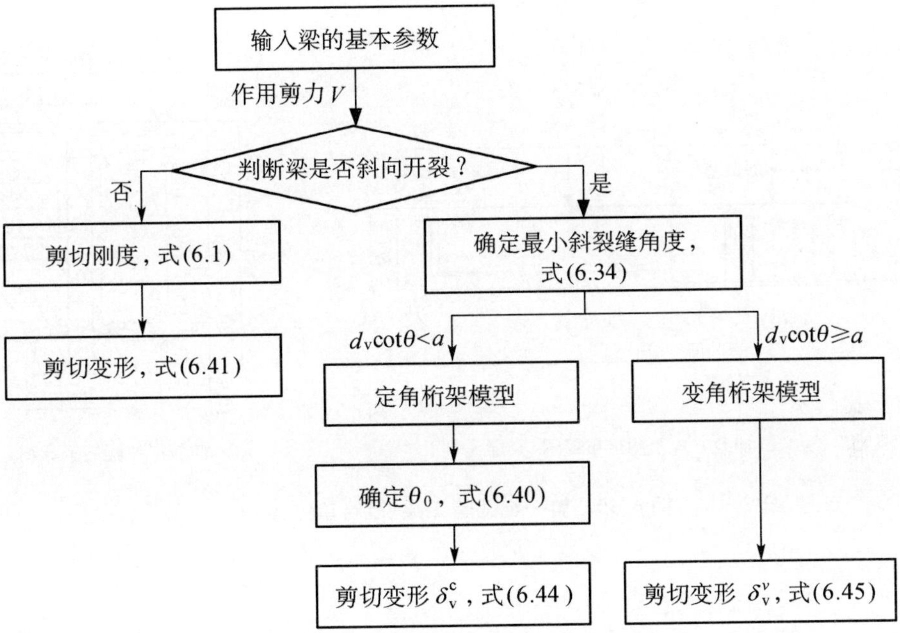

图 6.18　剪切变形计算框图

6.3　试验方案设计及结果分析

6.3.1　试验目的

剪切变形试验分为两组：一组为三根钢筋混凝土 T 梁，高度为 600 mm，梁长 4 000 mm，跨度为 3 600 mm；另一组为两根钢筋混凝土矩形梁，截面尺寸为 250 mm×450 mm，梁长4 450 mm，跨度为 4 000 mm。第一组 3 根 T 梁试验，保持混凝土强度等级（C60）、截面尺寸、跨度、纵向配筋率均不变，变化配箍率和剪跨比的大小，研究纵横向配筋率的比例差异对斜裂缝角度的影响；研究配箍率及剪跨比对剪切刚度的影响。两根矩形梁试验，梁尺寸、配筋及试验条件均相同，和第一组比较，主要研究跨高比和剪跨比对剪切变形的影响。通过该5 根梁试验结果的观察，验证上节推导的斜裂缝角度公式和剪切刚度公式。

6.3.2　试件设计

第一组试验梁为三根长 4 m 的高强混凝土 T 型梁，梁的计算跨径为 3.6 m，该组试验梁的跨高比为 $l/h=6$，箍筋有两种形式：$\phi8@150(\rho_v=0.67\%)$和 $\phi8@200(\rho_v=0.5\%)$，三根薄腹梁的受拉纵筋均为 $6\phi22+2\phi8$。

第二组两根梁混凝土强度、配筋（$\rho_s=1.9\%$，$\rho_v=0.2\%$）、尺寸（$b\times h=250$ mm×450 mm，梁长 4 450 mm，计算跨径 $l_0=4\ 000$ mm）均相同，该组试验梁的跨高比为 $l/h=$

8.89,试验梁的配筋图如图 6.20 所示。

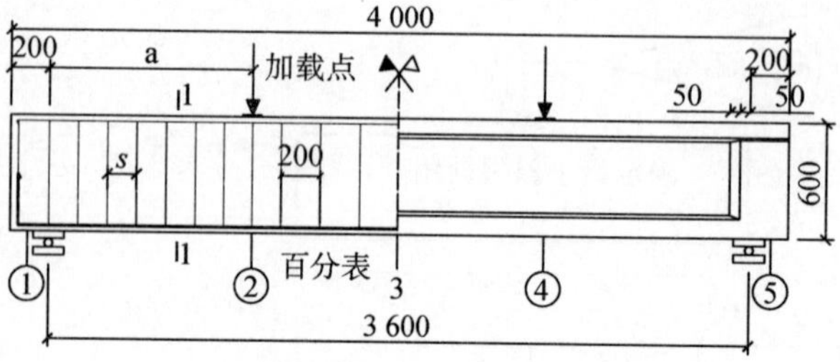

(a) 加载方式及测点布置图

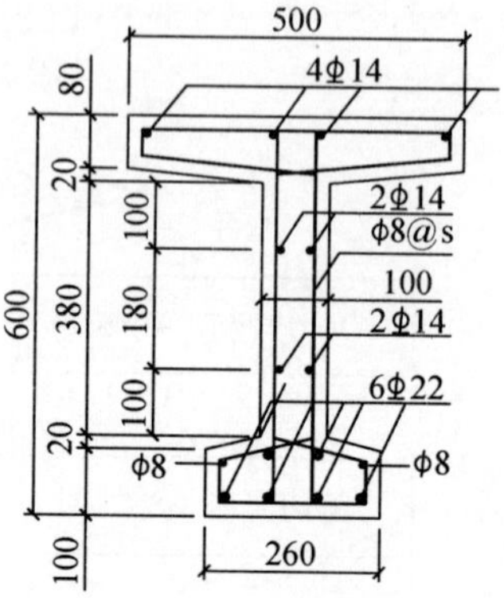

(b) 薄腹梁的配筋示意图

图 6.19　第一组试验 T 梁设计(单位:mm)

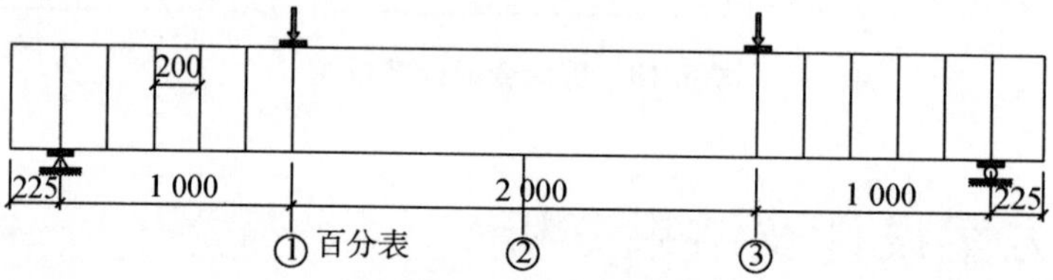

(a) 加载方式及测点布置图

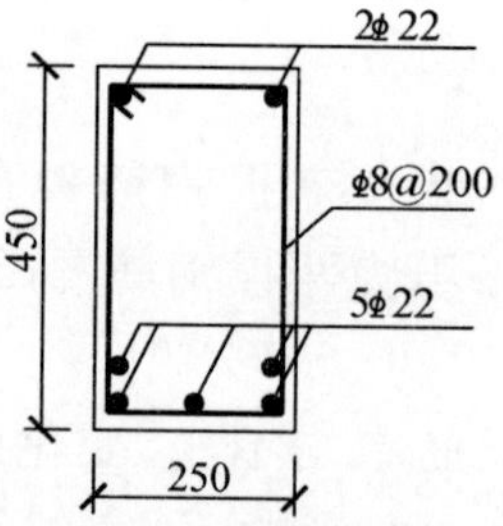

(b) 矩形梁的配筋示意图

图 6.20　第二组矩形试验梁设计(单位:mm)

5 根钢筋混凝土梁的设计参数如表 6.3 所示,加载方式为两点集中力加载。为了研究斜裂缝出现后的剪切变形对跨中挠度的影响,重点量测了在箍筋应力屈服前的混凝土梁跨中及加载点的挠度变化。在梁的支座、加载点及跨中均布置了百分表,量测钢筋混凝土梁的挠度变化。由于实验室内支座处在荷载作用下竖向变形甚小,故第二组试验梁只在两个加载点及跨中处布置了位移传感器。斜裂缝测量重点关注斜裂缝的发生、发展及斜裂缝角度。

表 6.3 试验梁设计参数

组别	编号	f_{cu} (MPa)	h_0 (mm)	a/h_0	纵筋		箍筋			V_{cr} (kN)	V_u (kN)
					f_{sy}(MPa)	配筋	f_{vy}(MPa)	s(mm)	ρ_v(%)		
1	L1	72.0	546	1.923	373	2380	360	150	0.67	100	497
	L2	72.0	546	1.923	373	2380	360	200	0.5	100	425
	L3	72.0	546	1.465	373	2380	360	150	0.67	120	—
2	L4	46.3	400	2.50	366	1900	469	200	0.20	110	—
	L5	46.3	400	2.50	366	1900	469	200	0.20	110	—

注：表中 V_u 为剪切破坏时的剪力，L1 和 L2 梁的破坏类型均为剪压破坏。L3 梁加载至 500 kN 后并未破坏，由于试验设备的限制，L3 并没有加载至破坏。L4 和 L5 梁后用于研究加固性能，也没有加载至破坏。

6.3.3 材料的力学性能

第一组钢筋混凝土 T 梁的强度为 C60，其混凝土配合比同苏通辅桥连续刚构相同。浇筑混凝土梁时，预留了 3 个边长 150 mm 的立方体试块，试块的养护环境同混凝土梁，测得的 28 天抗压强度为 72 MPa，比标养环境下测得的立方体强度(表 2.2)略有降低。第一组试验梁所用普通钢筋的材性测试是在东南大学材料力学试验室完成，采用东南大学力学研究所研制开发的力学性能自动测定仪(拉伸试验)采集计算数据，主要量测了 $\phi 8$ 和 $\phi 22$ 的性能指标。$\phi 8$ 测得的屈服强度及抗拉强度分别为 360 MPa 和 477 MPa；$\phi 22$ 测得的屈服强度及抗拉强度分别为 373 MPa 和 548 MPa。

第二组试验是在新加坡南洋理工大学结构实验室进行，测得 28 天圆柱体抗压强度 $f'_c=$ 37.0 MPa，折算为立方体抗压强度 $f_{cu}=46.3$ MPa。第二组试验梁的箍筋实测屈服强度为 469 MPa，抗拉强度为 568 MPa；纵筋的实测屈服强度为 366 MPa，抗拉强度为 434 MPa。

6.3.4 加载装置及加载制度

5 根钢筋混凝土梁的加载方式均为两点加载。第一组试验梁采用同一油泵控制两个千斤顶同步加载(图 6.21)，保证加载的对称性，并在加载点分别布置 100 t 力传感器，以便对荷载进行校核。正式加载前，先按每级 10 kN 预加载至 50 kN 后卸载，以确保各仪表能够正常工作。正式加载时，按每级 20 kN 分级加载，接近开裂时，改为每级 10 kN，直至腹剪斜缝的出现，此后按每级 20 kN 继续加载，直至破坏。在加载过程中，每级加载至少持荷 5 分钟，此间进行裂缝观测和摄像等工作，待各电测仪表读数稳定后进行数据记录。第一组试验加载装置如图 6.22 所示。第二组试验梁的加载点距支座 1 000 mm，参见图 6.20(a)。

图 6.21　加载方式

图 6.22　加载装置

6.3.5　试验结果及分析

1）斜裂缝开展形态

第一组三根钢筋混凝土 T 梁在破坏前的斜裂缝分布形态如图 6.23 所示，从图中可以看出，同一根梁，左右剪跨区的斜裂缝分布形态基本对称，说明在加载过程中，由于采用了同一油泵控制两点同步加载的方法，左右剪跨区的剪力值较为接近。斜裂缝在加载点附近，与水平轴的角度较大，随着距加载点越来越远，斜裂缝角度越来越小，达到最小值后，斜裂缝基本平行。腹剪斜缝一旦出现，宽度就较大，且有时带有明显的破裂声，易识别，而弯剪斜缝开裂荷载感官上难以精确捕捉，须同时借助箍筋应变读数。L1 和 L2 梁的斜向开裂荷载约为 100 kN，L3 梁的斜向开裂荷载约为 120 kN。

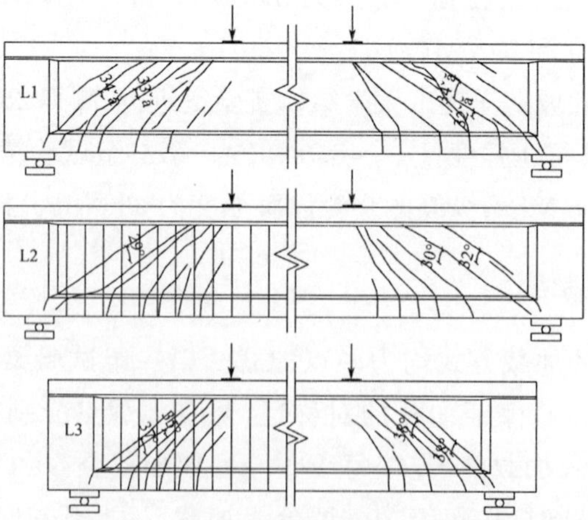

图 6.23　三根薄腹梁试验斜裂缝分布图

由式(6.34)可知，L1 和 L2 梁的剪切变形可用定角桁架模型计算，而 L3 梁需采用变角桁架模型。结合式(6.34)和式(6.40)，三根梁的斜裂缝角度计算值分别为：33.1°、31.3°、32.1°。三根梁实测的斜裂缝角度分别为：L1 梁左右的最小斜裂缝角度分别为 32°、33°；L2

梁左右的最小斜裂缝角度分别为 29°、30°；L3 梁左右的最小斜裂缝角度分别为 35°、38°。可以看出，L1 和 L2 梁的斜裂缝呈现角度与计算值较为接近；而 L3 梁的剪跨比较小，其实测斜裂缝角度稍大于计算值，这可能与加载点及支座的宽度有关，而在式(6.34)中并没有考虑该因素。

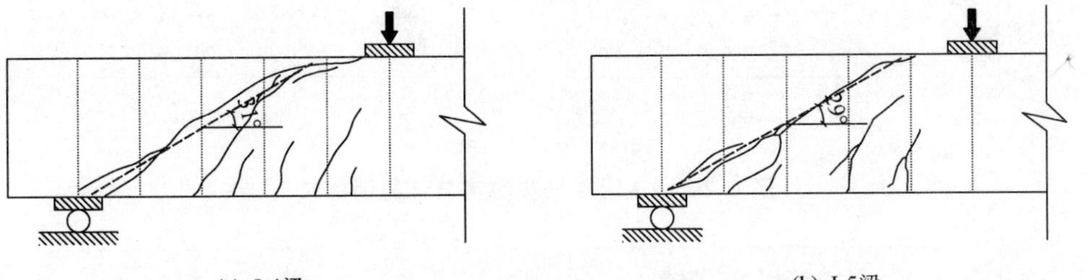

图 6.24 第二组两根试验梁的剪跨区斜裂缝观测图

第二组两根矩形梁的斜裂缝分布形态如图 6.24 所示。通过式(6.34)可知该梁可用定角桁架模型来分析，用式(6.40)计算得到该梁的最小裂缝角度为 30.3°，而两根梁试验量测的最小裂缝角度分别为 31°和 29°(图 6.24)，计算结果与试验结果较为接近。

2）变形比较

第一组三根钢筋混凝土 T 梁挠度随荷载变化的计算值与试验值的比较如图 6.25～图 6.27所示。这里所比较的是箍筋应力未超过其屈服强度荷载等级下的挠度变化情况。图 6.25～图 6.27 中，δ_T 表示跨中挠度的实测值；δ_G、δ_J、δ_A 分别表示根据规范(GB 50010—2002)[6-1]、(JTG D62—2004)[6-2]和(ACI 318R—2008)[6-22]中计算钢筋混凝土梁弯曲挠度的方法，计算出的弯曲变形；δ_v 表示根据图 6.18 计算出的混凝土梁斜向开裂后的剪切变形。需要指出的是，这里的弯曲变形是按照最小刚度原则计算的，真实的弯曲变形应稍小于计算值，关于对最小刚度原则的讨论在 6.6 章节中阐述。

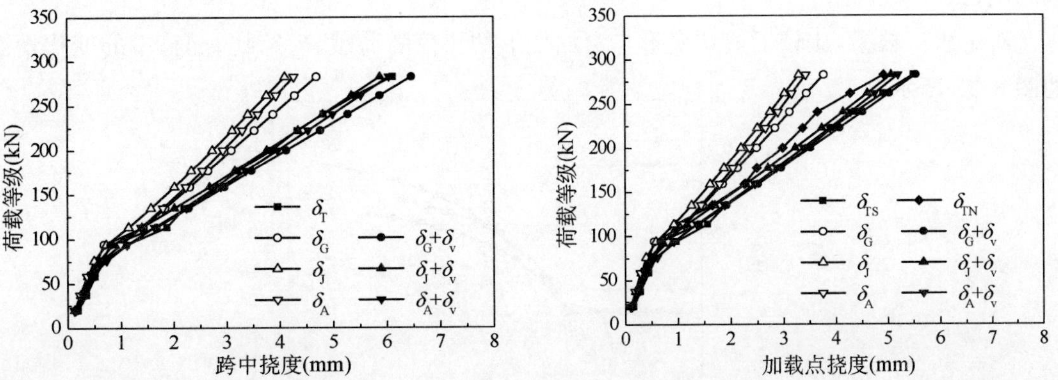

图 6.25 L1 梁变形实测值与计算值比较

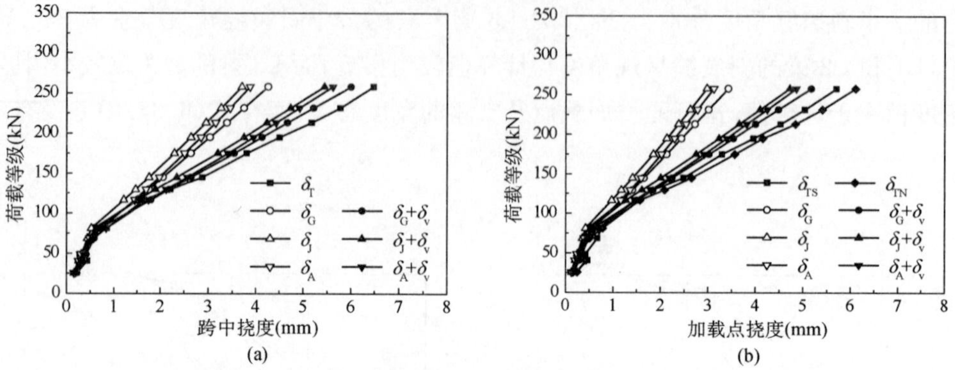

图 6.26　L2 梁变形实测值与计算值比较

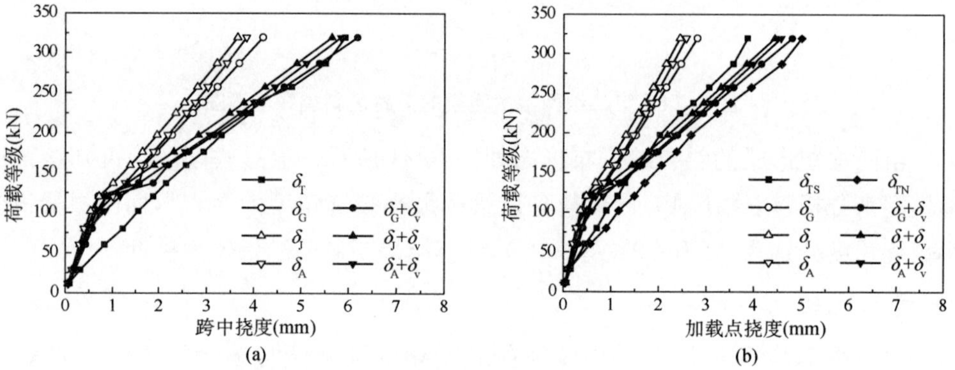

图 6.27　L3 梁变形实测值与计算值比较

由图 6.25～图 6.27 可以看出，采用(GB 50010—2002)方法计算出的钢筋混凝土梁弯曲变形稍大于其他两种规范的计算值，但均小于实测的变形值。这说明，如果忽略出现斜裂缝之后的剪切变形，会有低估变形的危险，这对保证混凝土结构的正常使用性能不利。L1 和 L2 梁在斜向开裂后，荷载—挠度曲线有明显的弯折点，表明结构刚度突然减小。L3 梁的剪跨比较小($\lambda=1.47$)，出现斜裂缝后，整体刚度下降不是很明显，但随着剪力荷载的增加，其刚度也越来越小。

对于该三根梁，比较了剪切变形与弯曲变形的比值随荷载、剪跨比、配箍率的变化情况，如图 6.28 所示。

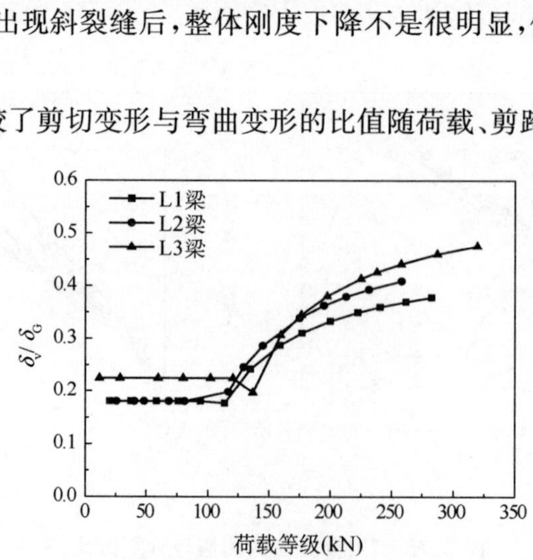

图 6.28　剪切变形与弯曲变形比值随荷载变化

比较图 6.28 中的 L1 梁和 L2 梁，可以看出，随着配箍率的减少，剪切变形与弯曲变形的比值稍有增加。比较图 6.28 中的 L1 梁和 L3 梁，随着剪跨比的减小，剪切变形所占总变形的比重有较大增加。从剪切变形与弯曲变形比值曲线图可以看出，随着荷载等级的增加，剪切变形所占的比重会越来越大。图 6.28 中 L1 梁和 L2 梁的斜向开裂荷载和弯曲裂缝开裂荷载较为接近，所以剪切变形与弯曲变形的比值随着荷载等级的增加，比值接近增加的趋势。而 L3 梁，剪切变形与弯曲变形比值柱形图在 137 kN 时有突变，那是因为 L3 梁的剪跨比较小，斜裂缝先于弯曲裂缝出现，137 kN 时，弯曲裂缝出现，弯曲刚度突然下降，则弯曲变形突然增大，则剪切变形与弯曲变形的比重会突然降低；随着荷载增加，剪切变形所占的比重越来越大，其曲线逐步上升。

第二组两根梁跨中的实测荷载—挠度曲线见图 6.29，图中，δ_G、δ_v 分别表示根据规范(GB 50010—2002)[6-1]计算的弯曲变形和按图 6.18 计算的剪切变形值。由图 6.29 看出，采用(GB 50010—2002)方法计算出的钢筋混凝土梁弯曲变形稍大于实测值，加上剪切变形后，变形增加很小，说明对于该两根梁，由于跨高比较大，剪切变形所占的比重不大，根据最小刚度原则计算的跨中挠度和实测值较为接近。同时说明，对于跨高比较大的构件，按照最小刚度原则计算出的总变形，能够满足精度的要求。详细的高跨比对剪切变形的影响可参见 6.6 节。

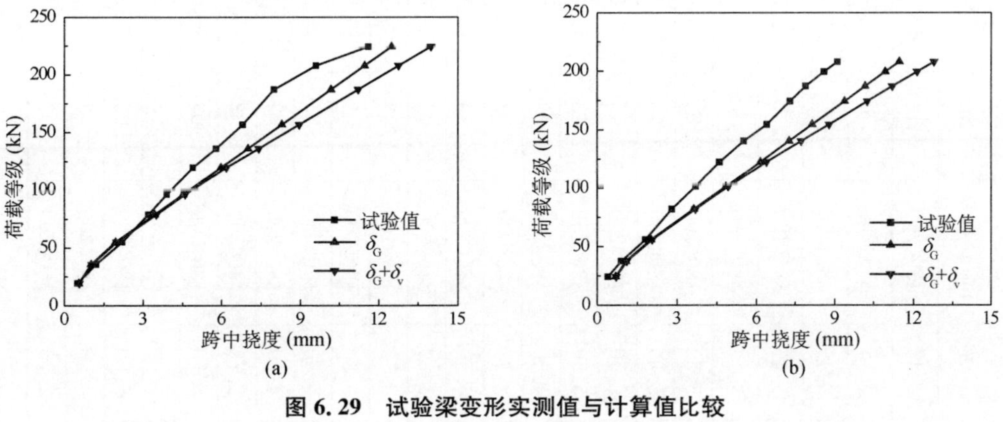

图 6.29　试验梁变形实测值与计算值比较

6.4　其他试验验证

为进一步验证本研究方法的适用性，与文献[6 - 17]、[6 - 29]、[6 - 30]的有腹筋混凝土梁的剪切性能试验进行了比较，见表 6.4。表 6.4 中，δ_m 为弯曲变形值，按《混凝土结构设计规范》(GB 50010—2002)方法[6-1]计算；δ_v 为剪切变形，按图 6.18 程序框图计算；δ_t 为实测的总变形。表中计算值与试验值比值的均值为 0.852，标准差为 0.176。从$(\delta_m+\delta_v)/\delta_t$ 比值来看，剪跨比为 3.06 的梁，即使考虑剪切变形后，计算的总变形仍比实测总变形小[6-30]。从 δ_m/δ_v 比值来看，对于小剪跨比的梁，剪切变形对跨中总变形影响更为显著。所以，斜裂缝出现之后剪切变形影响不可忽略。另外，文献[6 - 17]指出其试验的 5 根梁的斜裂缝最小角度均在 25°左右，根据式(6.40)计算出的该 5 根梁的斜裂缝最小角度分别为 30.2°、28.7°、34.6°、34.6°、34.6°。

表 6.4　剪切变形计算值与试验值比较

数据来源	梁编号	f_{cu}(MPa)	$b\times h$(mm)	λ	l_0/h	配箍(%)	ρ_s(%)	V_cr(kN)	V(kN)	δ_m(mm)	δ_v(mm)	δ_v/δ_m	δ_t(mm)	$\frac{\delta_m+\delta_v}{\delta_t}$
Nie[6-17]	B1	38	200×400	2.5	5.45	ϕ8@200	2.5	67.5	110	2.4	0.6	0.250	2.9	1.034
	B2	38			5.45	ϕ8@200	3.4	73.5	105	2.0	0.4	0.200	3.0	0.800
	B3	38			5.45	ϕ8@100	2.5	77.5	110	2.4	0.4	0.167	2.4	1.167
	B5	41			5.45	ϕ8@100	2.5	82.5	110	2.4	0.3	0.125	2.5	1.080
	B6	41			5.45	ϕ8@100	2.5	81.0	130	2.9	0.5	0.172	3.1	1.097
潘[6-29]、吕[6-30]	B30－2	43	200×400	3.06	5.50	ϕ8@200	2.03	59.6	150	3.6	1.5	0.417	7.8	0.654
	B30－3	54		3.06	5.50	ϕ8@200	2.03	60.0	150	3.4	1.4	0.412	6.6	0.727
	B30－4	54		3.06	5.50	ϕ8@200	2.03	60.0	150	3.4	1.4	0.412	6.9	0.696
	B30－5	49		3.06	5.50	ϕ8@250	2.03	60.1	150	3.5	1.6	0.457	6.9	0.739
	B30－9	44		2.2	4.00	ϕ8@200	2.03	96.1	150	1.3	0.7	0.538	2.3	0.870
	B30－11	41.9		1.5	2.75	ϕ8@200	2.03	88.4	150	0.4	0.5	1.250	0.8	1.125
	B60－2	68		3.06	5.50	ϕ8@200	2.03	75.1	180	3.9	1.6	0.410	7.5	0.733
	B60－3	60		3.06	5.50	ϕ8@200	2.03	75.8	180	4.0	1.6	0.400	7.8	0.718
	B60－4	60		3.06	5.50	ϕ8@200	2.03	80.2	180	4.0	1.5	0.375	8.2	0.671
	B60－6	57		3.06	5.50	ϕ8@200	1.31	89.9	140	4.2	1.0	0.238	7.2	0.722
	B60－8	66		3.06	5.50	ϕ8@250	2.03	60.3	140	3.0	1.3	0.433	5.7	0.754
	B60－11	65		2.2	4.00	ϕ8@200	2.03	117.8	200	1.6	0.9	0.563	3.0	0.833
	B60－13	66		1.5	2.75	ϕ8@200	2.03	114.3	200	0.5	0.7	1.400	1.1	1.091
	B80－2	62		3.06	5.50	ϕ8@200	2.03	80.0	180	4.0	1.5	0.375	7.7	0.714
	B80－3	70		3.06	5.50	ϕ8@200	2.03	70.7	180	3.9	1.6	0.410	7.8	0.705
	B80－4	75		3.06	5.50	ϕ8@200	2.03	75.1	200	4.3	1.9	0.442	8.6	0.721
	B80－6	64		2.2	4.00	ϕ8@200	2.03	123.7	200	1.6	0.9	0.563	2.9	0.862
	B80－8	66		1.5	2.75	ϕ8@200	2.03	112.3	200	0.5	0.7	1.400	1.1	1.091

注：表中 V_{cr} 为斜裂缝对应的开裂剪力，V 为计算剪力值。

6.5 长期剪切变形的计算及试验验证

我们知道,混凝土结构一般是带裂缝工作的,计算正常使用状态下混凝土梁的变形,应考虑混凝土收缩徐变的影响,即长期变形的计算。基于桁架模型(定角或变角)方法,可计算瞬时剪切变形,下面将考虑混凝土收缩徐变的影响,计算长期剪切变形。

6.5.1 基于定角桁架模型方法的长期剪切变形计算

由于混凝土的收缩徐变,混凝土斜压杆会缩短,故会产生附加的剪切变形。假定受拉腹杆没有附加变形,由图 6.3 可以看出,定角桁架在剪力 V_s 作用下,混凝土斜压杆由于收缩和徐变会引起附加应变 $\Delta\varepsilon_c(t, \tau)$。令混凝土的加载龄期为 τ,在 t 时刻徐变系数为 $\phi(t, \tau)$,收缩应变为 $\varepsilon_{sh}(t)$,则附加应变 $\Delta\varepsilon_c(t, \tau)$ 为

$$\Delta\varepsilon_c(t,\tau)=\frac{\phi(t,\tau)V_s}{E_c bz\sin\theta\cos\theta}+\varepsilon_{sh}(t) \tag{6.46}$$

则引起的剪切变形为

$$\Delta\delta_c(t,\tau)=\left[\frac{\phi(t,\tau)V_s}{E_c bd_v\sin\alpha\cos\theta}+\varepsilon_{sh}(t)\right]\frac{d_v}{\sin^2\theta} \tag{6.47}$$

则

$$\Delta\gamma_c(t,\tau)=\left[\frac{\phi(t,\tau)V_s}{E_c bd_v\sin\theta\cos\theta}+\varepsilon_{sh}(t)\right]\frac{1}{\sin\theta\cos\theta} \tag{6.48}$$

6.5.2 基于变角桁架模型方法的长期剪切变形计算

变角桁架模型的刚度计算采用两点 Gauss 插值型求积,见图 6.6(a),斜压杆的宽度计算见式(6.24)、式(6.25)或图 6.11。图 6.11 中杆系① 、② 承受的剪力均为 $0.5V_s$,变角桁架模型中,杆系① 中的斜压杆由于混凝土收缩徐变引起的附加变形,分为两部分,左边压杆 $\Delta\varepsilon_{c1}(t,\tau)$与右边压杆 $\Delta\varepsilon_{c2}(t,\tau)$。

$$\Delta\varepsilon_{c1}(t,\tau)=\frac{\phi(t,\tau)V_s}{2E_c bw_1\sin\beta_1}+\varepsilon_{sh}(t) \tag{6.49}$$

$$\Delta\varepsilon_{c2}(t,\tau)=\frac{\phi(t,\tau)V_s}{2E_c bw_2\sin\beta_2}+\varepsilon_{sh}(t) \tag{6.50}$$

则总的附加竖向变形为:

$$\Delta\delta_v(t,\tau)=\left[\frac{\phi(t,\tau)V_s}{2E_c bw_1\sin\beta_1}+\varepsilon_{sh}(t)\right]\frac{d_v}{\sin^2\beta_1}+\left[\frac{\phi(t,\tau)V_s}{2E_c bw_2\sin\beta_2}+\varepsilon_{sh}(t)\right]\frac{d_v}{\sin^2\beta_2} \tag{6.51}$$

另 $\sin\beta_1=\dfrac{1}{\sqrt{1+(0.21\cot\theta)^2}}$,$\sin\beta_2=\dfrac{1}{\sqrt{1+(0.79\cot\theta)^2}}$,将式(6.24)、式(6.25)代入式(6.51),并除以 $d_v\cot\theta$ 得到剪切角增量:

$$\Delta\gamma_{\mathrm{v}}(t,\tau)=\frac{4\phi(t,\tau)V_{\mathrm{s}}}{E_{\mathrm{c}}A_{\mathrm{v}}\cot^2\theta}(1+0.38\cot^2\theta)^2+\frac{\varepsilon_{\mathrm{sh}}(t)}{\cot\theta}(2+0.668\cot^2\theta) \tag{6.52}$$

如前所述，$V=V_{\mathrm{c}}+V_{\mathrm{s}}$，相应地考虑混凝土收缩徐变效应的长期剪切变形也应包括两部分，如式(6.53)、式(6.54)。由图 6.18 辨别采用何种桁架模型计算剪切变形。

当采用定角桁架模型时，混凝土收缩徐变引起的附加剪切变形为：

$$\Delta\delta_{\mathrm{v}}^{\mathrm{c}}=\int_{l}\bar{V}\Delta\gamma_{\mathrm{c}}(t,\tau)\mathrm{d}x+\int_{l}\frac{\phi(t,\tau)V_{\mathrm{c}}\bar{V}}{0.417E_{\mathrm{c}}A_{\mathrm{v}}}\mathrm{d}x \tag{6.53}$$

当采用变角桁架模型时，混凝土收缩徐变引起的附加剪切变形为：

$$\Delta\delta_{\mathrm{v}}^{v}=\int_{l}\bar{V}\Delta\gamma_{\mathrm{v}}(t,\tau)\mathrm{d}x+\int_{l}\frac{\phi(t,\tau)V_{\mathrm{c}}\bar{V}}{0.417E_{\mathrm{c}}A_{\mathrm{v}}}\mathrm{d}x \tag{6.54}$$

6.5.3 试验验证

Nie[6-17]进行了钢筋混凝土梁的长期变形试验，本书采用其 5 根梁验证上述方法的适用性。长期弯曲变形 $\Delta\delta_{\mathrm{m}}$ 的计算仍采用文献[6-17]基于截面分析的方法，表 6.5 中的 $\Delta\delta_{\mathrm{v}}$ 是按式(6.53)计算出的长期剪切变形。表中的 $\phi(t,\tau)$为 3 个月试验期间的徐变系数，$\varepsilon_{\mathrm{sh}}$为收缩应变，$\Delta f_{\mathrm{t}}$ 为实测的跨中变形增量。从表 6.5 中可以看出，本研究建议的长期剪切变形计算方法与试验值吻合较好。

表 6.5　计算值与试验值比较

梁[6-17]	$\phi(t,\tau)$	$\varepsilon_{\mathrm{sh}}$ ($\mu\varepsilon$)	$\Delta\delta_{\mathrm{m}}$ (mm)	$\Delta\delta_{\mathrm{v}}$ (mm)	$\frac{\Delta\delta_{\mathrm{v}}}{\Delta\delta_{\mathrm{m}}}$	Δf_{t} (mm)	$\frac{\Delta\delta_{\mathrm{v}}+\Delta\delta_{\mathrm{m}}}{\Delta f_{\mathrm{t}}}$
B1	1.5	185	1.43	0.63	0.441	2.00	1.030
B2	1.3	185	1.14	0.58	0.509	1.70	1.012
B3	1.4	185	1.37	0.55	0.401	2.11	0.910
B5	1.3	143	1.23	0.44	0.358	1.83	0.913
B6	0.9	143	1.05	0.42	0.400	1.53	0.961

6.6 剪切变形主要影响因素

求解钢筋混凝土结构的变形时，主要计算构件的弯曲刚度，在得到截面的刚度后，就可以根据结构力学的方法求解结构的变形。刚度公式一般是据纯受弯情况建立的，但是必须指出，在承受对称荷载的简支梁中，除了两集中荷载之间的纯弯段外，剪跨区段内各截面的弯矩并不相等。越靠近支座，弯矩越小，其弯曲刚度越大。在靠近支座的一段内，没有弯曲裂缝，其刚度要比纯弯段大得多，如图 6.30 所示。沿着梁长，刚度是一个变化量，这会给挠度计算带来麻烦。为了简化计算，在同一符号弯矩区段内，各截面的刚度均按该区段的最小刚度(B_{min})计算，亦即按最大弯矩处的截面刚度进行计算，这一计算原则称为最小刚度原则[6-31][6-32]。采用最小刚度原则有两个原因：一是刚度较大的区域是靠近支座的区域，而支座区域的曲率对简支梁挠度的影响很小，采用最小刚度进行，是偏于安全的；另一个原因是，剪跨区一般出现斜裂缝，剪切变形增大，采用最小弯曲刚度进行计算，认为按最小刚度计算所加大的挠度大致可以与剪切变形相抵消[6-31]。下面将介绍实际斜裂缝出现后的剪切变形与真实弯曲变形[按图 6.30(d)曲率分布计算]之和与按最小刚度原则计算出的变形的关系。

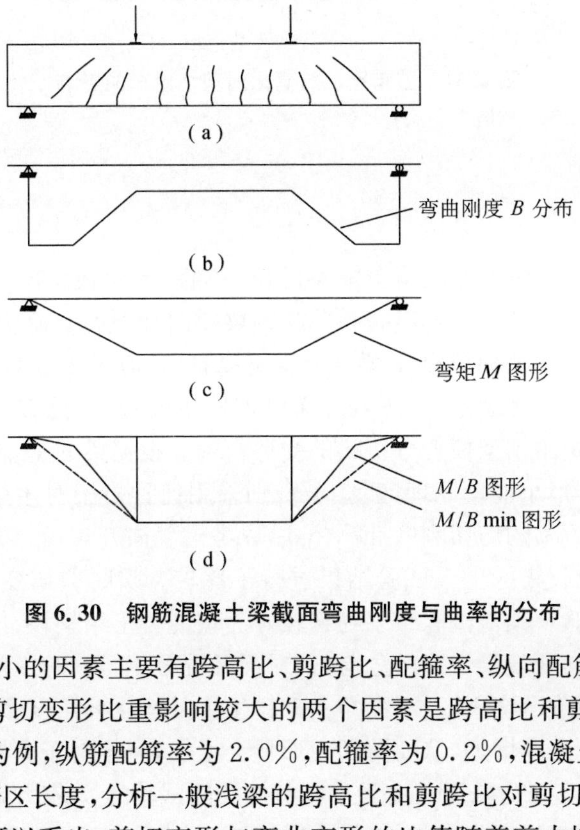

图 6.30　钢筋混凝土梁截面弯曲刚度与曲率的分布

影响剪切变形大小的因素主要有跨高比、剪跨比、配箍率、纵向配筋率、混凝土强度及剪力大小等，但其中对剪切变形比重影响较大的两个因素是跨高比和剪跨比。以 250 mm×700 mm 的矩形浅梁为例，纵筋配筋率为 2.0%，配箍率为 0.2%，混凝土强度等级为 C50，变化计算跨径 l_0 及剪跨区长度，分析一般浅梁的跨高比和剪跨比对剪切变形所占总变形比重的影响。由图 6.28 可以看出，剪切变形与弯曲变形的比值随着剪力增大而增加，改变跨高比这一参数时，剪力值不变；而变化剪跨区长度 a 时，改变剪力值，使纵筋的平均拉应力水平(230 MPa)保持不变。图 6.31 中，δ_m 表示按最小刚度原则计算得到的弯曲变形，δ'_m为按实际弯曲刚度分布[按图 6.30(b)刚度分布计算]计算得到的弯曲变形，δ_v 为按照图 6.18 计算得到的剪切变形。如果$(\delta_v+\delta'_m)/\delta_m\leqslant 1$，说明按规范[6-1]方法计算的变形安全可靠；如$(\delta_v+\delta'_m)/\delta_m>1$，说明规范[6-1]计算的变形偏于不安全。

从图 6.31 可以看出，当剪跨比 $\lambda\geqslant 3(l_0/h>6)$时，$(\delta_v+\delta'_m)/\delta_m\leqslant 1$，说明按规范方法计算的变形是安全的，此外，当 $l_0/h>13$，且 $\lambda\geqslant 2$ 时，规范方法计算的变形和真实的总变形差异不大，在 3%以内。当 $l_0/h<10$，且 $\lambda<2.5$ 时，需要考虑剪切变形的影响，其计算方法可参见图 6.18。

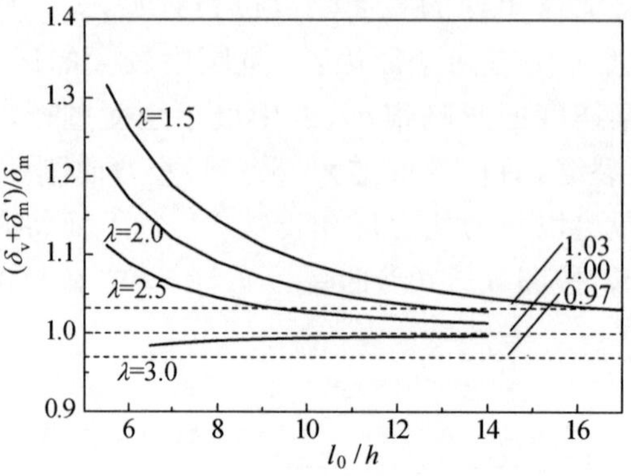

图 6.31　剪跨比及跨高比对剪切变形的影响

6.7　本章小结

(1) 目前国内大跨径预应力混凝土梁桥的质量通病是腹板斜向开裂和挠度过大，而且变形和裂缝常常是"并发症"，本研究认为，薄腹箱梁斜向开裂后的剪切变形是下挠过大的主要原因之一。从本研究的 3 根薄腹 T 梁试验也可以看出，剪切变形不可忽略。

(2) 混凝土梁出现斜裂缝之后，剪力传递机理发生改变，根据斜裂缝的分布形态，提出采用变角桁架模型或定角桁架模型分析梁的受剪行为。根据梁的基本信息(剪跨比、纵筋配筋率、配箍率等)，基于最小能量原理，建立了辨别采用何种桁架对该梁进行分析的方法，并推导了斜裂缝出现之后梁的剪切刚度计算公式，以考虑斜向开裂后，剪切变形对总变形的影响，并与本研究试验及收集的他人试验结果进行了比较。瞬时剪切变形与长期剪切变形的计算结果与本研究试验及其他试验结果吻合较好。按混凝土结构设计规范[6-1]及桥规[6-2]计算的变形存在低估斜向开裂梁变形的危险，这对保证混凝土结构的正常使用性能不利。

(3) 纵向受拉钢筋的配筋率 ρ_s 对变角桁架模型中的斜压杆角度影响较大，随着 ρ_s 减小，为使能量最小，斜压杆角度增加，从而剪切变形量会增加，但相对于弯曲变形的比重会下降，因为 ρ_s 对弯曲刚度影响更为显著。由于一般剪切性能试验的 ρ_s 较大，通常大于 2%，测得斜裂缝角度相对较小；而实际工程中梁的 ρ_s 一般在 1.0%左右，实际工程中梁的斜裂缝角度相对较大，从而剪切变形的量也较大。

(4) 从剪切变形影响的参数分析中可以看出，跨高比和剪跨比对剪切变形与弯曲变形比值影响最大。对于一般矩形梁，在两点对称集中荷载作用下，剪跨比 $\lambda\geqslant3(l_0/h>6)$时，按规范方法计算的变形是安全的，此外，当 $l_0/h>13$，且 $\lambda\geqslant2$ 时，规范方法计算的变形和真实的总变形差异不大，在 3%以内。当 $l_0/h<10$，且 $\lambda<2.5$ 时，需要考虑剪切变形的影响。

但是，对于大跨度预应力混凝土梁桥，很多出现了腹剪斜裂缝，腹剪斜裂缝对弯曲刚度影响不大，剪切刚度随着腹剪斜裂缝的出现而减小，这时虽然梁的跨高比较大，但剪切变形的比重会较大，其影响不容忽视。

本章参考文献

[6-1] 中华人民共和国建设部. 混凝土结构设计规范(GB 50010—2002)[S]. 北京:中国建筑工业出版社,2002

[6-2] 中华人民共和国交通部. 公路钢筋混凝土及预应力混凝土桥涵设计规范(JTG D 62—2004)[S]. 北京:人民交通出版社,2004

[6-3] Timoshenko S. 材料力学[M]. 天津：天津科学技术出版社，1989

[6-4] 吕志涛. 短期荷载作用下钢筋混凝土梁的斜裂缝实验研究[D]. 南京:南京工学院，1964

[6-5] Leonhardt F. 钢筋混凝土结构裂缝与变形的验算[M]. 北京：水利电力出版社，1983

[6-6] ASCE-ACI Committee 445. Recent approaches on shear design of structural concrete [J]. ASCE Journal of Structural Engineering，1998，124(12)：1375 - 417

[6-7] Collins M P. Towards a rational theory for RC members in shear[J]. Journal of the Structural Division，ASCE，1978，104(4)：649 - 666

[6-8] Vecchio F J，Collins M P. The modified compression field theory for reinforced concrete elements subjected to shear [J]. ACI Journal Proceedings，1986,83(2)：219 - 231

[6-9] Won P S，Vecchio F J. VecTor2 & Form Works User's Manual [EB/OL]. http://www.civ.utoronto.ca/vector/,2002

[6-10] Bentz E C. Sectional analysis of RC members [D]. Canada：U of Toronto，2000

[6-11] Park R，Pauley T. Reinforced concrete structures [M]. John Wiley and Sons，Inc.，New York，1975

[6-12] Pauley T. Coupling beams of reinforced concrete shear walls[J]. ASCE Journal of the Structure Division，1971，97(ST3)：843 - 862

[6-13] Kim J H，Mander J B. Influence of transverse reinforcement on elastic shear stiffness of cracked concrete elements[J]. Engineer Structures，2007，29(8)：1798 - 1807

[6-14] Kim J H. Seismic evaluation of shear-critical reinforced concrete columns and their connections [D]. State University of New York at Buffalo，2004

[6-15] Zhu R H，Hsu T C. Rational shear modulus for smeared-crack analysis of reinforced concrete[J]. ACI Structural Journal，2001，98(4)：443 - 450

[6-16] 聂建国，沈聚敏. 钢筋砼梁在长期荷载作用下的变形[J]. 建筑结构学报，1994，15(5)：24 - 32

[6-17] Nie J G，Cai C S. Deflection of cracked RC beams under sustained loading [J]. Journal of Structural Engineering，2000，126(6)：708 - 716

[6-18] Li B，Tran C T N. Reinforced concrete beam analysis supplementing concrete contribution in truss model[J]. Engineering Structures，2008，30(11)：3285 - 3294

[6-19] Schlaich J，Schäfer K，Jennewein M. Toward a consistent design of structural concrete [J]. Journal of the Prestressed Concrete Institute，1987，32(3)：74 - 150

[6-20] AASHTO. AASHTO LRFD Bridge Design Specifications (Third Edition) [S]. The American Association of State Highway and Transportation Officials，2004

[6-21] CSA International. Canadian Highway Bridge Design Code, National Standard of Canada CAN/CSA-S6-00 [S]. 2000

[6-22] ACI Committee 318. Building Code Requirements for Structural Concrete (ACI318-08) and Commentary (ACI 318R-08) [S]. Farmington(MI):American Concrete Institute, 2008

[6-23] Bentz E C. Summary of development and use of CSA 2004 shear design provisions [J]. Advances in Engineering Structures, Mechanics and Construction, 2006, 140(2): 67-80

[6-24] 孙志忠，袁慰平，闻震初. 数值分析[M]. 南京：东南大学出版社，2002

[6-25] Kupfer H. Generalization of Mörsch's truss analogy using the principle of minimum strain energy [J]. Comite Euro-International du Beton, Bulletin d'Information, 1964, No. 40, CEB, Paris, 45-57

[6-26] Muttoni A, Ruiz M F. Shear strength of members without transverse reinforcement as function of critical shear crack width[J]. ACI Structural Journal, 2008, 105(2): 163-172

[6-27] ACI-ASCE Committee 326. Shear and Diagonal Tension [J]. ACI Journal, Proceedings, 1962, 59(1): 1-30, 59(2): 277-334 and 59(2): 352-396

[6-28] Rudra P. Getting started with MATLAB 7: a quick introduction for scientists and engineers [M]. Oxford University Press, Oxford, 2006

[6-29] 潘柏荣. 高强混凝土梁抗剪性能试验研究[D]. 长沙:湖南大学,2009

[6-30] 吕艳梅. 高强箍筋高强混凝土梁抗剪性能试验研究和理论分析[D]. 长沙:湖南大学,2007

[6-31] 丁大钧. 钢筋混凝土构件抗裂度、裂缝和刚度[M]. 南京：南京工学院出版社，1986

[6-32] 蓝宗建. 混凝土结构设计原理[M]. 南京：东南大学出版社，2002

第七章　大跨径预应力混凝土箱梁桥设计关键问题探讨

7.1　引言

目前，国内一些大跨度的连续梁桥和连续刚构桥，在运营几年以后都不同程度地出现了跨中挠度过大和截面开裂问题，而且裂缝和挠度均随时间延续而不断发展，加剧桥梁工作状况的劣化。对于桥梁病害的原因，多次在全国桥梁学术会议上有所探讨，归结起来，主要包括如下因素[7-1]~[7-8]：桥梁超载、预应力损失过大、施工不当、混凝土的收缩徐变效应、梁的空间效应、温度效应、疲劳损伤等，但仍存在一些问题有待进一步研究解决。

近年来，很多学者认为纵向预应力数量不足是产生下挠的主要原因。一些学者基于荷载平衡思想，对预应力抵消恒载的作用效应进行了研究，提出了一些设计方法，如“恒载零弯矩”设计方法[7-9][7-10]、合理成桥状态设计方法[7-11]等，特别是零弯矩设计方法，它在国内多座桥梁中得到了应用，其基本思想是配置足够多的纵向预应力使梁处于接近轴压状态，从而达到减小长期变形发展的目的。预应力效应和预应力筋的数量大致成线性关系，而荷载效应却与跨径成平方关系。预应力效应如果要全部平衡自重，而荷载效应主要为自重产生，由此可得预应力筋的数量和跨径近似成平方关系。对于 200 m 跨以下的预应力混凝土桥梁，按零弯矩设计方法增大预应力配筋量可以做到接近零弯矩的状态，但对于大跨径桥梁，由于恒载比例增加，且受到截面尺寸的限制，体内难以布置足够的预应力筋来抵消恒载。文献[7-12]提出为实现“零弯矩”，在施工中设置临时斜拉索辅助合龙的方法，但在具体实施中尚未见报道。所以解决大跨径箱梁桥的病害问题还任重道远。

本章根据对已出现病害的大跨径箱梁桥的结构特性的调查和分析，从高跨比、腹板及配筋设计、纵向预应力束设计、下挠原因推演等方面对箱梁桥进行了研究分析，并研究了混凝土梁斜向开裂后，剪切变形对总挠度的影响。针对上述质量通病，提出可通过设置后期备用束（体内束或体外束，或者两者并用）得以改善，通过运营期内定期检测，在必要时张拉备用钢束，改善桥梁内力及变形状态，而备用束量的设计可根据长期变形置信界限值与确定性计算值的差异来确定。

7.2　箱梁构造及箍筋的合理设置

7.2.1　高跨比的设计

众所周知，结构变形不仅与所受到的作用力有关，结构自身的刚度对变形影响也很大，高跨比是影响结构刚度的一个重要因素。目前，箱梁桥的跨度和宽度均趋于增加，而箱梁构造尺寸却要求兼顾轻型美观的原因设计得越来越小，从而增加了箱梁桥的正常使用性能（裂缝和变形）对各种荷载效应的敏感性。为限制挠度的过大发展，以往研究往往偏重于预应力筋用量的增加，尽量多地抵消恒载作用，而对箱梁结构构造的研究偏少。高跨比是影响主梁受力的重要参数之一，其值增大对桥梁结构的影响主要体现在两个方面：① 适当增加梁高，可增加主梁的刚度，改善截面的受力状态；② 大跨径箱梁桥中的预应力效应很大程度上是利用预应力的偏心弯矩来抵消恒载的，适当增大高跨比，在预应力筋用量不变的情形下，纵向预应力筋的偏心距增大，增加了预应力利用效率，而恒载增加十分有限。所以适当增加高跨比，是一种有效抑制后期下挠病害的有效方法。本研究对国内外近 80 座连续刚构的墩顶及跨中梁高的高跨比进行了统计[7-13]~[7-14]，如图 7.1 所示。

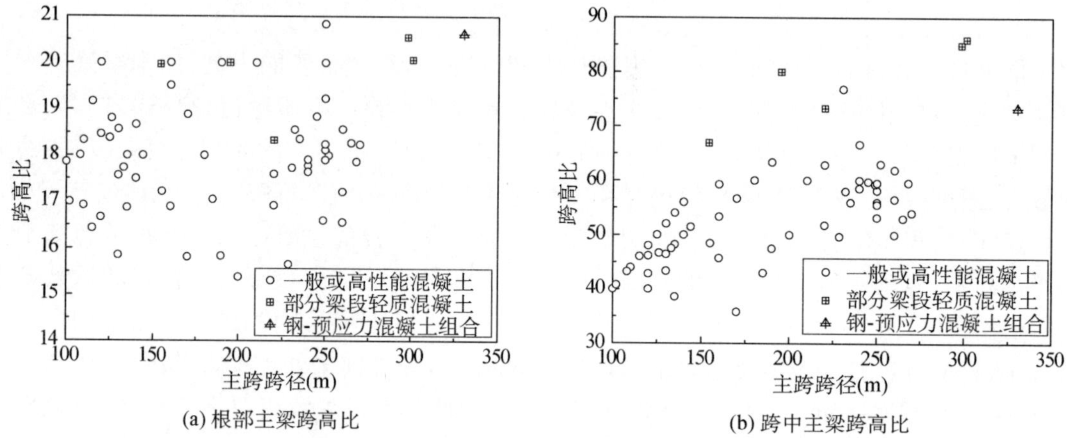

图 7.1　预应力混凝土连续刚构跨高比统计

从图 7.1 中可以看出，目前对于采用普通混凝土或高性能混凝土的连续刚构，墩顶截面跨高比通常为 1/20～1/15，跨中截面为 1/65～1/40。而对于采用轻质高强混凝土或部分钢结构的连续刚构，其恒载效应减小，高跨比可适当减小，由图 7.1 也可看出，部分梁段采用轻质混凝土或钢结构后，墩顶高跨比一般可小于 1/20，跨中高跨比可做到 1/70 以下。高跨比的下降是桥梁上部结构轻型化的表现，但高跨比太小，主梁刚度得不到保证，此外，腹板的受剪面积减小，剪应力增大，从而导致截面主拉应力增大，增加了后期斜裂缝病害发生的几率。

再返回到表 1.1，表中出现病害的大跨径箱梁桥，其高跨比均相对较小。而澳大利亚的 Getway 桥采用的高跨比相对较大，目前还没有文献报道其下挠过大的问题。

这里仍然以苏通大桥连续刚构为例，分析高跨比对结构长期变形的影响。该连续刚构根部梁高为 15 m($h_1/L=1/17.9$)，跨中梁高为 4.5 m($h_2/L=1/59.6$)，梁底线形按曲线 1.6 次抛物线布置，箱梁截面如图 3.32 所示，悬臂施工阶段的悬臂束部分采用了下弯束，节段划分及预应力布置见图3.33。中跨合龙束 15 对，在合龙时，先张拉了 12 对合龙束，预留了 3 对后期底板张拉束(Z6、Z10 和 Z14)，预期成桥一年后进行张拉，以期改善桥梁的运营后的内力和变形状况。

现以墩顶处梁高作为变化参数来研究该桥的长期性能，分别取 17 m($h_1/L=1/15.8$)和 14 m($h_1/L=1/19.1$)，相应地，跨中梁高改变为 5 m($h_2/L=1/53.6$)和 4 m($h_2/L=1/67$)，

梁底曲线仍按1.6次抛物线布置。计算长期变形时，混凝土收缩徐变模型分别采用85桥规[7-15]的CEB-FIP78模型[7-16]和第四章基于收缩徐变试验数据库得到的修正收缩徐变模型。成桥30年后跨中挠度相对成桥时的增量如图7.2所示。

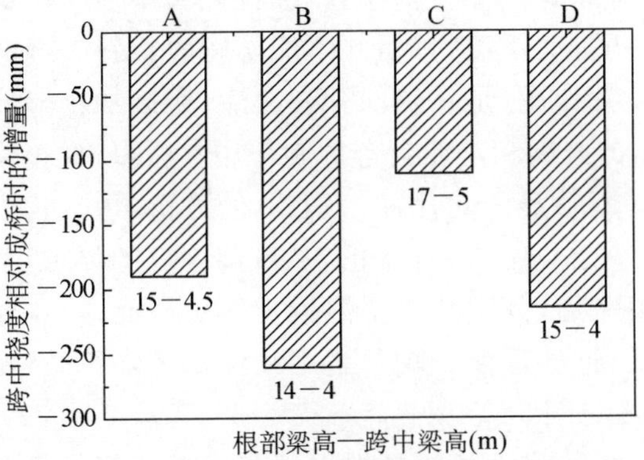

(a) 基于85桥规模型

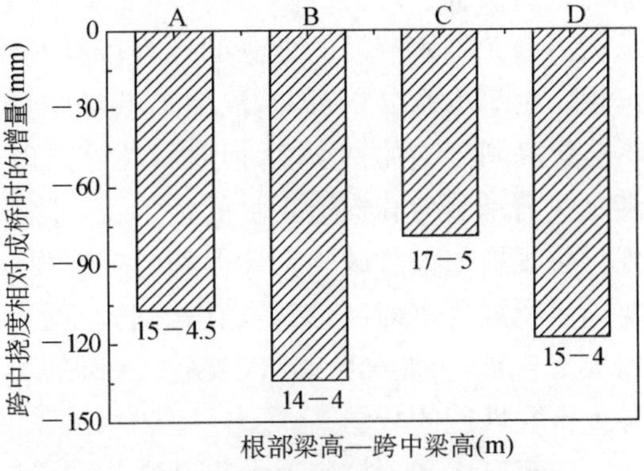

(b) 基于数据库的修正收缩徐变模型

图7.2　高跨比成桥30年后对跨中挠度的影响

由图7.2可以看出，将墩顶及跨中的高跨比从原先的1/17.9、1/59.6分别增加至1/15.8、1/53.6后，基于85桥规模型计算的30年后跨中挠度增量可减少79 mm；如将墩顶及跨中的高跨比分别减小至1/19.1、1/67后，基于85桥规模型计算的30年后跨中挠度增量增大了71 mm，所以适当控制高跨比是抑制长期变形过大的一个有效措施。采用何种收缩徐变模型进行时效分析，所反映的高跨比对长期挠度的影响也不同，如果基于第四章数据库的修正收缩徐变模型，改变高跨比引起的跨中挠度增量之间的差异相对85桥规模型会减小，如图7.2(b)所示。

也有设计人员提出，墩顶截面对主梁变形影响较大，为减轻自重，可适当减小跨中截面高跨比，其实不然，本研究分析了保持墩顶高跨比不变($h_1/L=1/17.9$)，将跨中截面减小至4.0 m($h_2/L=1/67$)，跨中长期变形的计算结果如图7.2所示。从图7.2中可以看出，将跨中截面减小0.5 m后，30年后跨中挠度增量相比原桥增加了26 mm(基于85桥规收缩徐变模型)。这是因为，减小跨中截面高度后，减小了中跨合龙束的偏心距，从而降低了其抵消恒载效应的效率。

当然，也有人会认为增加高跨比会增加了主梁的自重，从而会引起下挠。其实增加高跨比主要是增加腹板的高度，箱梁顶底板厚度和腹板厚度变化不大，增加的自重十分有限，而腹板变高后，纵向预应力的偏心距增大，作用效果明显增加，此外，增加腹板厚度也会减小自重下的剪应力大小，从而可以控制主拉应力的大小，防止腹板斜裂缝病害的发生。目前，新建的几座大跨径的预应力混凝土连续刚构，汉源大树大渡河大桥(133 m+255 m+133 m)、柏溪金沙江大桥(140 m+249 m+140 m)、庙子坪岷江大桥[7-17](125 m+220 m+125 m)墩顶高跨比分别为1/15.9、1/16.6和1/16.3，均比表1.1中已出现病害桥梁的高跨比要大。

7.2.2　腹板厚度及箍筋的合理设置

如前所述，由于对桥梁轻型、超柔和美观的追求，大跨径箱梁桥的箱壁越来越薄，特别是腹板尺寸日趋减薄，从而削弱了箱梁的抗裂和抗剪能力，使混凝土箱梁更易出现裂缝。

腹板斜裂缝出现后，不易完全闭合，不像弯曲裂缝，在使用阶段多数情况下可以闭合，所以对斜裂缝控制需更加严格。有设计人员认为箱梁腹板斜裂缝问题严重，可采用多配箍筋的办法。这其实是混淆了斜向抗裂与抗剪承载力两者的概念。提高截面的抗剪承载力与增加抵抗斜裂缝出现荷载能力(提高受剪抗裂性)并不是同一个概念，抗裂性差并不表示抗剪承载力差。加密箍筋的做法的确可以提高结构的抗剪承载力，但并不能防止腹板斜裂缝的出现。由第七章分析可知，混凝土结构中箍筋发挥作用，是在斜向开裂之后，所以加密箍筋不会提高斜裂缝的抗裂性，但对斜裂缝出现之后的开展和延伸会有抑制作用。所以，在箱梁满足抗剪承载力和构造要求的情形下，不需要多配箍筋。此外，由第七章的分析可知，我国现行桥规根据大量试验统计得到的抗剪强度计算公式是比较保守的，从抗剪强度的要求，只要满足桥规要求即可，无需加密箍筋。增大配箍率后，其实减小了混凝土腹板截面；一味地增大配箍量，可能导致腹板混凝土浇筑的不密实，这些反而影响了施工和混凝土浇筑质量，导致抗裂性能的减弱。

腹板厚度和主拉应力大小息息相关，箱梁腹板的尺寸往往是根据规范通过抗剪承载力验算得到。但是，常常在满足规范抗剪承载力的前提下，并不能防止裂缝的发生，只能控制斜裂缝宽度在一定范围以下。腹板变薄后，一方面，腹板主拉应力对各项荷载效应变得更为敏感，如果某一荷载变化超出设计者的预期值，可能会引起主拉应力的超限；另一方面，钢筋的布置变得困难，也影响了混凝土浇筑质量。合理增大腹板厚度，特别是增加在 $L/4$ 跨附近区域的腹板厚度，既能提高抗剪承载力，又能有效地改善箱梁的抗裂性能，便于施工中的钢筋布置，尤其预应力在腹板上的锚固。

7.3 腹板下弯束的设计

7.3.1 腹板下弯束的设计

大跨径预应力混凝土梁桥一般采用悬臂浇筑的施工方法，预应力束的布置主要依据施工和成桥阶段的受力状态确定。传统纵向预应力配束方案是根据梁在荷载作用下的弯矩包络图设计的，配置了悬臂预应力束(顶板直线束、腹板下弯束)和连续预应力束等[7-1]，见图7.3。自20世纪80年代末，曾有专家建议取消下弯束，悬臂预应力束只采用顶板直线束(图7.4)。这样做的优点是腹板内预应力管道较少，给箱梁施工带来了极大方便。但是，相应地需要布置大量的竖向预应力束，来限制主拉应力。这种直线式的配束方案，经历了十几年的工程实践，很多大跨径混凝土梁桥出现了病害，其中最突出的问题是箱梁腹板出现斜裂缝和跨中挠度的不断增大。一些设计人员因此产生了两点怀疑：一是取消下弯束是否合理；另一个，甚至有人提出预应力混凝土箱梁对于大跨径桥梁的适用性问题。

图 7.3 传统纵向预应力布置方式

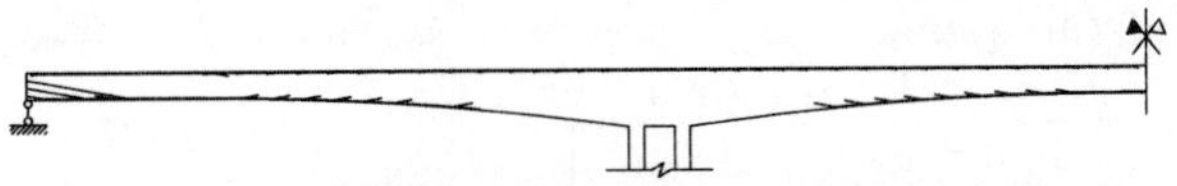

图 7.4　直线式纵向预应力配束方式

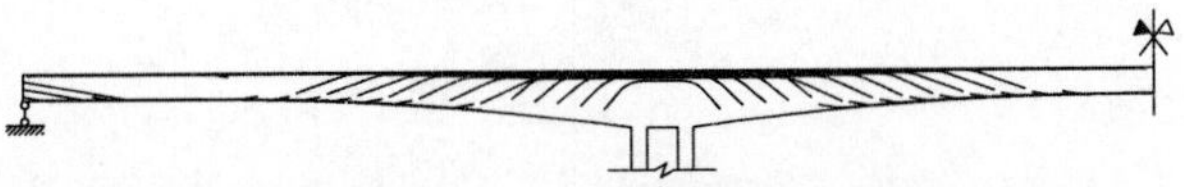

图 7.5　带有腹板下弯束的纵向预应力配束方式

诚然，预应力混凝土箱梁桥在跨径 300 m 之内的桥型方案选择上，均具有很强的竞争力，且国内外有许多大跨径混凝土梁桥设计的成功实例。不少设计人员反映，特别是 7 年前，笔者导师在杭州讲学期间，浙江省交通厅公路局的技术人员也谈起，二十多年前预应力混凝土箱梁桥的设计，以及最近几年建成的箱梁桥，由于加设了腹板下弯束(图 7.5)，腹板斜裂缝较少。因此，本研究更加认为纵向预应力下弯束的取消，是导致病害出现的主要原因之一。因为采用下弯束限制主拉应力及斜裂缝的出现是最为有效的。我们知道，腹板斜裂缝的出现主要是由于混凝土主拉应力超限，主拉应力的计算公式为：

$$\sigma_c=\frac{\sigma_x+\sigma_y}{2}+\sqrt{\left(\frac{\sigma_x-\sigma_y}{2}\right)^2+\tau^2} \tag{7.1}$$

式中：σ_x 为各种荷载作用下的纵向正应力；σ_y 为竖向预应力束产生的竖向正应力，负值代表受压。

令 $\sigma_c=0$，则有

$$-\left(\frac{\sigma_x+\sigma_y}{2}\right)=\sqrt{\left(\frac{\sigma_x-\sigma_y}{2}\right)^2+\tau^2} \tag{7.2}$$

简化后，可以得到，

$$\sigma_x\sigma_y=\tau^2 \tag{7.3}$$

理论上可以通过控制 σ_x 与 σ_y 的乘积来限制主拉应力的大小，也就是利用竖向预应力提供的 σ_y 来减小主拉应力。但实际效果不佳，这是由于受梁高的限制，竖向预应力束太短，预应力损失较大，实际预应力有效值与设计值相差较大。

从式(7.1)中可以看出，主拉应力和剪应力的大小密切相关，随着剪应力的增大，主拉应力也增大，从另一方面来讲，我们也可以限制剪应力的大小来控制主拉应力。剪应力由箱梁截面的剪力大小决定，而纵向预应力下弯束能提供预剪力，从而减小了箱梁截面的剪应力。

这里仍然以苏通大桥连续刚构为例，悬臂束采用了顶板直线束和腹板下弯束，连续刚构的节段划分及预应力布置参见图 3.33。在自重作用下，该连续刚构主跨半跨截面的剪力大小如图 7.6 所示。采用以下两种纵向预应力配束方案：方案 1 采用如图 7.5 所示的配束方式，部分纵向预应力带有下弯束(F1～F27)；方案 2 采用直线式的配束方案，即将图 3.33 中的腹板下弯束改为顶板直线束如图 7.4 所示。两种配束方案所提供的预剪力如图 7.7 所示。

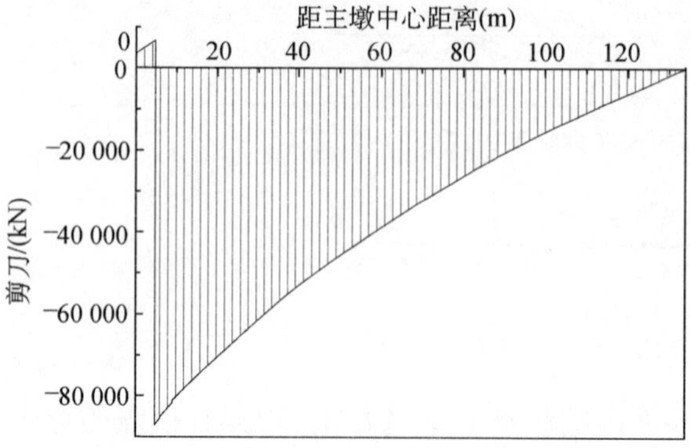

图 7.6　自重作用下中跨半跨剪力图

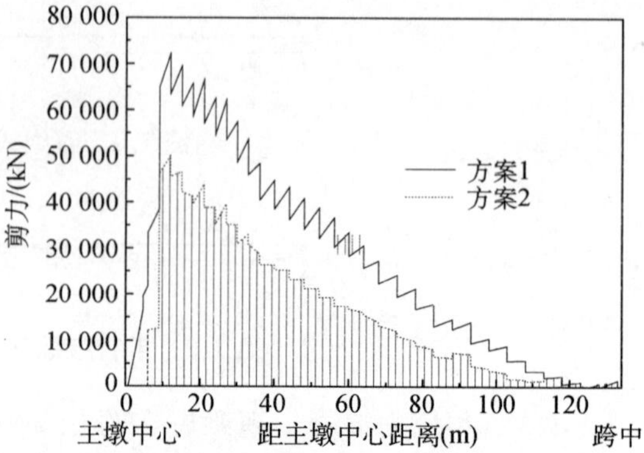

图 7.7　纵向预应力作用下的中跨半跨剪力图

图 7.7 表明，部分纵向预应力采用下弯束后，提供了较高的预剪力，这样能够平衡较多的恒载剪力，从而减小了箱梁截面中的剪应力。因此，为抵抗腹板主拉应力，设置腹板下弯束是比较有效的方式。从图 7.6 也可以看出，在跨中区段，恒载产生的剪力较小，所以该区段竖向预应力束可减少，即使配置较多的竖向预应力束，由于该区域梁高较小，竖向预应力损失较大，效果也不佳。在实际运用中应该主要依靠悬臂下弯束提供的预剪力去控制腹板主拉应力，竖向预应力只作为辅助手段。

还有一点必须注意，箱梁中预应力效应盲区的存在。预应力作用是通过一定的扩散角而逐步传递到整个截面的，采用直线束时，预应力扩散是先扩散至顶板，再沿腹板向下，然后扩散至底板。这样，布置于顶板的预应力要从锚固断面延伸很长一段距离，方能达到全截面受力的效果，且随着箱梁高度的增加，预应力盲区增大。在预应力盲区内，σ_x 值较小，由式(7.1)可知，在该区域也易产生较大的主拉应力。而设置下弯束，预应力束锚固在腹板上，减小了预应力作用盲区。

所以，设置腹板下弯束可以提供预剪力，可以有效限制腹板主拉应力大小。

7.3.2　竖向预应力束存在的问题

上述分析可知，设置下弯束可以有效改善腹板主拉应力大小，下弯束提供的预剪力可以平衡荷载产生的剪力。尽管大跨度混凝土梁桥的自重占总荷载的 80%左右，但是薄壁箱梁的扭转、畸变等空间效应也会产生腹板剪应力，在设计时必须对这些效应进行充分的考虑，尤其是腹板内没有配置下弯束来限制主拉应力时，必须配置足够的竖向预应力束。进行竖向预应力束设计时，必须认识到竖向预应力束的问题。

(1) 受箱梁高度限制，竖向预应力束长度往往较短，预应力损失较大。文献[7-18]试验测得的竖向预应力损失高达 50%。文献[7-19]对衡阳东阳渡湘江大桥的竖向预应力损失进行了现场测试，部分实测的总损失达到了初始张拉力的 47%左右；由于锚具变形和钢筋回缩变形值一定，竖向预应力筋越短，该项损失越大，实测的锚具变形和钢筋回缩引起的损失占预应力总损失的 53.7%。另外，锚固效果也受到螺帽和精轧钢筋螺纹公差的影响。

(2) 张拉时，由于采用扭力扳手，施工存在随意性，张拉的精度难以保证。

(3) 竖向预应力孔道较窄，压浆存在漏浆或灌浆不饱满问题，导致对抗剪截面的削弱，使腹板主应力增大。从钱江三桥[7-20]随机抽检 35 根的结果来看，无浆占 71.42%，不饱满占 11.42%，开孔流水的占 40%。

(4) 竖向预应力筋一般采用单端张拉，且张拉端设置于箱梁顶，一旦发生脱锚，对桥上运行车辆产生危险，在日本就发生这样的事故。据一位最近从日本回国的桥梁专家介绍，日本已提出了少采用竖向预应力束的建议。

(5) 由文献[7－19]分析可知，如果竖向预应力筋在梁段混凝土由于水化热产生的温度场还未完全稳定情况下张拉并随即进行孔道压浆和封锚，也会造成竖向预应力损失，可达总损失的 19%。

7.3.3　竖向预应力损失对箱梁结构的影响

设置竖向预应力可以减小主拉应力，但上述问题的存在使得竖向预应力作用很难达到设计的要求。本研究选取苏通大桥连续刚构主跨区段距主墩距离为 73 m 截面(近 $L/4$ 截面)进行分析，截面尺寸如图 7.8 所示。选取的计算点 A、B、C 三点分别位于上翼缘与腹板交接处、箱梁几何中心和腹板与下翼缘交接处，考虑在不同的竖向预应力损失的情况下，计算上述两种纵向预应力的配束方案下的该截面腹板的主拉应力变化情况。

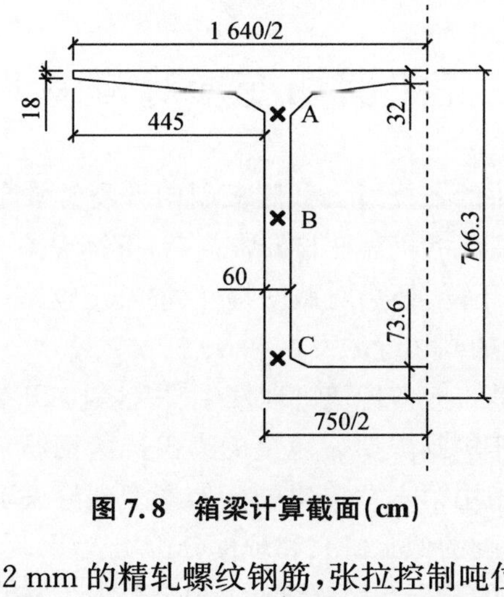

图 7.8　箱梁计算截面(cm)

竖向预应力采用直径 32 mm 的精轧螺纹钢筋，张拉控制吨位为 60 t，设计有效预应力按 48 t 计算，在腹板中沿纵向每隔 50 cm 布置一对竖向预应力筋。竖向预压应力 σ_y 按桥规[7-21]计算，在恒载(一期恒载＋二期恒载＋纵向预应力)作用下，该截面三个计算点处的剪应力大小如表 7.1 所示，表中方案 1 表示纵向预应力采用带腹板下弯束的配束方案，方案 2 采用直线式的配束方案。从表 7.1 中可以看出，采用下弯束后，该截面腹板的剪应力大大减小，而由式(7.1)可知，也减小了主拉应力值。

表 7.1　计算点处的恒载剪应力

计算点	A		B		C	
方案	1	2	1	2	1	2
$\tau_{恒}$(MPa)	0.95	2.17	1.08	2.47	0.84	1.91

这里假定发生不同程度的竖向预应力损失，在恒载和汽车荷载作用下，选取的截面三个计算点处的 σ_1 随假定竖向预应力损失的变化情况如图 7.9 所示，图中负值代表压应力。

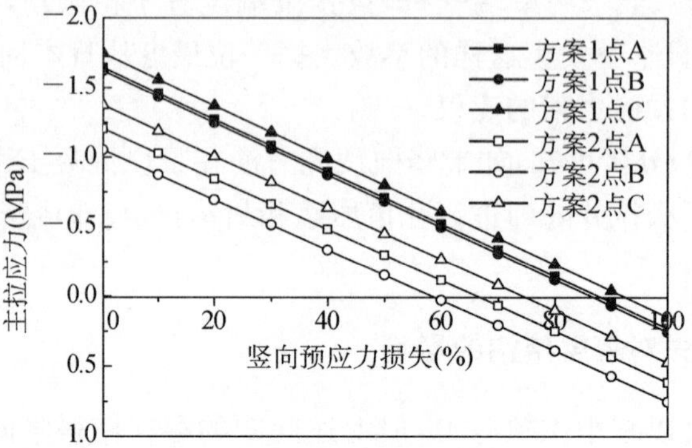

图 7.9　主拉应力计算结果

由图 7.9 可以看出，混凝土腹板的 σ_1 随着竖向预应力损失的增加而逐渐趋于受拉，且增长速度较快。比较方案 1 和方案 2，采用下弯束后，有效地改变了主拉应力的大小，即使竖向预应力不发挥作用，主拉应力值也很小。所以通过下弯束的合理设置，可控制主拉应力大小。

7.4　斜裂缝出现后箱梁剪切变形对跨中下挠的影响

如前所述，大跨径箱梁桥的下挠过大和腹板斜向开裂常常是“并发症”。混凝土结构出现斜裂缝之后，结构的下挠变化的机理变得异常复杂，下挠现象也会逐步恶化。混凝土开裂不但本身会引起主梁刚度的下降，还会对截面特性、混凝土收缩徐变效应及预应力效应产生影响，引起内力重分布，继续加剧裂缝的发生和开展。

混凝土梁出现斜裂缝之后，剪力传递机理发生改变，斜向开裂后的混凝土泊松比对第二应力方向已失去作用，横向作用到剪切裂缝上的力由抗剪钢筋来承担。混凝土梁出现斜裂缝之后，剪切变形的计算可采用第六章提出的桁架模型理论去求解。第六章开展的混凝土结构斜向开裂后剪切变形影响的试验研究和理论分析均表明，对于薄腹梁，剪切变形对跨中挠度的影响不容忽视。开展的三根薄腹梁试验，斜向开裂后，按目前弯曲理论计算的挠度小于实测值，而加入剪切变形的影响后，计算的挠度值与实测值较为接近。按桥规[7-21]、混凝土结构设计规范[7-22]及 ACI 318R—08[7-23]计算的变形存在低估斜向开裂梁变形的危险，这对保证混凝土结构的正常使用性能不利。

由表 7.1 可知，目前出现下挠过大病害的大跨度预应力混凝土梁桥，很多出现了腹剪斜裂缝，腹剪斜裂缝对弯曲刚度影响不大，剪切刚度随着腹剪斜裂缝的出现而减小，这时虽然梁的跨高比较大，但剪切变形的比重会较大，其影响不容忽视。第六章开展的剪切变形影响理论研究，主要解决了钢筋混凝土结构的剪切变形计算以及在何种情形下考虑剪切变形的影响。对于变截面混凝土箱梁桥，我们仍可采用基于桁架理论模型来求解，在式(6.35)～式(6.38)的应力平衡条件和应变协调条件中，加入纵、竖向预应力的应力和变形影响，来推算剪切刚度。我们知道，剪切刚度 $K_v=GA_v$，求解得到 K_v 后，可以通过折减剪切模量 G 的方法，在有限元模型中实现考虑剪切变形的影响的计算。从理论上得到的剪切刚度用于实桥的计算，可能还有一段距离，对其的认识可能还有待提高，但认识到腹板斜裂缝出现后对下挠机理的影响，促使我们在斜向抗裂问题上需要进一步去完善解决。

7.5　基于不确定性分析的体外备用束量化设计

混凝土收缩徐变的变异、预应力损失变异及温度作用变异等可能会使桥梁的真实状况超出设计者的预期，亦有可能会出现上述的常见病害。特别是混凝土的收缩徐变，其影响因素众多，且其变化规律复杂，具有时变性，收缩和徐变可以说是混凝土的最不确定的特性之一。此外，由本书第五章对预应力混凝土桥梁现场实测的预应力摩阻损失的相关系数调研可知，预应力摩阻损失的变异也较大，而预应力摩阻损失占预应力总损失的比重较大，一般能达到总损失的一般以上[7-24]，目前针对各项预应力损失的变异对结构状况的影响研究很少。本书第五章考虑了混凝土收缩徐变、强度、环境相对湿度的变异、预应力张拉控制应力的变异、摩阻损失的变异及结构本身自重等因素的随机性，对苏通大桥连续刚构进行了不确定性分析，发现考虑这些因素的变异后，具有 95%置信率的变形区间的下限值比确定性计算的 30 年后下挠值要大 96 mm。所以这些因素的变异很有可能使得桥梁的变形状况超出设计者的预期时，可设置后期备用束（体内束或体外束，或者两者并用），通过运营期内定期检测，在必要时张拉备用钢束，实现对桥梁内力及变形状态的控制。

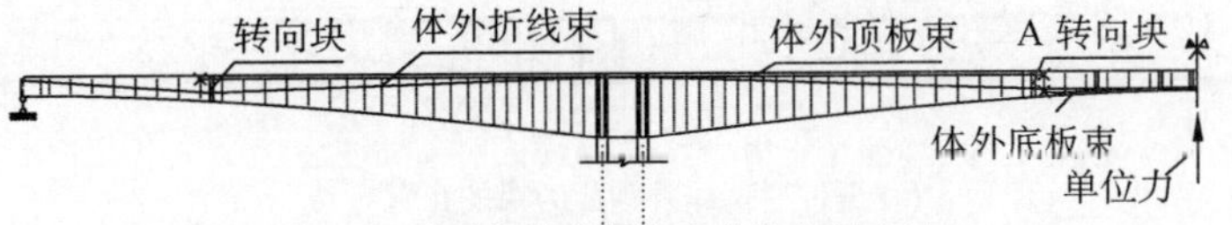

(a) 三种后期体外预应力束的布置方法

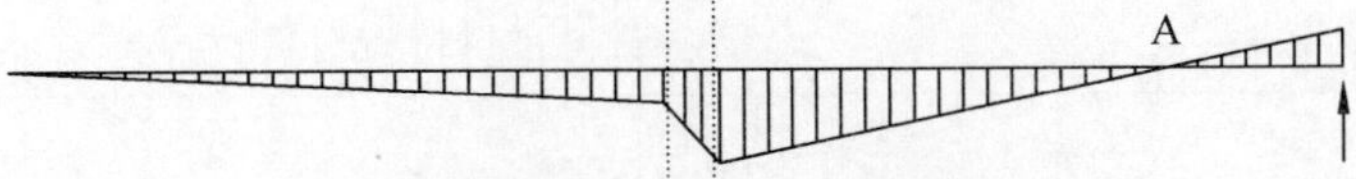

(b) 跨中单位力引起的主梁弯矩

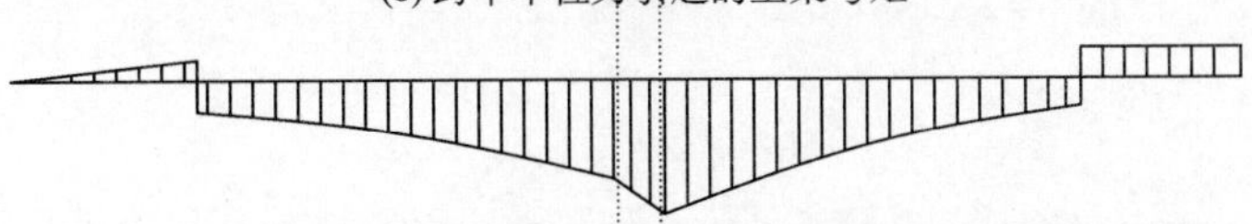

(c) 体外顶板束引起的主梁弯矩

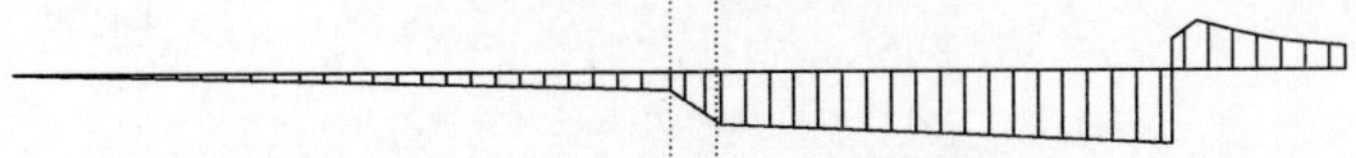

(d) 体外底板束引起的主梁弯矩

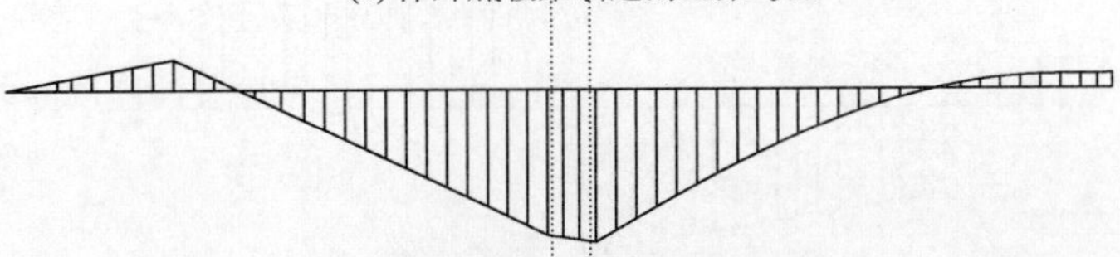

(e) 体外折线束引起的主梁弯矩

图 7.10　三种体外束布置方案下的主梁弯矩示意图

对于大跨径预应力混凝土箱梁桥，受到截面尺寸的限制，难以在体内布置后期备用束，这里考虑设置体外备用束方法。需要注意的是，由于设置体外预应力，预应力的偏心距相对体内束要小，所以其利用效率相对体内书来说也稍小一点。后期体外备用束存在三种布置方案，即布置体外顶板束、体外底板束和体外折线束，如图 7.10 所示。为提高体外预应力束的利用效率，需认识到何种布置方案及位置对控制桥梁下挠过大最为有效。

假定一单位力作用于桥梁跨中，其产生的弯矩如图 7.10(b)所示，而三种体外预应力束布置方案产生的弯矩图如图 7.10(c～e)，由弯矩图可知，当顶板束、底板束的张拉端，折线束的转向块设置在单位力作用下主梁弯矩图的反弯点 A 附近时，这时体外束布置位置最优，其改善下挠的效率最高。以苏通大桥连续刚构为例，按上述三种方案进行布置一对 25Φ^j15.24 的体外预应力束，如图 7.10(a)，张拉控制应力为 1 209 MPa。在该三种体外束布置方案下，跨中的上拱值见表 7.2。

表 7.2　三种体外束布置方案下的跨中上拱值

方案	顶板束	底板束	折线束
上拱(mm)	11	6	11

从表 7.2 可以看出，布置体外顶板束和折线束对改善长期下挠病害最为有效。此外，顶板束及折线束产生的剪力(图 7.11)与恒载下的剪力方向相反，体外顶板束和折线束也能减小腹板的主拉应力。所以，设计体外备用束时，优先考虑采用顶板束和折线束。

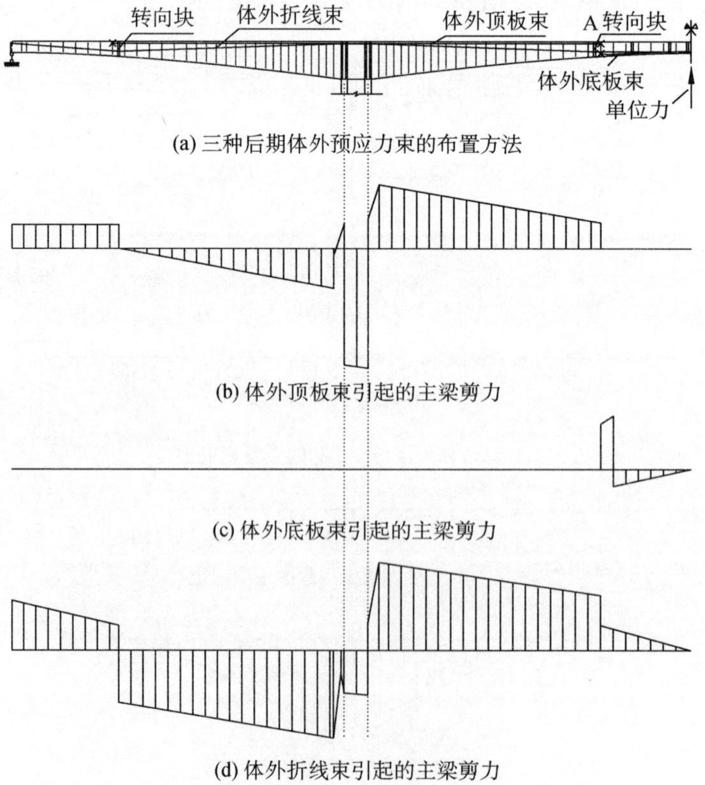

(a) 三种后期体外预应力束的布置方法

(b) 体外顶板束引起的主梁剪力

(c) 体外底板束引起的主梁剪力

(d) 体外折线束引起的主梁剪力

图 7.11　三种体外束布置方案下的主梁剪力示意图

本书第五章对苏通大桥连续刚构的时变效应进行了不确定性分析，考虑了收缩模型不确定性系数 ψ_1、徐变模型不确定性系数 ψ_2、环境相对湿度 RH、混凝土强度 f_{cu}、自重 k_{G1}、二期恒载 k_{G2}、预应力张拉控制应力 σ_{con}、管道每米局部偏差 k 和预应力筋与塑料波纹管道的摩擦系数 μ(k 和 μ 的均值和变异系数是根据大量实桥试验结果进行统计而得到）等变量的随机性，基于第四章数据库得到的修正收缩徐变模型，采用 LHS 抽样技术，得到了该桥跨中 30 年后下挠具有 95％置信水平的区间。此外，通过长期变形的确定性分析，得到了该桥跨中 30 年后长期变形的确定性值，由第五章计算结果可以看出，此确定性值与 LHS 抽样计算的响应的均值非常接近。

备用束用量的设计可以根据时变效应不确定性分析的结果，使得后期备用束产生的变形等于置信区间下限值与确定性计算值的差值。由第五章的分析可知，成桥 30 年后，主跨跨中具有 95％置信率的下限为 203 mm，而确定性计算的该挠度为 107 mm，所以差值为96 mm。可以通过表 7.2 中布置方案的组合设计体外备用束，使得体外备用束能够产生96 mm的上拱。如仅布置体外顶板束（实际工程中，可设计为顶板束＋折线束)，需要布置 9 对 $25\Phi^j 15.24$ 的体外顶板束，来控制 30 年后的桥梁的长期变形。但是，如果所有的顶板束均布置在图 7.10(a)位置 A 时，预应力集中锚固将使得顶板局部应力过大，这时顶板束的锚固位置可基于图 7.10(a)的 A 点逐步向左右相邻节段分散，使体外顶板束产生的变形等于 96 mm 左右。当然，如果在成桥 30 年之前，就张拉备用束，所需要的备用束量会相应减小。

7.6　箱梁结构材料的选择

目前，高强混凝土在大跨度预应力混凝土桥梁中得到了越来越广泛的应用。采用强度等级高的混凝土，抗压强度提高很快，但抗拉强度增加有限，强度高一两个等级，对箱梁抗裂性能的改善影响不大，所以，选用多高强度等级的混凝土不应由抗裂性能来决定。为了大大减小箱梁自重，可选择采用轻质高强混凝土，而无需通过过多地减小截面尺寸。挪威[7-13]有几座大跨径预应力混凝土梁桥采用了轻质高强混凝土，如 1998 年建成的 Raft Sundet 连续刚构桥，跨径布置为 86m＋202m＋298m＋125m，其主梁采用了 C60、C65 高强混凝土，主跨 298 m 的中部 224 m 却采用了轻质混凝土；又如跨径布置为 100 m＋220 m＋100 m 的 Stovset Bridge，主跨的中部 146 m 采用了 C55 的轻质混凝土；再如，主跨跨径达到 301 m 的 Stolma Bridge，中部 186 m 采用了 C60 的轻质混凝土。这些都值得我们研究和借鉴。采用轻质混凝土，显然比通过减小顶底板或腹板厚度达到结构轻型化，更显得有效。所以，轻质高强也是未来大跨径梁桥所采用混凝土材料应重视的发展方向。

7.7　本章小结

(1) 从对大跨径预应力混凝土箱梁桥病害的调查研究发现，高跨比设计过小，腹板下弯束的取消或腹板下弯束设置不足是导致病害的主要原因。分析结果表明，适当增加高跨比，可有效抑制桥梁长期变形过大发展。应充分认识到箱梁受剪抗裂性与抗剪承载力的区别，多配箍筋的做法对提高抗剪承载力有利，但并不能防止腹板斜裂缝的出现，反而增加了混凝土浇筑难度，又削弱了混凝土截面和工程质量。并且，配筋量与腹板厚度之间是有一定关系的，不能片面用增加配箍量的办法代替腹板所必需的厚度值。而合理的增大腹板厚度，特别是 $L/4$ 跨附近区域的腹板厚度，既能有效地改善箱梁的抗裂性能，又能提高抗剪承载力。

(2) 竖向预应力损失对腹板主拉应力影响很大，由于竖向预应力束较短，预应力作用的有效性得不到保障，竖向预应力束在使用过程中存在诸多问题、一旦竖向预应力损失过大，其混凝土承受的主拉应力则会相应增加，从而导致腹板斜裂缝的出现。因此，在竖向预应力设计和施工中，要充分考虑到各项损失的存在和影响，应特别加强施工质量的管理。设置腹板下弯束是控制主拉应力大小最为有效的方法之一。

(3) 目前国内大跨径预应力混凝土梁桥的质量通病是腹板斜向开裂和挠度过大，而且变形和裂缝常常是“并发症”，本研究认为薄腹箱梁斜向开裂后的剪切变形是下挠过大的主要原因之一。从本书第六章开展的薄腹梁试验也可以看出，剪切变形影响不可忽略。混凝土梁出现斜裂缝之后，剪力传递机理发生改变，可用桁架模型理论来计算剪切变形，按桥规计算的变形存在低估斜向开裂梁变形的危险，这对保证混凝土结构的正常使用性能不利。对于变截面混凝土箱梁桥，我们仍可采用基于桁架理论模型来求解，在第五章推导剪切刚度的应力平衡条件和应变协调条件关系中，加入纵、竖向预应力的应力和变形影响，来推算剪切刚度。从理论上得到的剪切刚度用于实桥的计算，可能还有一段距离，对其的认识可能还有待提高，但认识到腹板斜裂缝出现后对下挠机理的影响，促使我们在斜向抗裂问题上需要进一步去完善解决。

(4) 由于混凝土收缩徐变的变异、预应力损失变异及温度作用变异等，很难准确计算这些因素对桥梁的影响，而大跨径箱梁桥对这些因素较为敏感，所以可设置后期备用体外预应力束，通过运营期内定期检测，在必要时张拉备用钢束，实现对桥梁内力及变形状态的控制。设计体外备用束时，优先考虑采用体外顶板束和折线束，并找出最优的布置方案，提高预应力束的利用效率。其量的设计，可根据时变效应不确定性分析的结果，使后期备用束产生的变形等于置信区间下限值与确定性计算值的差值。

(5) 轻质混凝土的采用可大大减小箱梁自重，而无需过多地减小截面尺寸。轻质混凝土在国外几座大跨径预应力混凝土箱梁桥中已得到成功应用，这可为我国桥梁界研究和借鉴。

本章参考文献

[7-1]　朱汉华，陈孟冲，等. 预应力混凝土连续箱梁桥裂缝分析与防治[M]. 北京：人民交通出版社，2006

[7-2]　谢峻，王国亮，郑晓华. 大跨径预应力混凝土箱梁桥长期下挠问题的研究现状[J]. 公路交通科技，2007，24(1)：47-50

[7-3]　Bazant Z P，Li G，et al.. Explanation of excessive long-time deflections of collapsed record-span box girder bridge in Palau[A]//8th International Conference on Creep and Shrinkage of Concrete [C]，Ise-Shima，Japan，2008

[7-4]　Hedjazi S，Rahai A，Sennah K. Evaluation of creep effects on the time-dependent deflections and stresses in prestressed concrete bridges [J]. Bridge Structures：Assessment，Design and Construction，2007，3(2)：19-132

[7-5]　王法武，石雪飞. 大跨径预应力混凝土梁桥长期挠度控制研究[J]. 公路，2006(8)：72-76

[7-6]　刘超，徐栋. 大跨径混凝土箱梁桥剪切开裂及下挠原因[J]. 同济大学学报(自然科学版)，2009，37(1)：1-5

[7-7]　詹建辉，陈卉. 特大跨度连续刚构主梁下挠及箱梁裂缝成因分析[J]. 中外公路，2005，25(1)：56-58

[7-8]　李准华，刘钊. 大跨度预应力混凝土梁桥预应力损失及敏感性分析[J]. 世界桥梁，2009(1)：36-39

[7-9]　上官兴，郭圣栋，等. 预应力混凝土连续梁桥的"恒载零挠度设计"新理念[A]//全国既有桥梁加固、改造与评价学术会议论文集[C]. 北京：人民交通出版社，2008，65-72

[7-10]　王法武，石雪飞. 大跨径预应力混凝土梁桥长期挠度控制研究[J]. 公路，2006，8：72-76

[7-11]　刘钊，戴玮，等. 大跨度预应力混凝土梁桥的合理成桥状态设计方法[J]. 桥梁建设，2010，1：40-44

[7-12]　上官兴，侯爵. 临时斜拉索控制桥梁下挠的新构思[A]//中国公路学会桥梁和结构工程分会2006年全国桥梁学术会议[C]. 北京：人民交通出版社，669-674

[7-13]　Takacs P F. Deflections in Concrete Cantilever Bridges：Observations and Theoretical Modeling [D]. Norway：The Norwegian University of Science and Technology，2002

[7-14]　《桥梁设计常用数据手册》编著委员会，桥梁设计常用数据手册[M]. 北京：人民交通出版社，2005

[7-15]　中华人民共和国交通部. 公路钢筋混凝土及预应力混凝土桥涵设计规范(JTJ 023—85)[S]. 北京：人民交通出版社，1985

[7-16]　Comité Euro International Du Béton. CEB-FIP model code for concrete structures [S]. Comité Euro-International Du Béton/Fédération International de la Précontrainte，Paris，1978

[7-17]　王勇，蒋劲松. 连续刚构设计构思的探讨[J]. 西南公路，2003(1)：25-27

[7-18]　黄豪，唐小兵，张开银，等. 竖向预应力作用效果的数值模拟与预应力损失的试验研究[J]. 武汉理工大学学报，2007，31(5)：922-924

[7-19] 汪剑. 大跨径预应力混凝土箱梁桥非荷载效应及预应力损失研究[D]. 长沙：湖南大学，2007

[7-20] 施颖，郑建群. 从设计层面探讨预应力混凝土连续梁桥裂缝控制[J]. 重庆交通学院学报，2005，24(4)：13-18

[7-21] 中华人民共和国交通部. 公路钢筋混凝土及预应力混凝土桥涵设计规范(JTG D62—2004)[S]. 北京：人民交通出版社，2004

[7-22] 中华人民共和国建设部. 混凝土结构设计规范(GB 50010—2002)[S]. 北京：中国建筑工业出版社，2002

[7-23] American Concrete Institute. Buil-ding code requirements for structural concrete. ACI 318R-08 and "Commentary." ACI 318R-08，Farmington Hills，Mich，2008

[7-24] 林同炎，Burns N H. 预应力混凝土结构设计[M]. 路湛沁，黄棠，马誉美，译. 北京：中国铁道出版社，1983

第八章　总结与展望

本研究源于大跨径箱梁桥普遍出现腹板斜裂缝和跨中下挠过大的病害。为了找出造成病害的原因,本研究从混凝土结构的时效变形和剪切变形两方面入手。时效变形及剪切变形都属于混凝土结构的基本理论范畴,对它们的研究均有百年的历史,但由于力学机理、影响因素等复杂性,它们仍是当今混凝土结构学科中极为活跃的研究领域。本研究以苏通大桥连续刚构为工程背景,展开了混凝土结构的时效变形及剪切变形的试验和理论研究,取得了一些研究成果,可为类似研究提供参考。本章是对全书的工作进行总结,并对今后仍需努力开展和深入的研究方向进行展望。

8.1　主要研究成果

(1) 分析大跨径预应力混凝土结构的时效变形时,混凝土收缩徐变预测模型选取不合适产生的误差可能大于结构模型简化带来的误差,所以选择一个合适的收缩徐变模型,对大跨径预应力混凝土结构的长期行为预测非常重要。此外,近年来随着高强高性能混凝土在大跨径桥梁中的推广应用,使得混凝土材料的性质有较大的变化,而目前常用收缩徐变模型大都基于以往的普通混凝土试验数据统计回归得到,它们对高强高性能混凝土的适用性值得进一步的研究。本研究提出两种确定收缩徐变模型的方法:

① 针对特定的混凝土,开展混凝土收缩徐变三层次试验,得到并验证提出的修正模型,可以提高预测结构时变效应的精度。

② 对每一个预应力混凝土结构都要求开展收缩徐变试验,这是不可能,也是不经济的,可以建立合理强度范围的混凝土收缩徐变试验数据库,对常用模型进行评估,选择预测精度较好的模型,此外,也可根据建立的数据库得到修正收缩徐变模型。

(2) 收缩和徐变受混凝土材料自身组成、外载及环境等多种因素影响,对混凝土收缩徐变较为敏感的重要结构,为了提高预测收缩徐变效应的精度,开展短期的混凝土收缩徐变试验是一项必不可少的基础性工作。为了合理地描述苏通大桥连续刚构所用高强高性能混凝土的收缩徐变规律,以及使研究成果能够更好地指导施工,并预测桥梁后期运营阶段的变形规律,本研究提出了混凝土收缩徐变试验的三层次试验方法(结合材料层次的试验得到收缩徐变发展的修正模式,再通过构件层次和结构层次的试验来校验修正模式),这种基于三个层次的收缩徐变试验方法,既能为苏通辅桥连续刚构的施工和长期行为预测提供较为科学的计算参数,也能为高强高性能混凝土收缩徐变研究提供更为全面的研究思路。

① 通过材料层次的素混凝土收缩徐变试验,对现行桥规采用的 CEB-FIP90 模型进行了修正,用以描述苏通大桥连续刚构所用高强高性能混凝土的徐变变形规律。将修正收缩徐

变模型、ACI 209(92)模型、CEB-FIP78 模型、CEB-FIP90 模型、B3 模型以及 GL2000 模型预测的收缩应变及徐变系数与材料层次的试验结果进行了对比分析。修正模型无论是在收缩应变和徐变系数的量值上还是发展趋势上，都和实测值吻合较好。因此，在试验研究基础上，通过短期试验来修正现有收缩徐变模型中的参数，使之成为针对某一特定混凝土的预测模型，可以提高收缩徐变效应的预测精度。

② 针对配筋混凝土收缩徐变试验，推导了配筋对收缩徐变的约束影响系数，并和试验数据进行了比较，理论与试验结果吻合较好，进一步验证了材料层次提出的修正收缩徐变模型。研究配筋对混凝土收缩徐变的约束影响有两个作用：一是对于预测收缩徐变效应精度要求较高的混凝土结构，考虑配筋的约束作用，可以提高收缩徐变效应的预测精度；二是可以通过配筋混凝土的收缩徐变试验，反推素混凝土的收缩徐变大小。理论及试验研究表明，配筋对混凝土收缩徐变均有约束作用，且配筋对收缩徐变的约束影响系数与所考虑的持荷时间、配筋位置及混凝土特性等均有关系。配筋对混凝土收缩徐变的影响系数不是一个常量，而是随时间变化的，只有当计算时间足够长时才趋于常量。

③ 考虑收缩、徐变和松弛三者共同影响，本研究提出了预压区(或预拉区)的非预应力筋重心位置和预应力筋重心在不同层时预应力长期损失的实用计算公式，并用试验数据进行了验证。

④ 基于材料层次得到的修正收缩徐变模型和配筋对收缩徐变约束影响的理论分析，运用构件层次的配筋试件和结构层次的悬浇 T 构模型试验，对修正模型进行了校验，结果表明，基于修正模型预测的变形发展与实测值较为接近，进一步验证了利用修正收缩徐变模型，更能反映实桥所用混凝土的收缩徐变特性。

(3) 基于三层次试验得到的修正收缩徐变模型，对苏通大桥连续刚构的时变效应进行了分析。计算结果同施工阶段的应力监控进行了比较，结果表明，计算的几个典型箱梁截面在各施工阶段下的应力在数值和发展趋势上，均和实测数据的吻合较好。预测了苏通大桥连续刚构的箱梁截面应力的长期发展及主梁的长期变形。

(4) 本研究广泛收集国内外收缩徐变试验数据，建立了数据库，其中，收缩试验 206 组(国外 158 组，国内 48 组)，共 2 838 个数据点；徐变试验 179 组(国外 144 组，国内 35 组)，共 3 598 个数据点。考虑到实际预应力混凝土结构采用的混凝土强度等级不小于 C40 及所处环境的相对湿度很少达到 99%，相比以往国外学者建立的数据库，本数据库有三个显著特点：一是增加了国内开展的收缩徐变试验；二是数据库中混凝土强度等级范围为 C40～C90；三是摈弃了大量 99%和 100%相对湿度环境下的试验，选取试件的试验环境相对湿度上限值为 95%。基于建立的收缩徐变数据库，采用残差法、B3 变异系数法及 CEB 变异系数法，对现行桥规采用的 CEB-FIP90 模型进行评估，并提出了修正收缩徐变模型。该修正模型相比三层次试验得到的修正模型(适用于特定混凝土)，适用范围更广，但对特定混凝土的预测精度没有三层次试验得到的修正模型高。

(5) 考虑收缩徐变模型的不确定性系数、环境相对湿度、混凝土强度、自重、二期恒载、预应力张拉控制应力、管道每米局部偏差 k 和预应力筋与塑料波纹管道的摩擦系数 μ 等因素的随机性，对大跨径预应力混凝土箱梁桥时变效应的不确定性和敏感性展开了分析。其中，在求解收缩徐变模型不确定性系数过程中所需要的变异系数，采用了第四章的分析结果，而 k 和 μ 的均值和变异系数基于对大量实桥试验调研的结果。采用第四章基于收缩徐变试验数据库得到的修正收缩徐变模型，对苏通大桥连续刚构开展了不确定性和敏感性分析，得到了该桥跨中具有95%置信率的长期变形区间。由敏感性分析的结果可知，考虑的9个因素中，对跨中长期变形影响较大的是收缩徐变不确定性系数，环境的相对湿度及摩阻损失的 k 值，而二期恒载的变异对跨中长期变形的影响程度最低，预应力张拉控制力、摩阻损失的 μ 值、自重及混凝土强度对跨中长期变形均有一定程度的影响。

(6) 目前国内大跨径预应力混凝土梁桥的质量通病是腹板斜向开裂和挠度过大，而且变形和裂缝常常是“并发症”，本书认为，薄腹箱梁斜向开裂后的剪切变形是下挠过大的主要原因之一。从本研究薄腹T梁试验也可以看出，剪切变形不可忽略。混凝土梁出现斜裂缝之后，剪力传递机理发生改变，根据斜裂缝的分布形态，提出基于B区和D区划分的受剪性能分析方法，B区采用定角桁架模型分析梁的受剪行为，而D区采用变角桁架模型。根据梁的基本信息(剪跨比、纵筋配筋率、配箍率等)，采用最小能量原理，建立了辨别采用何种桁架对该梁进行分析的方法，并推导了斜裂缝出现之后梁的剪切刚度计算公式，以考虑斜向开裂后，剪切变形对总变形的影响，并与本研究试验及收集的他人试验结果进行了比较。瞬时剪切变形与长期剪切变形的计算结果与本研究试验及其他试验结果吻合较好。按混凝土结构设计规范及桥规计算的变形存在低估斜向开裂梁变形的危险，这对保证混凝土结构的正常使用性能不利。根据参数分析结果，给出了需要考虑剪切变形影响的跨高比和剪跨比范围。

(7) 根据对已出现病害的大跨径箱梁桥结构特性的调查分析，从箱梁高跨比、腹板及配筋设计、纵向预应力束设计、下挠原因推演等方面对大跨径箱梁桥进行了研究分析。针对上述的质量通病，提出可通过设置后期备用束(体内束或体外束，或者两者并用)加以改善，通过桥梁运营期内的定期检测，在必要时张拉备用钢束，改善桥梁内力及变形状态，而备用束量的设计可根据长期变形置信界限值与确定性计算值的差异来确定。

8.2 研究展望

大跨径预应力混凝土箱梁桥的时效变形研究棘手而繁杂，尽管本书通过理论和试验研究使一些问题得到了有效解决或有了更深入的认识，但时间仓促且作者水平有限，本书试验和理论研究工作还不完善，还有以下一些问题有待进一步研究。

1) 配束设计方法

零弯矩法在国内多座桥梁配束设计中得到应用，其基本思想是配置足够多的纵向预应力使梁处于接近轴压状态，从而达到减小长期变形发展的目的。对于200 m跨以下的预应力混凝土桥梁，按零弯矩设计方法增大预应力配筋量可以做到接近零弯矩的状态，但对于大跨径桥梁，由于恒载比例增加，且受到截面尺寸的限制，体内难以布置足够的预应力筋来抵消恒载。对于大跨径预应力混凝土箱梁桥，究竟需要多大的平衡系数(预应力效应除以恒载效应的系数，零弯矩法即接近1)，桥梁的长期变形即可得到控制，这个平衡系数可能与跨径、跨高比等因素有关，需要我们去深入研究。

2) 时效变形

高强高性能混凝土在大跨径预应力混凝土箱梁桥中得到越来越广泛应用，各种矿物掺合料及新型外加剂的掺入，究竟对混凝土收缩徐变产生怎样的“共性”，需要从收缩徐变机理及开展大量试验去深入研究。此外，轻质高强混凝土用于大跨径箱梁桥有独特的优势，应加强对轻质高强混凝土的研发及其收缩徐变特性研究。

有效预应力值对大跨径箱梁桥的结构行为影响很大，研究预应力筋在更长时间范围内的松弛及反复荷载作用下的损失，需要进一步研究。我们知道预应力松弛损失试验对设备和测量仪器的要求较高，大多持荷 1 000 h 得到松弛终极值，甚至用更少时间的试验来推算松弛终极值，预应力筋持荷 1 年甚至更长时间范围的固有松弛损失研究较少，桥梁设计使用年限为 100 年，预应力松弛损失虽然在 1 000 h 小时后发展很小，但持荷多年后，松弛损失究竟是多少难以把握。此外，日照交替温差引起顶板预应力筋的残余应变，根据目前桥规日照温度模式，日照会影响到箱梁顶板的纵向预应力束，当日照升温时，顶层预应力钢筋随之伸长；当顶板梯度降温时，预应力钢筋缩短，日积月累之后，高应力水平下的预应力钢筋不一定会在这种反复作用下恢复原长，即力筋已经发生了残余应变，导致了预应力的损失。

大跨径箱梁桥在疲劳荷载作用与混凝土收缩徐变的耦合作用需要加强研究。疲劳荷载包括汽车荷载及环境温湿度的改变，会引起混凝土结构的损伤，会使已有裂缝的宽度和长度不断扩展，这些损伤和混凝土收缩徐变耦合后，对结构变形产生怎样的影响，需加强研究。此外，箱梁的剪力滞对长期变形的影响也不容忽视。

3）剪切变形

国内大跨径预应力混凝土梁桥的质量通病是腹板斜向开裂和挠度过大，而且变形和裂缝常常是“并发症”，量化计算腹板斜裂缝的开展程度及数量对下挠多少的影响是今后需要解决的问题之一。由于出现斜裂缝后会导致剪切变形影响增大，这告诉我们在大跨径箱梁桥设计中，应尽量避免腹板斜裂缝的出现，这给研究人员在箱梁斜向抗裂设计的研究上提出了更高的要求。

最后，真诚期望专家学者和同行对本书中存在的问题和不足之处提出宝贵意见并批评指正，以便进一步提高。

后　　记

本书是在我的导师吕志涛院士悉心指导下完成的，研究倾注了导师大量的心血，从选题到最终定稿，整个过程中每一个阶段都给予了细致指导。我要衷心感谢导师对我的悉心培养和谆谆教诲！作为吕老师的学生是非常幸运的，导师学识渊博、治学严谨、富于创新，对专业领域研究的敏锐洞察力，对结构问题本质的诠释及创新性的见解，每一次和导师的学术讨论都让我受益匪浅，而导师谦逊正直，诲人不倦的人格魅力，体现了院士的大家风范。导师在学术上和为人处世上的高贵情操使我终生受益，在潜移默化中教会了我如何做人、做事、做学问。同时，非常感谢师母王老师一直以来对我生活上的关爱！

在这里也要特别感谢美国马里兰大学的 Chung C. Fu 教授和新加坡南洋理工大学的 Li Bing 教授。在马里兰大学（博士联合培养）和南洋理工大学（访问学习）期间，无论在学术上，还是生活上，两位教授都给了我无微不至的关心和指导。有幸加入到他们的科研团队中，拓宽了我的专业视野，在此深表感谢！

感谢孟少平教授、刘钊教授和惠卓副教授为本课题的研究、试验倾入了大量心血，他们深厚的结构理论功底和丰富的实际工程经验为我解开了许多疑惑。而且在生活上对我关心和鼓励，帮我从容应对生活中的问题，在此诚挚地向他们表示感激，我将用心回报。感谢课题组的林波、王辉和张运涛，正是他们的团结合作，使课题得以顺利完成。

感谢预应力方向研究团队的冯健教授、舒赣平教授、张继文教授、吴刚教授、吴京教授、秦卫红副教授等对我学习和生活的无私帮助，能成为预应力团队中的一员，感到非常荣幸。感谢预应力试验室吴祝祥工程师和其他工作人员在试验过程中给予的指导和帮助！

感谢师兄王景全、涂永明、王春林、徐伟炜、曹三鹏、臧华，师姐吕清芳、朱虹、吴捷，师妹李培培在课题研究过程中对我的帮助和支持，在我困难时总能见到他们的身影。感谢预应力和桥隧方向的博士生和硕士生，在学术研讨活动中，与他们的交流探讨学习，使我受益颇多。

感谢我的好朋友们一直以来的帮助和鼓励，在人生的道路上，他们永远是我力量的源泉。

特别要感谢我的家人及爱人，是他们的理解、支持和鼓励，使我能够顺利完成学业！让他们幸福开心，是我不懈奋斗的动力。

最后对所有曾给予我帮助的人表示最诚挚的谢意！在以后的工作中，我将怀着一颗感恩的心，加倍努力，积极进取，为祖国土木事业的发展贡献自己的一份微薄之力。